실무에
꼭 필요한
최소한의
무역지식

실무에 꼭 필요한 최소한의 무역지식

김용수 지음

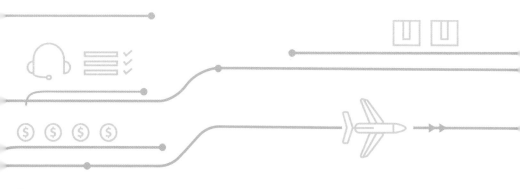

일에일북

무역실무는 누구나 할 수 있습니다

9년이 되었습니다

필자의 무역실무 책이 처음 출간되었을 때가 2011년입니다. 그 이후 책은 꾸준히 판매되었고 벌써 2020년이 되어 개정판이 나오게 되었습니다. 이 부분에 있어 우선 독자 여러분께 감사드립니다.

직장생활을 하면서 너무 틀에 박힌 삶을 사는 것은 아닌가 하는 생각에 무언가를 하나 남겨보고자 했고 그것이 글쓰기의 동기가 되었습니다. 무역실무가 그 주제가 된 것은 지금도 하고 있는 무역이 주 업무이기 때문이기도 했습니다.

처음에 무역실무에 대한 책을 집필할 때 가장 힘들었던 것은 내가 알고 있는 것을 독자들에게 이해시키는 것이었습니다. 무역실무를 할 때는 아무런 문제없이 했던 업무와 자연스럽게 쓰던 무역용어들인데, 막상 무역을 모르는 사람들을 이해시키는 과정은 그리 녹록하지 않았습니다.

그래서 처음 무역 일을 하던 때를 떠올려보았습니다. 한글로 되어 있지만 알 수 없는 외래어들, 영어에서 비롯된 약자들, 일본식 한자 등. 읽긴 읽었는데 무슨 말인지 알 수 없어 당황했던, 막 무역을 시작하던 시기를 말입니다. 일단 뜻풀이가 안 되는 각종 외래어는 원서로 된 문헌을 보면서 뜻풀이를 하며 책 쓰기를 시작했고, 그렇게 해서 나온 책이 벌써 출간된 지 9년이 되었습니다.

무역실무는 이렇게 공부하면 좋습니다

무역이라는 것은 국가 간에 이루어지는 수출입거래를 말합니다. 수출입은 수출과 수입을 합친 말로 수출이라는 것은 무언가가 우리나라를 나간다는 것이고, 수입이라는 것은 무언가가 우리나라에 들어온다는 것입니다.

수출, 즉 외국으로 제품을 보낼 때는 단순히 운송만 해서 끝나는 것이 아닙니다. 그에 따른 절차가 있습니다. 마찬가지로 수입, 즉 해외의 제품을 들여올 때도 수출과 마찬가지로 일정한 과정을 거치게 됩니다. 이러한 일련의 과정이나 절차와 관련한 업무를 무역실무라 할 수 있습니다.

다시 말해 내가 수출을 할 때와 내가 수입을 할 때 해야 하는 실제 업무가 무역실무입니다. 실무의 절차마다 내가 해야 할 일이 있고 무역이 수월하게 이루어지도록 조율해야 하는 일이 있습니다. 이러한 일을 하기 위해서 제일 중요한 것은 어떤 과정을 거쳐서 수출이 되고 어떤 과정을 통해서 수입이 되는지 그 절차를 아는 것입니다.

이러한 절차를 아는 것이 중요하기에 이 책에서도 절차적인 것,

즉 수출입과정을 제일 앞에 두어 독자의 관심을 유도했습니다. 수출입과정 후에 해야 할 것은 매 과정에서 이루어지는 세부사항을 이해하는 것입니다. 다시 말해 수출입과정에서 이루어지는 운송, 통관, 결제 등의 과정은 어떻게 되고 그 과정에서 나는 무엇을 해야 하는지 또 추가로 해야 하는 기타 업무에는 무엇이 있는지 이해하도록 합니다.

용어에 대한 이해도 중요합니다. 어떤 분야를 공부하는 데 있어 어려운 점 중에 하나는 그 분야만의 전문용어가 있다는 것이고, 이 용어를 숙지하지 못하면 업무를 이해하는 데 방해가 되기도 합니다. 그렇기 때문에 친절히 용어를 설명하고자 노력했습니다.

종합해보면, 무역실무를 공부할 때는 제일 먼저 수출입과정에 대해서 이해하고, 그 수출입과정에서 일어나는 세부내역에 대해 알고, 용어를 잘 숙지하면 됩니다.

그런 점에서 이 책에서는 이해를 돕기 위해 수출입과정을 국내에서 이루어지는 상거래에 빗대어 설명했습니다. 그리고 이해하기 어려운 전문용어는 우리가 일상생활에서 겪고 있는 많은 사례를 들어 설명했습니다. 독자 여러분도 이 점에 유의해서 책을 읽으시면 도움이 되지 않을까 합니다.

그리고 이 책을 읽을 때 가장 중요한 것은 반드시 끝까지 읽는 것입니다. 작가가 독자의 이해를 돕기 위해 나름대로 여러 장치를 두었지만, 독자 입장에서는 여전히 이해되지 않는 측면이 있을 것입니다. 그 이유는 아마도 익숙하지 않아서일 것입니다. 읽다 보면 이해되지 않는 대목도 나오고 용어가 낯설어 읽는 데 오랜 시간이 걸릴 수도 있지만, 이는 처음이라 그런 것이니 반드시 완독을 권유드립니다.

참고로 독자 여러분의 이해를 돕기 위해 네이버에 '친절한 무역실무'라는 카페를 개설했으니 책을 읽다 이해가 안 되는 부분은 카페를 통해 질문해주시기 바랍니다. 그리고 유튜브에 '친절한 무역실무'라는 이름으로 강의를 올리고 있으니 독자 여러분들께 도움이 되었으면 합니다.

다시 세계로

데스크톱으로, 그리고 스마트폰으로 세계의 다양한 정보가 24시간 언제나 내 손안에서 검색이 됩니다. 사람은 아는 만큼 생각하게 되고 해본 만큼 경험이 넓어집니다.

무역실무에 대한 정보를 담고 있는 이 책을 통해 독자 여러분의 시야가 넓어지고 경험치가 올라가 삶이 조금 더 풍성해지는 계기가 되었으면 합니다. 여러분이 보는 세상은 작지만, 무역실무를 통해 이룰 수 있는 가치는 무한대라는 것을 잊지 않고 생활에 잘 활용했으면 합니다.

감사합니다.

김용수

목차

1장 쉽게 이해하는 최소한의 무역실무

2장 무역실무의 시작점은 운송이다

3장 무역실무를 위한 최소한의 통관지식

4장 비용과 책임 소재를 밝혀주는 인코텀즈

5장 무역실무의 완성은 결제다

6장 보험을 통한 위험관리는 필수다

7장 무역은 서류로 시작해서 서류로 끝난다

8장 수입소싱을 통해 세계의 공장을 활용하라

9장 바이어의 시선을 사로잡는 수출마케팅

무역은 보통 수출과 수입을 의미합니다. 수출은 제품을 해외로 판매하는 것이고, 수입은 해외의 제품을 구매해서 국내에 유통시키는 것을 말합니다. 이러한 수출입을 실제로 하는 업무를 무역실무라 합니다. 독자 여러분이 이 책을 읽는 가장 큰 이유도 무역실무를 어떻게하는지 궁금해서일 겁니다.

이 책은 무역실무를 어떻게 하는지에 대한 책이고, 총 9개의 장으로나눠져 있습니다. 이 책 내용 모두가 수출입을 위한 것으로 특히 1장은 무역실무에서 가장 기본이자 가장 중요한 내용입니다. 나머지 8개 장은 1장의 내용을 조금 더 자세히 설명해놓은 것이라 생각하면됩니다. 1장에서 가장 중요한 내용은 '수출과정을 해부해본다, 수출프로세스'와 '수입업무의 과정을 한눈에 알아보자'입니다 마음이 급하신 분들은 이 부분만 읽고 넘어가셔도 좋습니다.

하지만 1장 전체를 읽는 데 그리 시간이 걸리지는 않을 거 같고, 1장을 여러 개로 나눈 데는 이유가 있지 않을까 생각한다면 1장 전체를읽기를 추천드립니다.

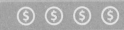

1장

쉽게 이해하는
최소한의 무역실무

무역이란 무엇이고
어떻게 하는 것일까?

필자가 무역실무 책을 처음 썼던 2011년도 당시의 수출액이 5,600억 달러로 사상 최대라 했는데, 그로부터 7년이 지난 2018년도에는 6,055억 달러의 수출액을 달성해 또한 사상 최대가 되었습니다. 수출액만 따지면 세계 5위권 안에 드는 엄청난 수치입니다. 이 수출액에는 대기업들의 엄청난 수출액도 있을 것이고, 소기업들의 땀의 결실도 포함되어 있을 겁니다. 금액이 크든 작든 모두 수출일꾼들이 일궈낸 무역을 통한 노력의 결실입니다.

또한 해외직구로 제품을 구매한 건수가 2018년 총 3,226만 건이고 금액으로는 27억 달러 정도 된다고 합니다. 우리나라 제품을 해외로 판매하는 역직구는 961만 건이고 금액으로는 32억 달러가 넘었습니다. 직구라는 것은 보통 개인이나 혹은 소기업들이 사고파는 것으로 기업 입장에서 보면 거래 금액이 작지만 전체를 모아보니 이렇게 규모가 커졌습니다.

국가 차원에서도 국부의 원천이고 개인적으로도 이미 내 주위의 많은 사람들이 하고 있는 이 무역이라는 것은 대체 무엇이고 어떻게 하는 것일까요?

무역

무역을 국어사전에서 찾아보면, "나라와 나라 사이에 서로 물품을 매매하는 일"이라고 되어 있습니다. 보통 우리는 해외로 제품을 판매하는 수출과 해외의 제품을 구매하는 수입을 무역이라고 합니다. 여러분이 생각하는 무역도 이와 큰 차이가 없을 겁니다. 혹자는 제품을 사고파는 것이므로 '장사'라고 말하기도 합니다. 장사든 수출입이든 이미 수많은 사람들이 하고 있고, 어떤 이는 그 덕에 엄청난 부를 축적하고, 어떤 이는 무역을 직업으로 삼고 있고, 또 어떤 이는 해외에서 다양한 기회를 찾기 위해 무역을 하고 있습니다. 이렇게 무역은 이러이러하다는 의미를 말씀드렸는데, 그렇다면 무역은 어떻게 하는 것일까요? (원래 이 책을 펼친 이유도 수출이나 수입의 정의보다는 무역을 어떻게 하는지 알기 위해서일 것입니다.)

무역과 장사

무역과 장사는 어떤 점에서는 거의 유사합니다. 즉 장사하는 사람은 제품을 어떻게 보내고(배송방법), 배송 중 생기는 문제는 어떻게 처리하며(배송책임), 좋은 제품을 어떻게 구매하고(소싱), 어떻게 홍보를 해서 잘 판매할까(마케팅) 고민합니다. 무역도 장사와 크게 다르지 않습니다. 수출이나 수입을 하기 위해 비행기나 선박을 이용한 운송방법을 알아야 하고(배송방법), 배송 중 생기는 문제에 대해 어느 선까지 책임지겠다는 것(배송책임)을 수출자 혹은 수입자와 협의해야 합니다. 또한 수출을 위한 홍보(마케팅)나 좋은 제품을 구매하는 방법(소싱)을 알고 있어야 합니다.

출입국신고, 수출입신고, 입금·송금신고

국내에서 하는 장사와 무역의 차이점을 찾자면, 통관을 모르면 수출입을 할 수 없다는 것입니다. 즉 모든 나라는 자기 나라에 들어오거나 나가는 모든 사람·물건·돈에 대해 검사합니다. 사람에 대한 검사를 출입국검사라 하고, 제품에 대한 검사를 통관 혹은 통관검사라고 합니다. 출입국신고, 수출입신고, 입금·송금신고에 대해서 간단하게 다음과 같이 정리해봤습니다.

- **출입국신고**: 국가는 안보나 경제 혹은 여러 가지 이유로 이 사람이 왜 우리나라를 들어오고 나가는지 확인하려 하고(출입국검사), 방문자는 출입국신고서를 작성해 여권과 비자를 제출하는 것으로 출입국신고를 합니다.
- **수출입신고**: 국가는 물건도 왜 이것이 우리나라를 들어오고 나가는지를 알려고 하는데(통관), 이때 수입자 혹은 수출자는 인보이스(Invoice), 패킹리스트(Packing List) 등의 서류를 제출해 수출입신고를 합니다.
- **입금·송금신고**: 돈의 경우에도 국가는 이 돈이 왜 들어오고 나가는

지를 파악하려고 하고, 이때 돈을 받는 사람이나 보내는 사람은 그 돈이 왜 나가고 들어와야 하는지 그 근거를 서류로 제출합니다. 즉 해외에서 들어온 돈이 수출대금이라면, 수출자는 수출신고필증이나 계약서 등을 은행에 제출해 해외에서 들어온 돈의 출처를 신고합니다. 은행은 이러한 증빙서류를 모아놨다가 은행감독기관에서에서 은행감사 등을 할 때 제출합니다.

국내에서의 유통경로

보통 국내에서 제품이 소비자에게 가기까지의 과정을 유통경로라고하고, 무역에서는 이를 수출입과정이라고 합니다. 수출입과정은 일반인들에게는 많이 생소합니다.

CASE   유통경로

서울에 사는 명수 씨는 인터넷으로 지방 특산물을 카드로 구매했습니다. 그리고 구매된 특산품은 잘 포장되어서 택배로 결제일 다음 날 명수 씨에게 배송되었습니다.

비교적 단순해 보이는 국내 유통과 달리 무역은 한 나라에서 다른 나라로 배송되는 것이기 때문에 수출자가 준비한 제품을 수입자에게 전달하는 과정이 때로는 까다롭고 복잡할 수 있습니다.

CASE 수출입과정

몽골의 광산회사 A는 한국의 철강회사 B와 수출계약을 맺었습니다. 광산회사 A는 광물을 선박에 실어서 한국까지 보내야 하는데, 몽골은 내륙국가라 항구가 없습니다. 그래서 중국의 천진항을 통해 한국의 항구까지 실어 보내기로 합니다. 수출할 준비를 마친 광산회사 A는 일단 트럭에 광물을 실어서 기차역까지 운송합니다. 기차에 실린 광물은 몽골 국경까지 운송됩니다. 몽골 쪽 철도 폭과 중국 쪽 철도 폭이 다르므로 광물을 중국 쪽 기차에 싣습니다(환적). 기차에 실린 화물은 천진항까지 운송되며, 천진항에서 선박에 실어서 한국까지 운송합니다.

이와 같이 무역의 유통경로는 장사보다는 복잡하고, 다양한 비용이 발생합니다. "배보다 배꼽이 크다."라는 말처럼 이러한 수출입과정을 모르고 무작정 뛰어들면 몇 푼 벌려다 더 큰 손해가 날 수도 있습니다. 이러한 시행착오를 줄이기 위해서는 수출입과정, 운송방법,

통관, 운송료와 인코텀즈(운송료와 운송 시 발생하는 비용을 누가 부담할 것인지 정하는 무역용어), 보험, 결제방법, 수출마케팅, 수입소싱 방법을 아는 것이 좋습니다. 그리고 무역을 하다 보면 갖가지 서류들이 등장하는데, 이러한 것을 알아두는 것도 중요합니다.

이렇게만 본다면 이제 무역을 시작하려는 독자 입장에서는 알아야 할 것이 너무 많은 거 같아 숨이 턱 막힐 수도 있습니다. 하지만 무역은 약간의 요령만 있다면 누구나 할 수 있는 분야입니다. 그것은 이 책을 통해서 확인할 수 있습니다.

무역실무를 알기 위한
최소한의 핵심지식

무역을 하기 위해서는 수출입 프로세스, 운송, 통관, 결제방법 등 기타 여러 가지 지식이 있으면 편리합니다. 하지만 처음부터 그 모든 내용을 알고 무역실무를 하는 사람은 그리 많지 않습니다. 오히려 처음부터 다 알려고 한다면 따분하고 잊어버리기 십상입니다.

예를 들어 잘 갈라진 복근을 만들거나 다이어트를 해서 체중을 줄이려고 하는 남녀가 있습니다. 이들이 자신의 상황은 생각하지 않고 무턱대고 많은 시간을 운동하거나 금식을 한다면 반드시 탈이 생기기 마련입니다. 가장 좋은 방법은 복근을 만드는 과정과 감량하는 방법을 알고 그와 관련된 운동을 하는 것입니다. 또한 복근이나 다이어트에 대한 조언을 여러 경로를 통해 듣고, 조금 여유가 된다면 돈을 지불해 전문가의 자문을 구하는 것도 좋은 방법입니다. 어떤 식으로 복근이 형성되고 몸무게가 감량되는지 그 과정을 알고 거기에 맞는 운동을 하는 것이 모르고 하는 것보다 효과가 더욱 크고 집중력도 높아질 것입니다.

무역도 마찬가지입니다. 제품을 수출하거나 수입을 하기 위해 수출입프로세스, 즉 제품이 어떤 경로로 수출되고 수입되는지 그 과정을 알고 일을 하면 자기가 주도적으로 업무를 할 수 있습니다. 그렇다면 수출입프로세스라는 것은 무엇일까요? 그 과정은 다음 페이지의 케이스를 참고하면 됩니다.

무역이라는 것은 일반적으로 수출과 수입을 의미하며, 수출하는 과정과 수입하는 과정만 잘 이해한다면 수출입과정에서 해야 할 일을 아는 것도 그리 힘들지 않습니다. 수출입과정에서 대표적인 것이 통관과 운송인데, 일반적으로 통관은 관세사를 통해, 운송은 포워더라는 운송회사를 통해 진행합니다. 즉 수출입은 운송회사인 포워더와 통관 대행업체인 관세사만 있으면 큰 어려움 없이 진행할 수 있습니다. 아무리 무역 경력이 오래되어도 이들의 도움 없이 할 수 있는 무역일은 그리 많지 않습니다. 이들을 얼마나 잘 활용하느냐에 따라 신입인데도 경력자처럼 일을 한다는 이야기를 들을 수도 있습니다.

무역회사에 입사했는데 무역에 대해서 아는 것이 없다면 제일 먼저 회사에서 거래하는 관세사와 운송회사에게 전화를 해서 자기소개를 하세요. 10분 정도면 충분할 겁니다. 그렇게 알게 된 운송회사와 관세사는 여러분이 무역을 할 때 잘 모르거나 궁금한 점을 알려주는 무역 멘토가 될 것입니다.

휴대폰 케이스를 생산하는 한국의 A사는 미국의 바이어 B사에
비행기로 제품을 수출할 예정입니다. 그 과정은 다음 도표와 같
습니다.

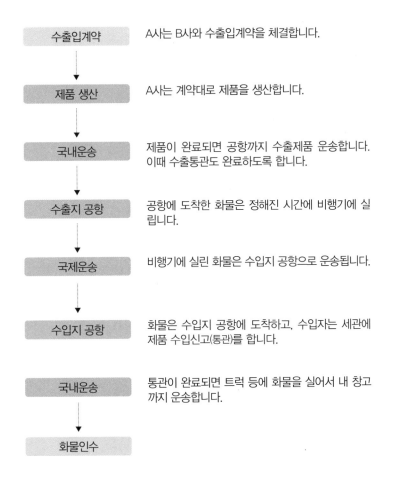

수출입계약	A사는 B사와 수출입계약을 체결합니다.
제품 생산	A사는 계약대로 제품을 생산합니다.
국내운송	제품이 완료되면 공항까지 수출제품 운송합니다. 이때 수출통관도 완료하도록 합니다.
수출지 공항	공항에 도착한 화물은 정해진 시간에 비행기에 실립니다.
국제운송	비행기에 실린 화물은 수입지 공항으로 운송됩니다.
수입지 공항	화물은 수입지 공항에 도착하고, 수입자는 세관에 제품 수입신고(통관)를 합니다.
국내운송	통관이 완료되면 트럭 등에 화물을 실어서 내 창고까지 운송합니다.
화물인수	

무역실무자는
오케스트라의 지휘자와 같다

무역실무는 수출이나 수입을 하기 위한 툴이고, 그 툴을 다 알고 시작하는 사람은 그리 많지 않습니다. 필요할 때 포워더와 관세사 등을 적절히 활용하면 됩니다. 예를 들어 오케스트라의 지휘자가 원하는 음악을 만들기 위해 각 악기의 특성을 알고 그것들을 필요에 따라 뽑아 쓰면 되는 것처럼 말이지요. 물론 지휘자가 모든 악기를 다룰 줄 알면 좋겠지만, 그것이 훌륭한 지휘자의 필요조건은 아닐 겁니다.

무역을 하기 위해서는 운송, 통관, 보험, 결제 등 필요한 것이 많습니다. 하지만 오케스트라의 지휘자처럼 실무자가 운송, 통관, 보험 등을 모두 꿰뚫어 알지 못해도 할 수 있는 것이 무역입니다.

CASE 수출을 위한 조율과정

컴퓨터 제품을 수출하는 A사는 7월 31일까지 20피트 컨테이너 하나를 일본에 보내야 합니다.

예약
① 7월 31일까지 일본에 화물을 보낼 수 있는지 운항 스케줄을 확인합니다.
② 마침 7월 26일에 출항하는 선박이 있고, 운송예약을 합니다. 컨테이너를 운반할 차량도 이때 예약합니다.

적재
① 수출할 준비가 완료되면 예약한 트레일러가 창고로 들어오고, 컨테이너에 화물을 넣어서 항구까지 운송합니다.
② 수출통관을 이 시점에 완료합니다.
③ 통관이 완료되면, 화물은 선박에 실려 일본으로 수출됩니다.

지휘자가 자신이 원하는 음악을 만들기 위해서는 필요한 음을 뽑아내거나 악기를 조율해야 합니다. 마찬가지로 무역실무자도 수출이나 수입을 잘하기 위해 운송회사나 관세사 혹은 보험회사에 필요한 것을 요구하거나 이들을 잘 조율하면 되는 것입니다.

무역실무자가 갖춰야 할
7가지 필수능력

무역실무자가 갖춰야 할 7가지 필수능력을 다음과 같이 정리해봤습니다.

- 워드: 무역실무자가 포워더와 관세사를 조율하는 일과 함께 많이 하는 것이 무역서류를 작성하는 일입니다. 작성한 서류는 이메일 등으로 바이어나 수출자에게 보냅니다. 우리나라에서 주로 쓰는 아래아한글은 해외에서 읽을 수 없기 때문에 무역에서는 MS워드를 많이 씁니다. 워드를 이용해 작성하는 무역서류로는 인보이스, 패킹리스트, 각종 사유서 등이 있습니다.
- 엑셀: 무역을 하기 위해서는 수출대금의 입금일, 국내 및 국제운송 예약일, 수출준비 완료일과 수입대금 송금일 등을 잘 정리해둬야 합니다. 수출입 건수가 많지 않다면 그냥 노트에 적어도 되지만 수출이 많고 나중에 찾아보기 쉬우려면 아무래도 잘 정리하는 것이 좋은데, 보통 엑셀을 이용해 정리합니다. 엑셀을 이용하는 무역업무로는 인보이스 작성, 패킹리스트 작성, 각종 입금일과 송금일 정

리, 각종 수출 관련 연락처 정리 등이 있습니다.

- **PDF 변환**: 무역을 할 때 각종 서류나 카탈로그 등을 스캔해 이메일로 보내기도 합니다. 이때 용량이 크거나 문서 내용을 임의로 변경하는 것을 막기 위해서는 문서를 PDF로 변환해서 보내는 것이 좋습니다. 인터넷에서 'PDF 변환기'라고 검색해보면 무료 프로그램을 찾을 수 있을 겁니다. 주로 인보이스, 패킹리스트와 각종 무역서류, 제품 카탈로그를 PDF로 변환해서 이메일로 송부합니다.

- **프레젠테이션**: 각종 제품이나 회사를 소개할 때는 파워포인트와 같은 프레젠테이션 프로그램으로 작성하는 것이 편리합니다. 프레젠테이션을 이용한 무역업무로는 제품 카탈로그, 회사 소개서 등이 있습니다.

- **이메일**: 아주 옛날에는 "무역을 하려면 팩스만 있으면 된다."라는 말이 있었습니다. 이후 이메일이 보편화되었고, 지금은 카카오톡이나 위챗과 같은 메신저로 이메일이 담당하고 있던 갖가지 무역업무를 대신합니다.

- **인터넷**: 인터넷은 무궁무진한 정보를 얻을 수 있는 곳입니다. 여기에는 무역서류 양식부터 해외 바이어의 구매정보까지 없는 정보가 거의 없습니다.

- **액세스로 만드는 나만의 데이터베이스**: 무역을 하다 보면 각종 서류와 다양한 정보의 홍수 속에 살게 됩니다. 이것은 데이터베이스 프로그램을 사용해 간단하게 해결할 수 있는데, 액세스와 같은 프로그램이 이 점에서 유용합니다. 해외에서는 개인이 스스로 만들 수 있는 데이터베이스로 액세스를 많이 쓰는데, 국내에서는 사용법이 어렵다는 이유로 외면을 받기도 합니다.

액세스를 제외하고는 대부분이 독자 여러분들에게는 익숙한 것들일 것입니다. 그렇습니다. 여러분이 지금 다룰 수 있는 프로그램만으로도 충분히 무역실무를 할 수 있습니다.

무역용어를 알아야
실무에 적용할 수 있다

미국인과 이야기하려면 영어를 할 줄 알아야 합니다. 수학은 수학과 관련된 용어를 잘 이해해야 합니다. 물론 영어를 모르더라도 손짓 발짓이나 콩글리시로 미국인과 소통할 수 있습니다. 수학용어를 모르더라도 천재적인 발상으로 수학문제를 풀 수 있습니다. 하지만 영어를 모르면서 미국인과 이야기하고, 수학용어를 모르면서 수학문제를 푼다는 것은 쉬운 길을 두고 멀리 돌아가는 것과 같습니다.

무역실무에는 다양한 용어들이 있습니다. 이것은 업무를 하다가 자연스럽게 나온 용어들로 실무자도 이것을 잘 알아야 실무가 편해집니다. 예를 들어 B/L이라는 운송장이 있습니다. B/L은 선박회사에서 선박에 화물을 적재하면 화물을 실었다는 증거로 발행하는 문서입니다. 만약 B/L이라는 용어를 모른다면 B/L을 받기 위해 상대에게 어떻게 설명해야 할까요? 장황하게 설명하는 것보다 이러한 용어를 하나 아는 것이 훨씬 업무에 효율적입니다.

무역용어들은 수출입과정에서 자연스럽게 생겨난 것으로 수출입과정만 잘 알면 누구나 쉽게 이해할 수 있습니다. 이 책에도 다양한 용어가 나오는데 잘 익혀서 업무에 활용하도록 합시다.

무역회사를 설립하기 위해
필요한 것들

옛날에는 밤 12시가 넘으면 거리에 아무도 다닐 수 없도록 국가가 통제했습니다. 이것을 통행금지라고 했는데, 지금은 없어졌기 때문에 겪어보지 않은 사람은 "그런 것도 있었어?" 하며 놀랄 수도 있습니다. 통행금지처럼 무역과 관련해서 놀랄 만한 과거의 일을 하나 말하자면, 과거에는 아무나 무역업을 할 수 없었습니다. 국가에서 허가를 받아야 할 수 있는 것이 바로 무역업이었습니다.

사업자등록

하지만 지금은 사업자등록을 하는 것만으로 누구나 무역을 할 수 있습니다. 여기서 사업자등록이라는 것은 세무서에 사업을 한다고 등록하는 것으로, 무역뿐만 아니라 사업을 하기 위해서는 반드시 해야 하는 절차입니다.

사업자등록을 하고 사업자등록증을 발부받은 후에는 무역업고유번호를 신청합니다.

TIP

사업자등록의 업종과 업태

사업자등록을 할 때 업종이나 업태 등을 선택해야 합니다. 선택하기가 곤란한 경우 각 세무서에 비치된 책자나 세무서 직원에게 문의하는 것도 좋은 방법입니다.

무역업고유번호는 한국무역협회에서 발급받으며, 발급 시 필요한 서류는 신청서와 사업자등록증입니다(자세한 것은 한국무역협회 홈페이지를 참조바랍니다). 물론 무역업고유번호가 없어도 무역을 할 수는 있지만, 수출입실적 등을 증명받기 위해서는 꼭 필요합니다.

사업자등록과 무역업고유번호를 발급받음으로써 무역회사를 설립해 수출입을 시작할 수 있습니다.

TIP

수출입실적

수출입실적은 내가 얼마나 수출과 수입을 했는지에 대한 결과로, 수출입실적에 따라 정부에서 다양한 무역지원을 받을 수 있습니다. 이러한 무역지원사업에 지원하기 위해서는 수출입실적에 대한 증명서가 필요한데, 이는 한국무역협회 홈페이지(kita.net)의 제증명 발급 메뉴에서 무역회사가 직접 발행할 수 있습니다.

| 한국무역협회 홈페이지 |

수출프로세스,
수출과정을 해부해본다

무역에 대해서는 아는 것이 없는 철수 씨가 무역회사에 입사했습니다. 그런데 상부에서 수출건이 있으니 진행하라고 합니다. 이때 철수 씨는 무척 당황할 수밖에 없을 겁니다. 왜냐하면 수출을 위해 무엇을 어떻게 해야 하는지 모르기 때문이지요. 그렇다면 수출은 어떻게 하는 것일까요?

수출의 정의

일단 수출을 어떻게 하는지 이해하기 위해서는 수출이란 무엇인지를 먼저 생각해야 합니다. 수출의 정의를 국어사전에서 찾아보면 "국내의 상품이나 기술을 외국으로 팔아 내보냄"이라고 되어 있습니다. 즉 상품이나 기술을 파는 것을 말합니다. 보통 우리나라 안에서 상품을 파는 것을 장사라 하고, 해외에 있는 바이어에게 상품을 파는 것을 수출이라고 합니다. 다음은 수출과 관련된 대략적인 내용입니다.

• **수출마케팅**: 수출이란 '해외에 있는 바이어에게 상품 등을 파는 것'으로 이해했습니다. 그럼 해외 바이어에게 상품을 팔려면 어떻게 해야 할까요? 우선 바이어에게 내 제품이 얼마만큼 좋은지 홍보해야 할 겁니다. 이것을 다른 식으로 표현하면 수출마케팅이라고 합니다(수출마케팅 방법에 대해서는 9장에서 자세히 다루겠습니다). 열심히 수출마케팅을 했고 마침 우리 제품에 관심이 있는 바이어를 만납니다.

- **협상과 합의:** 보통 물건을 살 때 물건값을 깎거나 혹은 몇 개 끼워달라고 다양하게 흥정을 합니다. 여러분이 만나는 바이어도 분명히 가격을 깎아달라거나 혹은 다른 여러 가지를 요구할 겁니다. 바이어가 제품에 관심이 있고 수출자가 팔려고 하는 의지가 강하다면, 아마 서로 간의 양보를 통해서 합의에 이를 수 있을 겁니다.
- **결제방법:** 무역에서 '결제'라고 하면 조금 복잡하게 느낄 수 있습니다. 하지만 장사에서 이용하는 현금결제, 어음결제 등 이미 우리가 잘 알고 있는 결제방법을 조금 다르게 사용할 뿐이지 전혀 생소한 것이 아닙니다(5장에서 장사의 결제와 무역의 결제가 얼마나 유사한지 확인할 수 있습니다).
- **계약서 작성:** 바이어가 계약서나 주문서 등을 발행해 구매계약을 맺습니다. 수출자는 결제가 완료된 후 수출준비를 합니다. 여기서 '물건을 어떻게 보낼 것인가?' 하는 여러분의 고민이 시작됩니다.
- **운송:** 우리나라에서는 수출을 하기 위해 항공기나 선박을 이용합니다. 무역회사가 거래하는 대표적인 운송회사로 '포워더'가 있는데, 포워더를 통해 수출화물을 실을 항공기나 선박을 예약하면 됩니다(포워더를 포함한 운송에 대한 모든 것은 2장에서 다루겠습니다). 항구나 공항까지 수출화물을 운반할 트럭과 같은 운송수단이 없으면 일반 트럭회사나 포워더에게 예약하면 됩니다.
- **통관:** 장사와 수출의 차이점이라면 수출할 때는 반드시 통관이라는 과정을 거치며, 나라의 사정에 따라 수출을 금지하거나 제한할 수도 있다는 겁니다. 통관은 국가가 하는 제품검사로 일반적으로 관세사를 통해 통관을 진행합니다.

과거 호주정부는 살아 있는 소를 인도네시아로 수출하는 것을 금지하는 법을 발표했습니다. 인도네시아의 도축업자들이 소를 너무 잔인하게 죽인다는 것이 금지의 이유였습니다. 우리나라도 마약류의 수출이나 수입을 금지하고 있으며, 특정 군사무기의 경우에도 수출을 금지하고 있습니다.

수출입금지 외에 특정한 조건이 충족되어야 수출이나 수입을 허가하는 경우가 있는데, 이 수출이나 수입을 위한 특정한 조건을 수출입요건이라고 합니다. 예를 들어 농가에서 사육된 말의 수출입요건에는 시장, 군수 등의 허가사항이 있고 이것을 받아야 수출을 할 수 있습니다.

우리나라의 경우 수출을 위주로 하는 국가이기 때문에 수출금지나 수출요건이 필요한 제품이 그리 많지 않지만, 반드시 수출제품의 통관정보를 파악하도록 합니다. 참고로 수출제품의 통관정보는 통관 전문가인 관세사나 세관 혹은 관세청을 통해서 확인할 수 있습니다(통관에 대한 자세한 내용은 3장을 참조하기 바랍니다).

수출프로세스

수출프로세스는 제품이 수출되는 과정을 말하는 것으로 그 내용은 다음과 같습니다.

수출계약 → 생산(혹은 제품준비) → 국내운송 → 통관 → 선적 → 국제운송

수출계약

제품을 팔려면 영업을 해야 하겠지요. 물론 제품이 대단히 유명해서 서로 사가려고 한다면 특별히 영업을 해야 할 일은 없겠지만, 대부분의 수출제품은 해외 전시회나 각종 마케팅을 통해서 영업을 하고 바이어와 판매계약을 맺습니다(수출마케팅에 대한 내용은 9장에서 다루겠습니다).

예를 들어봅시다. 영업사원인 철수 씨는 해외 전시회에서 우연히 만난 바이어와 신나게 상담합니다. "가격을 좀 낮춰달라." "결제는 첫 거래라서 현금밖에 안 된다." 등 수출자와 바이어 사이에는 흥정과 같은 이런 약간의 밀고 당기기가 있겠지요. 이야기가 잘되어서 바이어가 TV 1천 대를 대당 1천 달러에 사기로 하고 계약서를 작성합니다. 계약서에는 판매자인 철수 씨 회사의 이름과 주소, 연락처, 그리고 바이어의 이름과 주소, 연락처 등이 들어갑니다. 물론 바이어가 구매하기로 한 제품의 수량과 가격도 계약서에 들어가겠지요. 추가적으로 언제까지 제품을 보내야 한다는 납기일자와, 운송을 항공기로 할지 선박으로 할지에 대해서도 계약서에 표기합니다. 수입지까지의 항공 혹은 선박 운송료는 바이어와 수출자 중 누가 부담할지도 계약서에 기재합니다. 수입지까지의 운송료 표기를 무역에서는 인코텀즈(INCOTERMS) 혹은 가격조건(PRICE TERMS)이라 합니다(자세한 내용은 4장에서 설명하겠습니다).

하지만 꼭 계약서를 작성한 후에야 수출이 진행되는 것은 아닙니다. 우리가 일상생활에서 무언가 사기 위해 계약서를 작성하는 일이 얼마나 될까요? 이것은 상황에 따라 다르므로 계약서를 작성하기도 하고 하지 않기도 할 겁니다. 회사도 물건을 구매하거나 판매하기 위해 늘 계약서를 작성하는 것은 아닙니다. 필자도 간단한 주문서 (PURCHASE ORDER)를 받고 결제가 완료되면 바로 물건을 보내기도 하니까요. 즉 계약서 작성은 그때그때 다릅니다.

생산(혹은 제품준비)

계약을 따냈다고 해서 철수 씨의 일이 끝난 것은 아닙니다. 이제부터 시작입니다. 즉 약속된 날짜에 제품이 바이어에게 배송되도록 생산일정을 확인하고, 바이어가 원하는 선박이나 항공기가 원하는 날짜에 있는지 운송회사에게 물어서 확인합니다. 수출이 준비된 화물을 비행기나 선박에 싣기 위해서는 항구나 공항까지 운송해야 하는데, 트럭과 같은 운송편을 필요한 날짜에 이용할 수 있는지도 확인합니다. 수출제품을 컨테이너에 실어서 보내기로 했는데, 가지고 있는 컨테이너가 없으면 이것도 필요한 날짜에 이용할 수 있도록 운송회사에 확인해야 합니다. 또한 제품 납기일자에 맞춰 수출이 가능한지를 간간이 바이어에게 알려주는 것은 바이어에게 훌륭한 서비스가 됩니다. 제품을 준비할 때 수출자가 해야 할 일을 간략히 정리하면 다음의 표와 같습니다.

| 수출자가 해야 할 일 |

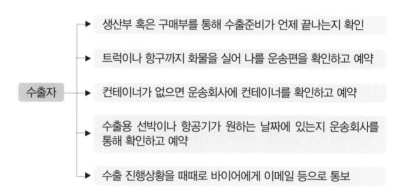

국내운송

유럽은 한 나라가 여러 나라와 국경을 마주하고 있는 경우가 많습니다. 예를 들어 독일의 경우 오스트리아, 네덜란드, 폴란드, 프랑스, 스위스 등 총 9개의 국가와 국경을 마주하고 있습니다. 유럽에는 국경을 마주하는 나라들이 많기 때문에 기차나 트럭으로 다른 나라에 제품을 수출하는 것이 가능합니다. 즉 수출자 창고에서 트럭에 화물을 실어 바로 국경을 넘어 바이어에게 배송할 수 있습니다. 하지만 우리나라는 삼면이 바다이고 남북이 대치된 상황이라 수출입할 때는 선박과 항공기를 사용해야 합니다. 수출을 하기 위해 선박이나 항공기에 화물을 적재하려면 수출화물을 공항이나 항구까지 운송해야 합니다. 이때 항구나 공항까지 화물을 운송하는 것을 국내운송이라고 합니다.

무역실무자는 국제운송을 담당하는 운송회사에 반드시 화물 클로징타임이 언제인지 확인해 수출에 차질이 없도록 해야 합니다(참고로 수출이나 수입 화물을 일시적으로 모아두는 장소는 선박의 경우 CY나 CFS 등이 있는데 이것은 항구 내에 있습니다. CY나 CFS 혹은 보세창고에 대한 자세

클로징(CLOSING) 혹은 클로징타임(CLOSING TIME)

우리가 자주 이용하는 택배는 화물을 모아두었다가 한꺼번에 트럭에 실어서 전국으로 배송합니다. 수출용 선박이나 항공기도 이와 같이 화물을 일단 특정한 장소에 모아두었다가 한꺼번에 선적합니다.

- 마감시간: 택배는 마감이라는 것이 있는데, 마감시간을 넘긴 화물은 그다음 날 보낼 수밖에 없습니다.
- 보딩타임: 마감시간과 유사한 것으로 비행기에는 출발시간 외에 보딩타임이라는 것이 있습니다. 이는 승객이 몇 시까지 비행기에 타야 정상적으로 출발할 수 있다는 것입니다.
- 클로징타임: 수출용 선박이나 항공기에도 택배의 마감시간이나 비행기의 보딩타임과 같은 클로징타임이라는 것이 있습니다. 앞서 수출용 화물은 일정한 장소에 모아두었다가 한꺼번에 선박이나 항공기에 적재한다고 했습니다. 클로징타임이라는 것은 이 일정한 장소에 화물이 입고되어야 할 마지막 시간을 의미하며, 이 시간을 넘기면 예약된 항공기나 선박에 적재할 수 없습니다. 클로징타임까지 화물이 일정한 장소에 모여 있어야 출발시간을 넘기지 않고 정상적으로 적재해 출항할 수 있습니다.

한 설명은 2장에서 운송회사와 함께 자세히 다루겠습니다).

항공운송의 경우 수출입화물은 공항 내의 보세창고에 보관합니다. 보통 운송회사가 공항까지 운송도 대행해주므로 트럭이 없을 때는 운송사에 픽업을 요청하도록 합니다.

| 수출자 창고 | 클로징타임에 늦지 않게 화물배송 → | 공항(혹은 항구) |

통관

모든 국가는 자국을 오고 가는 모든 물건에 대한 검사를 하는데, 이것을 통관 혹은 통관검사라 합니다. 통관은 수출지에서 한 번, 수입지에서 한 번, 총 두 번을 진행합니다. 수출자가 "수출하는 제품이 무엇무엇입니다." 하고 서류로 신고하면, 국가기관인 세관은 신고한 내용을 바탕으로 검사를 합니다. 보통 수출자가 하는 신고를 수출신고라 하며, 수출신고 시 수출자가 세관에 제출하는 서류에는 인보이스, 패킹리스트 등이 있습니다. 일반적으로 수출통관은 수출자가 제출하는 수출신고서류를 세관이 검토하는 것으로 완료됩니다.

통관의 절차 및 통관에 대한 내용은 법과 각종 규칙으로 정해집니다. 하지만 조금 복잡하고 어려운 부분도 있고 그 편의성 때문에 많은 무역기업들이 통관 전문가인 관세사를 통해서 수출신고 등의 통관을 진행합니다. 모든 수출화물은 통관이 되기 전에는 수출할 수 없고, 모든 수입화물은 통관이 되기 전에는 바이어가 인수할 수 없습니다. 수출자는 선적하기 전에 반드시 수출신고를 해 통관이 완료되도록 합니다.

통관을 하기 위해서 수출자는 관세사에게 수출신고서류인 인보이스, 패킹리스트 등을 작성해 보내주고 수수료(통관수수료)를 입금하면 관세사는 통관을 진행합니다(참고로 수출신고 시 제출하는 신고서류는 제품에 따라 다를 수 있으므로 반드시 관세사에게 확인하도록 합니다). 수출신고와 세관의 검사가 끝나면 수출을 해도 좋다는 일종의 허가증인 수출신고필증이 발부됩니다.

| 수출 통관과정 |

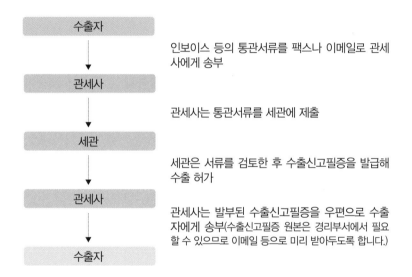

선적

통관이 완료되고 클로징타임 내에 항구나 공항에 도착한 화물은 크레인이나 여러 가지 장치를 통해 한꺼번에 비행기나 배에 선적합니다. 선적을 완료하면 어떤 제품을 선적했는지 그 내역을 최종적으로 바이어에게 이메일 등으로 알려주면서 인보이스와 패킹리스트와 같은 서류를 보내면 됩니다. 드디어 제품을 선적해 출항하면 운송회사는 AIRWAYBILL이나 B/L이라는 서류를 수출자에게 발행하는데, 이것 또한 팩스나 이메일로 바이어에게 보내서 선적이 완료되었음을 확인시켜줍니다.

참고로 반드시 선적 전에 통관이 완료되도록 해야 합니다. 통관을 위한 수출신고는 국내운송 전에 하는 것이 가장 무난하고 이 시점에 관세사에게 통관서류를 보내 통관이 진행되도록 합니다. 또한 제품에 따라 통관에 필요한 서류와 요건이 다양하므로 수출계약 전에 수출마케팅 시점부터 미리 확인해두도록 합니다.

TIP

수출신고 후 선적까지

수출신고 완료일부터 보통 30일 내에는 선적을 해야 합니다(자세한 것은 관세사에게 문의합니다). 즉 아직 수출선박 등이 정해지지 않은 상태에서 수출통관을 먼저 진행해도 된다는 말입니다. 필자의 경우 보통 항구나 공항까지 화물운송하기 전날 수출통관을 진행합니다.

국제운송

택배로 물건을 보낼 때, 우리는 택배기사로부터 송장(혹은 운송장)이라는 것을 받습니다. 우리는 이 송장으로 택배회사가 화물을 인수했다는 것을 증명하고, 나중에 화물이 어디쯤 도착했는지도 확인할 수 있습니다. 택배회사가 송장을 발행하는 것처럼 운송회사도 항공기나 선박에 화물을 적재하면 송장과 같은 화물인수증을 발급하는데 여기에는 AIRWAYBILL과 B/L이 있습니다.

택배의 송장에 받는 사람과 보내는 사람의 이름·주소·연락처 등이 있는 것처럼 AIRWAYBILL과 B/L에도 받는 사람(CONSIGNEE)과 보내는 사람(SHIPPER)의 주소와 연락처, 그리고 운송회사의 연락처가 있습니다. 송장번호처럼 AIRWAYBILL과 B/L에도 번호가 있는데 나중에 화물이 어디쯤 도착했는지 확인할 때 사용할 수 있습니다. 보통 항공기나 선박이 출항하면 AIRWAYBILL이나 B/L을 발행합니다.

수입업무의 과정을
한눈에 살펴보자

여러분이나 혹은 여러분의 직장 상사들은 인터넷이나 해외 전시회를 둘러보면서 수입해서 우리나라에 팔 만한 좋은 제품이 없나 찾아봅니다(이걸 보통 '소싱'이라고 합니다). 그러다 괜찮은 제품을 발견하면 수출자에게 가격이며 납기 등을 물어봅니다. 또 한국에 에이전트는 있는지, 없다면 혹 에이전트가 필요한지도 가격을 협상할 때 같이 문의합니다. 물론 여러분은 수출자가 제시하는 가격이나 여러 가지 조건에 대해 처음부터 승낙하지는 않을 겁니다. 수출자도 여러분이 가격을 깎아달라 한다고 순순히 가격을 내리지는 않을 겁니다. 하지만 서로 간에 계약이 성사되기를 원할 경우에는 여러 가지 유인책이 협상 중에 오고갈 겁니다. 즉 몇 개 이상 살 테니 가격을 깎아달라고 한다든지, 가격을 내리는 대신에 수입지까지 운송료를 수출자가 부담한다든지, 이렇게 서로 거래가 성사되도록 노력할 겁니다.

거래가 성사되면 제품을 구매하기 위해 수출자와 계약을 체결하거나 주문서를 수출자에게 보냅니다. 그러고는 결제가 되면 수출자는 화물을 선박이나 항공기에 실어서 바이어가 요구하는 공항이나 항구로 보냅니다. 수출과 마찬가지로 수입 시에도 통관을 거쳐야 하는데, 바이어가 수입신고서류를 제출하면 수입신고가 되고, 세관에서는 수입신고서류만 검토하거나 실제 제품의 포장을 뜯어서 제품을 검사합니다. 통관이 완료되면 세관에서는 수입신고가 완료되었다는 서류인 수입신고필증을 바이어에게 발급합니다. 통관이 완료되면 바이어는 항구나 공항에 있는 화물을 인수하면 됩니다.

수입프로세스

수입소싱에서 구매에 이르는 과정을 정리하면 다음과 같습니다.

수입 계약 → 수출자의 제품생산 → 국제 운송 → 통관 → 국내 운송 → 수입자

수입계약

여러 가지 협상 끝에 여러분과 수출자는 합의를 하고 구매계약서를 작성합니다. 계약서는 수출자가 준비해온 것이 있을 겁니다. 하지만 협의과정 중에 준비된 계약서의 내용이 많이 바뀌므로 계약서를 수정해야 합니다. 계약서에는 기본적으로 파는 사람과 사는 사람의 주소·연락처·이름을 기재하고, 합의한 제품의 가격과 내역이 들어갑니다. 또한 꼼꼼한 실무자들은 수입제품에 흠이 있을 때는 어떻게 하

겠다는 클레임에 관한 사항도 계약서에 명시합니다. 물론 계약하기 전에 통관에는 문제가 없는지, 통관에 필요한 서류는 무엇인지 반드시 알고 계약해야 합니다. 통관과 관련해서 수출자에게 요구해야 할 서류가 있다면 계약서에 반드시 명기하는 것이 좋습니다.

참고로 수량이 많거나 처음 거래한다면 반드시 샘플을 받아서 확인하도록 하며, 처음부터 제품을 대량으로 구매하기보다는 이 업체가 과연 제대로 생산을 할 수 있는지 시험 삼아 적은 수량을 주문하거나 계약을 하는 것도 좋습니다. 샘플이나 시험 삼아 구매한 제품보다 품질이 떨어지는 제품을 보내올 경우에 대비해 반품이나 가격 할인 등의 문구를 계약서에 명시하는 것도 좋습니다.

수출자의 제품생산

수출자는 계약을 했다고 해서 무턱대고 제품을 생산하지는 않습니다. 수출은 계약이 목적이 아닌 돈을 받고 물건을 잘 파는 것이 목표입니다. 따라서 계약할 때 수출자와 바이어는 결제를 어떻게 할 것인지도 합의하고 그 내용을 계약서에 작성합니다. 그러고 나서 바이어가 약속한 대로 결제하면 수출자는 제품생산이나 제품준비에 들어갑니다. 보통 첫 거래일 때는 전액 혹은 30%를 보증금으로 받고, 나머지 70%는 선적이 되면 송금을 합니다. 물론 결제는 상황에 따라, 양당사자가 합의한 내용에 따라 달라지겠지요.

계약서에는 제품을 언제까지 바이어에게 납품하겠다는 내용도 들어갑니다. 결제문제가 해결되면 수출자는 납기를 맞추기 위해 수출할 제품이 언제 준비되는지, 운송에 필요한 비행기나 선박은 제날짜에 있는지 등을 확인합니다.

바이어는 제품이 선적되었는지 어떻게 확인할까?

운송회사는 화물을 선적하면 AIRWAYBILL이나 B/L을 발행합니다. 즉 수출자가 이메일 등으로 보내주는 AIRWAYBILL이나 B/L을 보고 화물이 선적되어 출항했음을 알 수 있습니다.

국제운송

수출준비를 완료한 제품은 수입지까지 수출화물을 운송할 선박이나 비행기에 적재합니다. 물론 이때 수출자는 수출통관을 마친 상태입니다. 제품을 선박이나 비행기에 선적할 즈음에 수출자는 인보이스와 패킹으로 수출제품의 최종내역을 바이어에게 통지합니다. 그러고 나서 수출자가 운송회사로부터 AIRWAYBILL이나 B/L을 받으면 바이어에게 이메일이나 팩스로 인보이스 패킹과 함께 보냅니다.

B/L과 화물인수

선박운송에서는 B/L 원본이 없으면 수입지 항구에 도착한 화물을 바이어가 인수할 수 없습니다. 여기서 B/L 원본은 운송회사가 우편이나 택배 등으로 보내주는 것으로, 운송회사 담당자의 사인과 운송회사 도장이 있는 서류를 말합니다. 이외에 팩스나 이메일로 받는 서류는 모두 사본입니다. 수입지의 항구에 도착한 화물은 배에서 내려 CY 혹은 CFS라는 항구 안에 있는 일정한 장소에 보관하는데, 수출자가 보내준 B/L 원본이 없으면 CY나 CFS에서 물건을 바이어에게 내주지 않습니다. 즉 바이어가 아직 결제를 마치지 않았다면, 결제가 완료될 때까지 B/L 원본을 바이어에게 보내서는 안 됩니다.

항공운송은 해상운송과 달리 운송회사에서 발급한 AIRWAYBILL을 수출자가 바이어에게 보내주지 않아도 물건을 찾을 수 있습니다. 택배가 운송장에 써 있는 받는 사람에게 바로 물건을 배송하듯이, 이와 마찬가지로 항공운송에서도 바이어가 받는 사람이 맞는지 확인된다면 바이어는 바로 보세창고에서 물건을 찾을 수 있습니다.

통관

앞서 모든 나라는 그 나라를 나가고 들어오는 모든 제품에 대한 검사를 하는데, 이를 통관이라 한다고 설명했습니다. 즉 수출하거나 수입하는 제품의 샘플이든 본제품이든, 회사에서 쓸 물건이든 개인적으로 필요한 것이든, 국가기관인 세관이 하는 검사인 통관을 진행해야 합니다. 공항이나 항구에 도착한 수입화물은 통관이 완료되어야 인수할 수 있습니다.

수출통관을 할 때 수출자는 인보이스, 패킹리스트 등의 서류를 세관에 제출해 제품에 대한 신고를 하고, 이 서류를 기초로 세관에서는 통관절차를 진행합니다. 수입통관은 수출통관과 마찬가지로 바이어가 수입신고서류를 제출하는 것으로 세관이 통관을 진행합니다. 수입 시 제출해야 하는 서류에는 기본적으로 인보이스, 패킹리스트와 AIRWAYBILL 혹은 B/L이 있습니다. 제품에 따라 추가로 필요한 서류는 관세사나 관세청에 문의하도록 합니다.

수입통관에 필요한 AIRWAYBILL은 인터넷이나 팩스로 받은 사본이면 충분하므로 운송회사나 수출자에게 이메일이나 팩스로 요청해 통관을 진행하면 됩니다.

수입신고 후 인수까지

수출통관처럼 수입통관도 일반적으로 그 편의성 때문에 관세사를 통해서 수입신고를 합니다. 통관 시에 관세 등의 세금이 부과되는데, 통관 전에 관세사는 대략적인 관세를 계산해 바이어에게 납부할 비용을 요청합니다. 바이어는 통관수수료, 관세, 그리고 수입신고서류를 관세사에게 보내 수입신고를 하면 됩니다. 이때 수입지 항구나 공항까지 운송료를 바이어가 부담하는 경우에는 운송료도 결제해야 화물을 인수할 수 있습니다.

국내운송

통관이 완료되면 바이어는 공항이나 항구의 일정한 장소에 보관되어 있는 화물을 인수할 수 있습니다. 화물을 인수할 차량이 없으면 관세사에게 운송차량을 요청하면 됩니다.

바이어

공항에서 바이어의 창고까지 운송한 화물은 수출자가 보내준 인보이스나 패킹리스트로 제품의 수량 등을 확인하도록 합니다.

이것으로 제품을 어떤 과정으로 보내서(수출프로세스), 어떤 과정을 통해서 받는지(수입프로세스)를 모두 확인했습니다.

수출입프로세스 혹은 수출입과정은 간략히 하면 '생산 → 운송 → 바이어 화물인수'의 순이 됩니다. 즉 수출입프로세스와 운송방법만 알면 독자 여러분은 이제 웬만한 무역업무는 할 수 있습니다.

유럽은 여러 나라와 국경을 마주한 경우가 많기 때문에 보통 수출입 운송에는 선박, 항공기, 트럭, 철도를 이용합니다. 하지만 우리나라의 경우에는 선박과 항공기만 이용합니다. 선박으로 운송하기 위해서는 화물을 컨테이너에 실어서(컨테이너화물) 수출 혹은 수입하거나, 대량의 화물을 컨테이너에 넣지 않고 선박에 그대로 적재해 운송(벌크화물)하는 방법이 있습니다.

2장에서는 운송에 대한 여러 가지를 다룹니다. 운송 스케줄은 어떻게 받을지, 운송료 견적서 내용은 무엇이고 그 의미는 또 무엇인지, 컨테이너화물일 때 운송료 계산은 어떻게 할 것인지, 실무용어인 CBM, FCL, LCL, D/O는 어떻게 해석할 것인지 등 운송과 관련된 가장 실무적인 내용을 다룹니다. 더불어 DHL이나 EMS 등을 이용해 수출이나 수입하는 방법에 대해서도 접하게 됩니다. 여러분이 무역 초보자임을 감안해 많은 예와 실무적인 사례를 소개했으니 이해하는 데는 그리 무리가 없으리라 생각합니다.

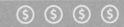

2장

무역실무의 시작점은
운송이다

포워더 제대로 알고
100% 활용하기

무역을 할 때 가장 많이 쓰는 운송회사에는 포워더라는 것이 있습니다. 포워더는 선박이나 항공기 없이 운송업무를 하는 특징이 있습니다. 대신에 선박을 가지고 있는 선박회사와 항공기를 가지고 있는 항공회사를 무역회사와 연결해주는 것이 포워더의 역할입니다.

　포워더와 비슷한 예로 공인중개사가 있습니다. 공인중개사는 자기가 집을 사고팔기보다는 집을 팔려고 하거나 전세를 놓으려고 하는 사람과 집을 사려고 하거나 전세를 얻으려는 사람을 서로 연결해줍니다. 전세계약이나 매매계약이 성사되면 공인중개사는 중개수수료를 받습니다.

| 공인중개사와 포워더 비교 |

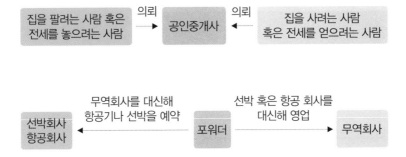

포워더는 공인중개사처럼 무역회사와 선박회사(혹은 항공회사)를 중간에서 연결해주는 역할을 하는 운송회사입니다. 그래서 보통 포워더를 운송중개회사라고 하기도 합니다.

포워더의 필요성

여기서 왜 선박회사나 항공회사는 자기네들이 직접 무역회사를 상대로 영업을 하면 될 것을 왜 포워더를 끼고 하는지 의문이 드는 독자도 있을 겁니다. 이것은 '어느 것이 더 효율적이냐' 하는 데서 이유를 찾을 수 있습니다. 선박회사가 가지고 있는 배는 크고 많으며 배 한 척당 실을 수 있는 화물도 엄청납니다. 항공회사도 보유하고 있는 항공기가 많고, 항공기 한 대당 실을 수 있는 화물의 양도 대단히 많습니다. 선박이나 항공기의 이런 엄청난 적재공간을 다 채우려면 영업사원을 많이 두어야 하며, 또 엄청나게 많은 영업사원을 두고 있다면 이에 대한 인건비도 상당히 부담될 것입니다.

이러한 틈새를 들어간 것이 포워더인데, 포워더는 선박이나 항공회사를 대신해서 운송영업을 합니다. 그래서 선박이나 항공 회사는 포워더에게 운송료를 저렴하게 제공하고, 포워더는 이 운송료에 일정한 수수료를 붙여서 무역회사에게 제공합니다. 보통 선박이나 항공 회사는 현대자동차, 삼성전자 등 대량으로 제품을 수출하거나 정유회사처럼 대량으로 화물을 수입하는 회사와 운송거래를 합니다.

포워더와 여행사

포워더와 비슷한 예로 여행사를 들 수 있습니다. 여행사는 항공회사에서 대량으로 항공기표를 구매합니다. 항공회사는 여행사가 표를 많이 구매하므로 표를 싸게 팝니다. 여행사는 구매한 항공권에 일정한 마진을 붙여서 일반 소비자에게 팝니다. 즉 항공회사는 여행사를 통해 표를 많이 팔아서 좋고, 여행객은 여행사를 통해 싸게 비행기표를 사서 좋습니다.

여행사는 항공기나 선박을 가지고 있지 않아도 여행업을 할 수 있기 때문에 여행사 간의 경쟁이 심합니다. 여행사는 이러한 경쟁을 그들만의 서비스를 통해서 이겨나가는데, 비자를 대신 발급해주거나 여행지 정보 혹은 다양한 여행상품 등을 제공하는 것이 그러한 서비스의 일종입니다. 포워더도 여행사처럼 항공기나 선박을 가지고 있지 않아도 운송업을 할 수 있어 포워더 간의 경쟁이 심한데, 이것을 차별화된 서비스로 이겨나갑니다.

다양한 서비스의 일환으로 화물을 항구나 공항까지 운송할 차량이 없으면, 포워더가 트럭회사를 소개해줍니다. 아무래도 포워더는 트럭회사를 많이 이용하므로 수출입업체가 직접 연락하는 것보다는 저렴한 비용으로 이용할 수 있습니다. 수출화물을 컨테이너로 보낼 때도 포워더에게 컨테이너나 트레일러를 요청하면 되고, 거래하는 관세사가 없는 경우에도 포워더에게 문의하면 됩니다. 어떤 포워더는 수입지 항구나 공항에 보세창고를 두고 수금업무까지 해주는 서비스를 제공하기도 합니다.

CASE 포워더가 하는 수금업무

문구류를 수출하는 A사는 수입지에서 돈을 받고 바이어에게 제품을 인계하기로 했습니다. A사는 현지에 보세창고를 가지고 있는 포워더 B를 통해 수출운송을 했습니다. 현지의 항구에 도착한 화물은 포워더 B의 항구 내에 있는 창고로 입고되었습니다. 입고된 화물을 바이어 C가 찾으러 왔고, 수입상은 제품의 대금을 포워더 B의 창고에서 지불하고 수입제품을 인수했습니다. 그러고 나서 포워더 B는 결제된 대금을 A사에 송금했습니다.

* 보세창고는 항구나 공항에 있는 창고로, 통관을 기다리고 있는 화물을 보관해두는 곳을 말합니다.

포워더를 통해
수출준비 상황을 확인한다

포워더는 다른 나라에 있는 포워더들과 파트너 관계를 맺고 여러 가지 업무를 하고 있습니다. 예를 들어 한국에 있는 철수 씨가 주부들에게 인기 있는 쌍둥이 칼을 독일업체에서 수입하기로 했습니다. 운

| 제품 수출준비 전 |

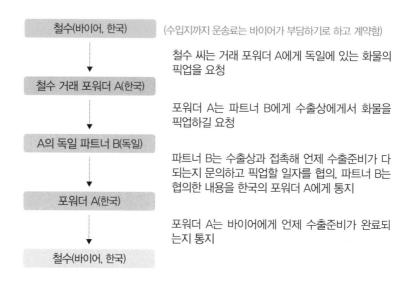

철수(바이어, 한국)　(수입지까지 운송료는 바이어가 부담하기로 하고 계약함)

철수 씨는 거래 포워더 A에게 독일에 있는 화물의 픽업을 요청

철수 거래 포워더 A(한국)

포워더 A는 파트너 B에게 수출상에게서 화물을 픽업하길 요청

A의 독일 파트너 B(독일)

파트너 B는 수출상과 접촉해 언제 수출준비가 다 되는지 문의하고 픽업할 일자를 협의, 파트너 B는 협의한 내용을 한국의 포워더 A에게 통지

포워더 A(한국)

포워더 A는 바이어에게 언제 수출준비가 완료되는지 통지

철수(바이어, 한국)

| 제품 수출준비 완료 시 |

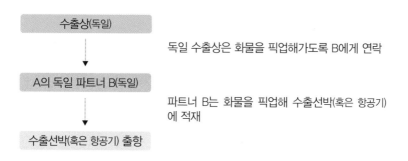

수출상(독일)

독일 수출상은 화물을 픽업해가도록 B에게 연락

A의 독일 파트너 B(독일)

파트너 B는 화물을 픽업해 수출선박(혹은 항공기)에 적재

수출선박(혹은 항공기) 출항

송은 선박으로 하기로 했고, 한국까지의 선박운송료는 바이어인 철수 씨가 지불하기로 했습니다.

이때 독일에 있는 화물을 선적하기 위해서는 독일 수출자가 우선 선적하고 나중에 철수 씨가 운송료를 송금하거나, 철수 씨가 한국에서 거래하는 포워더를 통해 선적하는 방법이 있습니다. 즉 철수 씨가 거래하는 포워더는 독일 현지에서 포워더로 일하는 파트너가 있는데, 독일의 파트너를 통해 독일에 있는 수출자에게서 화물을 인수해 예약한 선박에 화물을 실어 철수 씨가 있는 한국으로 화물을 보낼수 있습니다. 독일의 포워더가 화물을 인수하기 위해서는 우선 독일의 수출상과 접촉해 화물을 언제 인수하면 좋은지를 확인합니다. 또한 그 내용을 한국의 포워더에게 통지하고, 한국의 포워더는 다시 철수 씨에게 이 사실을 통지합니다. 이것을 간단하게 설명하면 왼쪽 페이지의 도표와 같습니다.

포워더의 해외 현지 파트너

다양한 현지 정보를 가지고 있는 포워더의 해외 현지 파트너는 그곳의 다양하고 새로운 통관이나 무역 관련 정보를 가지고 있으므로 실무에서 많은 도움을 받을 수 있습니다. 필자도 포워더의 현지 파트너를 통해 수입지에서 갑작스럽게 변경된 통관 정보를 입수해 미리 대응했던 경험이 있습니다.

운송료 견적서를 여러 개 받아둘 것

알뜰한 주부는 여러 가게의 물건값을 비교해 저렴하고 괜찮은 제품을 구매하려고 합니다. 파는 곳이 여러 곳이라면 담합이 아닌 한 가격과 서비스에서 여러 차이가 있습니다. 수출입제품을 운송하는 회사는 대단히 많고, 그 회사들이 제공하는 가격과 서비스는 회사마다 다릅니다. 따라서 평소 수출입운송을 할 때, 반드시 여러 포워더로부터 선박 혹은 항공 운송료 견적서를 받아 확인하고, 회사마다 제공하는 운송료와 서비스에는 어떤 것이 있나 비교해 이용하도록 합니다(운송료 견적서의 다양한 내용은 '항공운송료 견적서 분석하기'와 '선박운송료 견적, 일반 샘플로 이해하기'에서 자세히 설명하겠습니다).

항공포워더와 선박포워더가 하는 일

앞서 포워더는 무역회사와 선박(혹은 항공)회사 사이의 운송계약을 중개한다고 했습니다. 포워더는 항공회사와 거래하기도 하고, 선박회사와 거래하기도 합니다. 항공회사와 거래해 항공운송을 진행하는 포워더를 항공포워더, 선박회사와 거래해 선박운송을 하는 포워더를 선박포워더라 합니다. 보통 선박운송과 항공운송을 동시에 하므로 실무에서는 큰 의미가 없지만 이론적으로는 이렇게 구분합니다.

선적이 되면 바이어에게 통지하도록 하자

여러분이 인터넷쇼핑몰을 이용하고 결제까지 마쳤다면 가장 궁금한 것이 '언제쯤 제품을 받을 수 있을까?'일 것입니다. 제품을 수입하는 바이어도 구매자인 여러분과 마찬가지입니다. 그렇기 때문에 수출을 준비하는 상황이라든지 기타 내용에 대해서 수시로 바이어에게 알려주는 것은 바이어에게 좋은 기억으로 남습니다. 즉 언제쯤 수출준비가 완료되고, 언제 선적되며, 언제쯤 수입지에 도착할 수 있는지 이메일 등을 통해 반드시 바이어에게 알려주는 것이 좋습니다.

이때 보통 인보이스로 최종으로 선적될 화물의 내역을 통지합니다. 물론 반드시 인보이스로 통지해야 하는 것은 아닙니다. 보통 이메일에 간단히 선적 예정일자와 도착 예정일자를 통지하고, 나중에 최종적으로 확정된 인보이스와 패킹리스트를 보내기도 합니다.

항공운송회사,
알아야 써먹을 수 있다

항공운송은 요금이 비싸므로 무게가 가볍고 빨리 보내야 하는 제품이거나 고가의 제품인 경우에 많이 이용합니다. 보통 항공운송을 하는 회사에는 항공기를 보유하고 운송까지 하는 항공회사, 항공포워더, 쿠리어와 핸드캐리 업체 등이 있습니다.

일반적으로 항공기를 가지고 있는 항공회사는 일반 무역회사보다는 항공기를 통째로 전세 내거나 화물을 대량으로 수출하고 수입하는 회사가 주 고객입니다(참고로 항공화물을 운송하는 국내 항공운송사에는 대한항공과 아시아나항공 등이 있습니다. 그 외에 수출이나 수입운송 물량은 항공포워더를 통해서 진행합니다).

쿠리어

쿠리어는 국제특송업체라고도 합니다. 도어 투 도어(Door To Door) 서비스를 진행하며 해외까지 제품을 배송하는 일종의 택배회사로 보면 되겠습니다. 쿠리어는 화물을 픽업해 수입지의 원하는 장소까지 운송하며, 자체 통관팀이 있어 수출입통관을 직접 한다는 특징이 있습니다. 보통 쿠리어는 운송료가 비싸기 때문에 작은 샘플이나 서류를 보낼 때 이용합니다.

쿠리어의 종류에는 우체국에서 운영하는 EMS 외에 DHL, UPS와 FEDEX 등이 있으며, 회사마다 서비스와 운송료가 다양합니다. 쿠리어를 통해 화물을 보낼 때는 택배처럼 운송장을 작성합니다. 운송장에는 'Tracking NO.'라고 하는 운송장번호가 있는데 이 번호로 현재 화물이 어디까지 도착했는지 쿠리어의 홈페이지에서 확인할 수 있습니다. 또한 쿠리어마다 1년에 몇 번 정도를 이용할지 계약하는 연간계약을 맺으면 최대 운송료의 50% 이상 할인받을 수 있습니다. 쿠리어의 이러한 특징들을 잘 활용해 업무에 이용하도록 합니다.

TIP

쿠리어의 종류와 특징

EMS

• 운송료: 쿠리어 중에서 운송료가 가장 저렴합니다.

• 특징: 보통 수입지에서 바이어가 운송료를 지불하는 착불로는 화물을 보낼 수 없습니다. 수출자가 운송료를 결제해야 제품이 배송되고, 보낼 수 있는 화물 크기나 무게에 제한이 있습니다.

DHL

• 후불: 고객번호(DHL ACCOUNT NO.)가 있으면 월말에 운송료를 후불로 결제하는 것이 가능합니다(만일 고객번호가 없으면 DHL배달원이 제품을 픽업할 때 픽업 장소에서 운송료를 결제해야 합니다).

• 고객번호: 받는 사람의 고객번호가 있으면 받는 사람이 운송료를 내는 착불도 가능합니다.

• 운송상황: 보통 나라마다 비행기 출발시간이 다른데, 아시아는 당일 비행기가 있지만 유럽은 그다음 날 비행기가 있습니다. 예를 들어 인도로 보낼 물건을 7월 1일 오전에 픽업했다면 7월 1일에 출발하는 비행기에 실어서 보낼 수 있습니다. 하지만 유럽에서 7월 1일에 픽업해도 비행기는 7월 2일에 출발합니다. 나라의 운송상황이 다르므로 반드시 홈페이지나 전화를 통해서 확인하도록 합니다.

마지막으로 항공운송 업체에는 핸드캐리라는 것이 있는데, 기본 서비스는 쿠리어와 비슷합니다. 쿠리어처럼 핸드캐리 업체가 화물을 픽업해 현지 바이어에게 직접 화물을 전달합니다.

쿠리어의 경우에는 전 세계에 자사 대리점이 있고 현지 대리점에서 직접 운송을 하지만, 핸드캐리의 경우에는 대리점 대신에 현지에 있는 업체를 운송 파트너로 이용합니다. 즉 핸드캐리 업체가 실은 화물이 현지에 도착하면 현지의 파트너가 화물을 인수해 바이어에게 배달하는 시스템입니다. 쿠리어는 대부분의 지역에서 픽업이 가능하지만 핸드캐리는 픽업이 되는 지역이 있고 되지 않는 지역도 있으며, 운송료 부분에서도 쿠리어와 차이가 있으니 잘 참고하시기 바랍니다.

비행기로 수출하고 수입하기,
택배만큼 쉽다

여러분이 무역회사에 입사했다고 가정하겠습니다. 무역에 대해 전혀 모르는데 상사가 여러분에게 제품을 비행기로 일본에 수출하라고 지시합니다. 참 막막하지 않을 수 없습니다. 그렇다면 왜 막막할까요? 일본으로 가는 비행기에 화물을 어떻게 실을 것이고, 일본으로 가는 비행기는 어떻게 찾을 것이며, 또 그 밖에 해야 할 것이 있는지 없는지 잘 몰라 불안해서일 겁니다. 그렇다면 비행기에 화물을 적재하는 방법을 알고, 일본으로 가는 비행기의 스케줄을 파악하고, 기타 해야 할 것만 안다면 오히려 일하는 것이 신나겠지요.

일단 비행기로 운송을 담당하는 운송회사로 시작해서 이야기를 풀어가도록 하겠습니다. 비행기로 화물을 운송하는 회사에는 대한항공이나 아시아나항공과 같이 비행기를 가지고 있고, 그 비행기로 화물을 운송하는 항공회사가 있습니다. 또 항공회사를 대신해서 영업을 하고, 운송과 관련해서 항공회사와 무역회사를 연결해주는 포워더가 있습니다. 마지막으로 해외까지 화물을 운송하는 일종의 택배회사인 쿠리어와 핸드캐리 업체가 있습니다.

쿠리어로 화물 보내기

쿠리어는 수출자에게서 직접 화물을 인수해서 바이어의 집까지 배송을 합니다. 따라서 쿠리어로 물건을 보내기 위해서는 전화로 운송예약을 하면 됩니다. 쿠리어는 다음과 같은 특징이 있습니다.

- **화물의 크기**: 보통 쿠리어는 사람이 들고 다니기 너무 힘들지 않은 정도의 크기나 무게의 제품, 혹은 서류를 주로 배송합니다. 왜냐하면 운송료가 비싸기 때문입니다.
- **운송시기**: 나라에 따라 차이가 있지만 기본적으로 매일매일 보낼 수 있다는 장점이 있습니다.
- **운송예약**: 픽업과 운송예약은 전화로 간단히 할 수 있습니다.
- **운송료**: 쿠리어의 운송료는 나라에 따라, 물건 크기나 무게에 따라 달라집니다. 예약할 때 어느 나라에 보낼 것인지, 포장된 물건의 크기와 무게는 얼마인지 상담원에게 알려주면 됩니다. 쿠리어는 운송료가 비싸므로 예약 전에 반드시 얼마인지 확인해야 합니다.

그 비용으로 보내도 될지 혼자 판단하지 말고 상사들에게 한 번 확인하는 것도 좋습니다.

- 통관: 쿠리어는 자체적으로 통관을 하는 팀이 있으므로 요청하면 수출통관과 수입통관을 대행해줍니다. 또한 통관 시 필요한 사항은 쿠리어 쪽에서 요구하는 대로만 준비하고, 준비할 내용을 잘 모르는 경우에는 물어보면 됩니다.
- 포장: 예약이 끝나면 쿠리어 상담원은 몇 시까지 픽업하러 가겠다고 합니다. 그러면 여러분은 픽업하는 사람이 들고 갈 수 있게 포장만 해놓으면 됩니다.
- 운송장: 택배로 물건을 보낼 때 송장을 작성하는 것처럼 쿠리어로 물건을 보낼 때는 WAYBILL이라는 운송장을 작성합니다. 택배 송

| DHL의 운송장(WAYBILL) |

| 쿠리어로 물건 수출하기 |

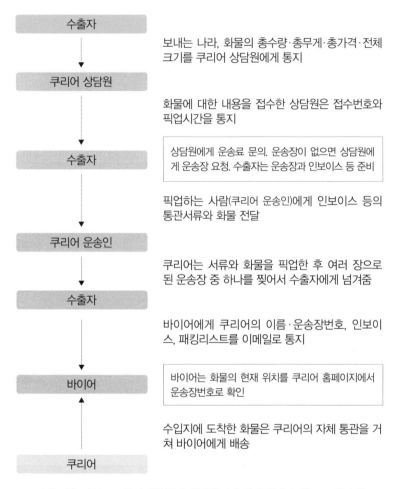

수출자

보내는 나라, 화물의 총수량·총무게·총가격·전체 크기를 쿠리어 상담원에게 통지

쿠리어 상담원

화물에 대한 내용을 접수한 상담원은 접수번호와 픽업시간을 통지

수출자

상담원에게 운송료 문의. 운송장이 없으면 상담원에게 운송장 요청. 수출자는 운송장과 인보이스 등 준비

픽업하는 사람(쿠리어 운송인)에게 인보이스 등의 통관서류와 화물 전달

쿠리어 운송인

쿠리어는 서류와 화물을 픽업한 후 여러 장으로 된 운송장 중 하나를 찢어서 수출자에게 넘겨줌

수출자

바이어에게 쿠리어의 이름·운송장번호, 인보이스, 패킹리스트를 이메일로 통지

바이어

바이어는 화물의 현재 위치를 쿠리어 홈페이지에서 운송장번호로 확인

수입지에 도착한 화물은 쿠리어의 자체 통관을 거쳐 바이어에게 배송

쿠리어

* 이와 같은 과정으로 쿠리어를 통해 화물을 수출하면 됩니다. 책으로 읽기에는 조금 복잡해 보이지만, 이 모든 일은 전화 한 통화로 다 끝나는 것이므로 실제로 해보면 그다지 복잡하지 않다는 것을 알 수 있습니다.

장을 작성하듯이 WAYBILL도 보내는 사람(SHIPPER)과 받는 사람 (CONSIGNEE)의 주소·연락처, 물건의 이름·수량·무게 등을 영문 으로 기재하면 됩니다. 보통 실무에서는 WAYBILL 대신 운송장이 라고 하는데, 운송장이 없는 경우 쿠리어 쪽에 연락해 가져다달라 고 하면 픽업하는 사람이 운송장을 가져다 줍니다. 쿠리어에 따라 종이 운송장 외에 온라인에서 직접 작성할 수도 있습니다.

- **운송장번호:** 운송장의 상단에는 숫자로 조합된 운송장번호가 있습 니다. 픽업하는 사람이 물건을 인수하고 여러 장으로 되어 있는 운 송장 중에 하나를 찢어서 주는데, 거기에 나와 있는 운송장번호를 바이어에게 이메일 등으로 통지해주도록 합니다. 운송장번호를 알 아두고 있으면 쿠리어 홈페이지를 통해서 현재 물건이 어디쯤 도 착했는지 파악할 수 있기 때문입니다. 실무에서는 운송장번호를 트래킹넘버(TRACKING NO.)라고도 합니다.

항공회사 혹은 포워더를 통해 물건 보내기

쿠리어로 보내기에는 운송료가 너무 비싸고, 무게가 무겁거나 매우 큰 화물의 경우에는 항공회사나 포워더를 통해서 물건을 보냅니다. 쿠리어는 매일 픽업하므로 당일에 전화해도 바로 픽업해서 배송할 수 있습니다. 하지만 항공회사나 포워더의 경우에는 미리 전화해서 비행기를 예약해야 하며, 통관과 공항까지의 배송도 수출자가 신경 써야 합니다. 수입을 할 때도 쿠리어로 물건을 받는 경우 쿠리어 쪽 에서 통관을 마치고 바이어의 집까지 배송해주기 때문에 크게 신경 쓸 것이 없지만, 항공회사나 포워더를 통해서 운송하는 경우에는 국 내운송과 통관에 대해서도 확인해야 합니다.

| 항공운송으로 바이어가 화물을 찾기까지의 과정 |

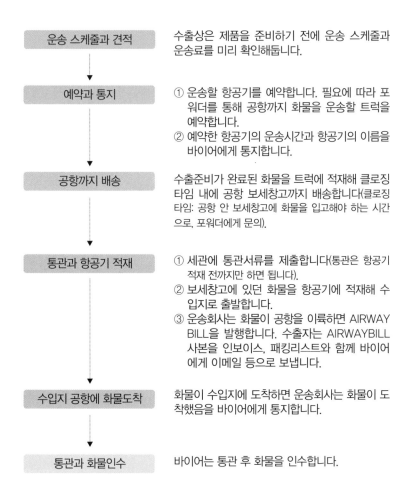

| 운송 스케줄과 견적 | 수출상은 제품을 준비하기 전에 운송 스케줄과 운송료를 미리 확인해둡니다. |

운송 스케줄과 견적

수출상은 제품을 준비하기 전에 운송 스케줄과 운송료를 미리 확인해둡니다.

예약과 통지

① 운송할 항공기를 예약합니다. 필요에 따라 포워더를 통해 공항까지 화물을 운송할 트럭을 예약합니다.
② 예약한 항공기의 운송시간과 항공기의 이름을 바이어에게 통지합니다.

공항까지 배송

수출준비가 완료된 화물을 트럭에 적재해 클로징타임 내에 공항 보세창고까지 배송합니다(클로징타임: 공항 안 보세창고에 화물을 입고해야 하는 시간으로, 포워더에게 문의).

통관과 항공기 적재

① 세관에 통관서류를 제출합니다(통관은 항공기 적재 전까지만 하면 됩니다).
② 보세창고에 있던 화물을 항공기에 적재해 수입지로 출발합니다.
③ 운송회사는 화물이 공항을 이륙하면 AIRWAY BILL을 발행합니다. 수출자는 AIRWAYBILL 사본을 인보이스, 패킹리스트와 함께 바이어에게 이메일 등으로 보냅니다.

수입지 공항에 화물도착

화물이 수입지에 도착하면 운송회사는 화물이 도착했음을 바이어에게 통지합니다.

통관과 화물인수

바이어는 통관 후 화물을 인수합니다.

항공운송료 견적서
분석하기

항공으로 물건을 보내는 대표적인 방법으로는 쿠리어와 포워더가 있습니다. 쿠리어를 이용하는 대략적인 금액은 상담원에게 물어보거나 쿠리어 홈페이지에서 확인할 수 있습니다.

EMS 운송료 확인

① 우체국(www.epost.go.kr)에 접속해 상단 메뉴 중 'EMS·국제우편'의 '국가별 요금안내'에서 '배달소요일/요금조회'를 클릭합니다.

② 나라와 무게를 기입하면 대략적인 운송료를 확인할 수 있습니다.

다음은 포워더에게 운송료 견적을 요청했을 때 받을 수 있는 운송료 견적서의 예와 이를 해석한 것입니다.

운송료 견적

발행: 4월 15일
단위: 원

From: Inchon   To: New Delhi

Carrier	+45KG	+100KG	THC	운항	비고
KE	3,800/KG	3,670/KG	30	DAILY	직항 1~2일 소요
OZ	3,900/KG	3,510/KG	30	화, 목, 토	직항 1~2일 소요
MH	4,000/KG	3,300/KG	30	DAILY(화요일 제외)	경유 4~9일 소요

FSC: 수시변동
HANDLING CHARGE: 3만 원/HAWB
운임유효기간은 4월 30일까지입니다.

- 인천공항을 출발해서 인도 뉴델리공항에 도착하는 항공운송료의 견적입니다.
- 운송사로는 대한항공(KE), 아시아나(OZ), 말레이시아항공(MH)이 있고, 운송사별로 45kg 이상(+45KG)일 때와 100kg 이상(+100KG)일 때 요금이 있습니다. 예를 들어 대한항공(KE)의 경우 화물의 무게가 45kg 이상일 경우 kg당 운송료가 3,800원이고, 100kg 이상일 경우 kg당 운송료가 3,670원입니다.
- THC는 30원입니다. THC는 Terminal Handling Charge의 약자로, 공항터미널에서 화물이 비행기에 적재되기까지 처리비용입니다. 참고로 터미널(TERMINAL)은 화물 터미널을 의미하며 터미널에서 화물을 비행기에 싣거나 내립니다.
- 뉴델리까지 대한항공은 매일(DAILY) 운항하고, 뉴델리 직항으로

도착까지 1~2일이 걸립니다. 아시아나(OZ)는 화요일, 목요일, 토요일에만 운항하고, 직항으로 뉴델리까지 1~2일이 걸립니다. 말레이시아항공(MH)은 화요일은 빼고 매일 운항하고, 경유로 해서 뉴델리 도착까지 4~9일 소요됩니다.

• FSC는 수시로 변동되는 것으로 운송예약을 할 때 정확한 금액을 알 수 있습니다. 참고로 FSC는 Fuel SurCharge의 약자로 유가할

TIP

항공운송료의 기준

항공운송료의 기준은 무게와 크기입니다. 즉 운송사는 무게에 대한 운송료와 크기에 대한 운송료가 각각 따로 있습니다. 또한 운송회사는 요금이 많이 나오는 쪽을 기준으로 해 운송료를 책정합니다. 예를 들어 크기가 가로 400cm, 세로 300cm, 높이 500cm인 화물의 무게가 30kg일 때, 크기에 대한 항공운송료가 300달러(USD)이고, 무게에 대한 것은 400달러이면 운송사는 400달러를 운송료로 책정합니다.

기타 비용

• SECURITY RATE: 보안할증료라고 합니다. 나라에 따라 제품을 운송할 때 발생하는 수수료가 부과되기도 합니다.

• AAMS(혹은 AMS): Air Automatic Manifest System의 약자입니다. 수입지 국가에 따라 수입되는 화물목록을 미리 그 나라 세관에 전송해야 하는데, 이와 관련된 수수료가 AAMS입니다.

* 위의 수수료 외에 나라에 따라 갖가지 비용이 추가되므로 반드시 그 내역을 운송회사에 확인하도록 합니다.

증료라고도 합니다. 이것은 유가가 상승할 것에 대비해 운송사가 손해를 보지 않기 위해 부과하는 비용입니다.

- HANDLING CHARGE는 포워더수수료로 HAWB 한 건당 3만 원으로 되어 있습니다. HAWB는 House AirWayBill의 약자로 포워더가 발행하는 AIRWAYBILL을 HOUSE AIRWAYBILL이라 합니다.

- 견적은 4월 30일까지 유효하다고 되어 있습니다. 즉 4월 30일 이후부터는 운송료가 오를 수도 있다는 말입니다.

비행기 운항 스케줄,
그 의미를 정확히 파악하자

쿠리어는 물건을 그날 픽업해 항공기에 적재할 수 있습니다. 하지만 포워더를 통해 운송할 경우 미리 예약을 해야 합니다. 예약을 하게 되면 운송사에서는 예약한 비행기가 언제 도착하는지 자세한 스케줄을 수출자에게 통지합니다. 운항 스케줄을 한번 살펴보겠습니다.

운항 스케줄

① MAWB NO.: 123-09876   HAWB NO.: AB12344555

NO.	FROM/TO	DATE	ETD/ETA
② KE123	ICN/TPE	03. FEB. 19	19:10/21:00
③ MH333	TPE/DEL	05. FEB. 19	23:00/03:30

이 운항 스케줄은 인천(ICN)을 출발해서 대만 타이베이(TPE)를 경유해 뉴델리(DEL)로 가는 항공 스케줄입니다. 참고로 이 스케줄에 나와 있는 ETD는 Estimated Time of Departure의 약자로 출발 예정시간을 말합니다. ETA는 Estimated Time of Arrival의 약자로 도착 예정시간을 뜻합니다. 일반적으로 화물이 항공기에 적재되어 출항한 후에 발행되는 내용입니다.

① MASTER AIRWAYBILL(MAWB) 번호는 123-09876이고, HOUSE AIRWAYBILL(HAWB) 번호는 AB12344555입니다. 참고로 MASTER AIRWAYBILL은 항공사에서 발행하는 AIRWAYBILL이고, HOUSE AIRWAYBILL은 포워더가 발행하는 AIRWAYBILL입니다.

② 2019년 2월 3일 19시 10분에 인천공항을 출발(ETD)하는 대한항공(KE)123 비행기는 2019년 2월 3일 21시에 대만의 타이베이(TPE)에 도착(ETA)할 예정입니다.

③ 화물은 대만에서 말레이시아항공(MH)편에 옮겨 실리고, 2019년 2월 5일 23시에 대만을 출발해(ETD) 다음날 3시 30분에 인도 뉴델리에 도착(ETA)할 예정입니다.

TIP

항공사 약어

보통 항공운송에서 항공사는 약어로 표시합니다. 예를 들어 대한항공의 약어는 KE, 아시아나항공은 OZ, 말레이시아항공은 MH입니다.

택배의 운송장과 같은
AIRWAYBILL

AIRWAYBILL은 항공회사나 항공포워더가 화물을 인수했음을 증명하는 일종의 운송장으로, 운송장에는 SHIPPER(보내는 사람, 즉 수출상)와 CONSIGNEE(받는 사람, 즉 수입상)가 기재되어 있습니다. 또한 AIRWAYBILL에는 영어 알파벳과 숫자로 조합된 AIRWAYBILL 번호가 있는데, 이것은 택배의 운송장번호와 마찬가지로 화물의 현재 위치를 확인할 때 이용합니다. 즉 AIRWAYBILL 번호로 화물의 위치를 파악할 수 있습니다. 다음 페이지의 이미지는 AIRWAYBILL에 대한 예입니다.

체크빌

일반적으로 AIRWAYBILL은 항공기가 이륙한 이후에 항공운송회사가 발행합니다. 항공운송회사에서는 수출업체로부터 받은 패킹리스트를 기준으로 AIRWAYBILL을 작성합니다. 패킹리스트에는 수출제품의 내역과 보내는 사람, 받는 사람의 주소와 이름 등이 있는데, 이러한 내용이 AIRWAYBILL에 기재됩니다. (패킹리스트를 작성하는 방법은 7장에서 자세히 다루겠습니다.)

패킹리스트를 근거로 작성된 AIRWAYBILL은 바로 발행하지 않고 작성한 내용이 맞는지 수출자에게 확인합니다. 이때 확인받기 위해 약식 AIRWAYBILL을 발행하는데 이것을 체크빌(Check Bill)이라고 합니다. 체크빌의 내용을 확인받은 후 운송회사는 AIRWAYBILL을 발행해 수출자에게 우편으로 보내줍니다.

| AIRWAYBILL |

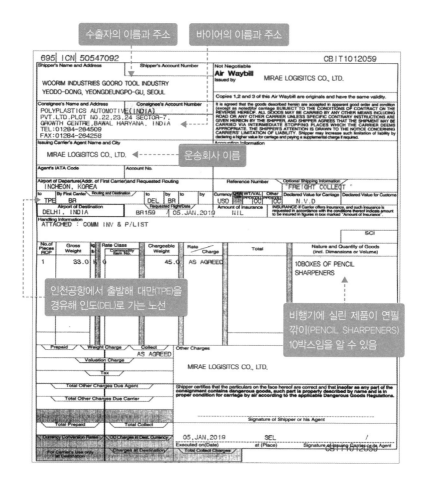

수출자의 이름과 주소

바이어의 이름과 주소

운송회사 이름

인천공항에서 출발해 대만(TPE)을 경유해 인도(DEL)로 가는 노선

비행기에 실린 제품이 연필깎이(PENCIL SHARPENERS) 10박스임을 알 수 있음

MASTER AIRWAYBILL과 HOUSE AIRWAYBILL

항공회사와 항공포워더 둘 다 AIRWAYBILL을 발행하는데, 보통 항공회사가 발행하는 것을 MASTER AIRWAYBILL이라 하고, 포워더가 발행하는 것을 HOUSE AIRWAYBILL이라 합니다. 포워더를 통

해 항공기에 선적하는 경우, 포워더가 화물을 인수하므로 '포워더가 화물을 인수했다'는 의미의 HOUSE AIRWAYBILL을 발행합니다. 하지만 수출자가 항공회사와 직접 운송계약을 체결한 경우에는 항공회사가 화물을 인수하므로 인수증인 MASTER AIRWAYBILL을 발행합니다.

선박운송을 하는
선박회사와 운송중개회사

선박운송을 하는 회사에는 선박을 가지고 있고 운송까지 직접 하는 '라인(LINE)'이라고도 하는 선박회사와 운송중개회사인 포워더가 있습니다. 선박운송을 중개하는 포워더는 항공운송을 중개하는 항공포워더와 구별하기 위해 선박포워더라고도 합니다. 하지만 보통 실무에서는 그냥 포워더라고 합니다.

　선박운송은 무게가 무겁고 부피가 큰 화물을 운송할 때 주로 많이 쓰며, 대표적으로 자동차나 원유 등이 있습니다. 선박운송은 운송료가 저렴하다는 장점이 있으나, 운송시간이 오래 걸린다는 단점도 있습니다. 항공운송의 경우에 직항은 보통 하루 이틀이면 수입지에 도착합니다. 하지만 선박운송일 경우 40일 이상 걸리기도 합니다. 선박으로 운송하는 화물에는 벌크화물과 컨테이너화물이 있습니다.

대량으로 운송하는
벌크화물

광물이나 곡식 혹은 천연가스나 원유 등은 한꺼번에 대량(벌크, BULK)으로 운송합니다. 이렇게 대량으로 운송하는 화물을 일반적으로 벌크화물이라고 합니다. 벌크화물은 그 양이 많고 모양이 일정하지 않아 한꺼번에 운반하기가 불편합니다. 그래서 보통 벌크화물은 배가 정박한 곳 근처 부두나 벌크화물 전용부두에 쌓아둡니다. 선박에 적재할 때는 선박에 있는 크레인이라는 장치를 이용해 화물을 배에 싣거나, 트럭 등으로 직접 선박 내에 화물을 적재하기도 합니다.

벌크화물은 다음의 도표와 같은 순서로 적재되었다가 수출된 후에 바이어가 화물을 인수합니다. 물론 선박운송에서도 통관이 되어야 수출선박에 화물을 적재할 수 있고, 수입 시에도 통관 후에 화물을 인수할 수 있습니다.

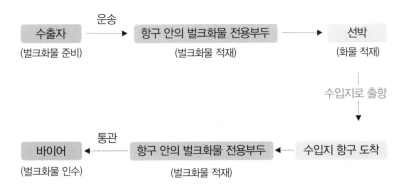

벌크화물은 양이 많기 때문에 보통 선박을 통째로 빌려서 운송합니다. 이와 같이 벌크화물을 운송하기 위해 선박을 통째로 빌리는 것을 용선(傭船)이라고 하는데, 선박을 빌린다는 의미에서 선박전세라고도 합니다. 화물을 운송하기 위해 선박회사와 선박을 빌리는 계약을 '용선계약'이라고 하며 영어로는 'CHARTER PARTY'입니다.

선박운송의 기본인
컨테이너

컨테이너는 뉴스에도 많이 나오는 용어로 일반인들도 잘 알고 있습니다. 보통 화물을 컨테이너에 실어서 선박에 적재하며, 컨테이너에 실음으로써 항해 중에 생기는 바닷물로 인한 피해를 줄일 수 있습니다. 또한 항구에서 컨테이너는 크레인이라는 장치로 선박에 적재합니다. 컨테이너의 크기는 전 세계 모든 나라가 동일하므로 선박에서 크레인으로 컨테이너를 내리거나 올리기가 편리합니다.

20피트 컨테이너와 40피트 컨테이너
일반적인 컨테이너는 길이가 20피트인 것과 40피트인 것, 이렇게 두 종류가 있습니다. 길이가 20피트인 것을 20피트 컨테이너, 길이가 40피트인 것을 40피트 컨테이너라고 부릅니다.

참고로 20피트 컨테이너의 크기는 '가로(길이) 5.90m(약 20피트) ×세로(폭) 2.35m×높이 2.39m'이고, 40피트 컨테이너는 '가로 12.03m(약 40피트)×세로 2.35m×높이 2.39m'입니다.

만약 컨테이너가 없는 회사는 포워더 등에게 요청하면 대여가 가능합니다.

운송료와 화물의 크기는 CBM으로 계산한다

수출할 화물이 많은 업체는 40피트 컨테이너에 적재하면 되지만, 수출화물이 적은 업체는 20피트 컨테이너도 공간이 많이 남을 수 있습니다. 그런데 여기서 내 화물이 40피트 컨테이너를 꽉 채운다거나, 화물이 적어서 20피트 컨테이너에 실어도 공간이 많이 남는다는 것을 어떻게 알 수 있을까요?

이것은 화물의 크기를 계산해보면 알 수 있는데, 그 계산법은 '화물의 가로×세로×높이'입니다. 여기서 가로, 세로, 높이는 모두 미터(m)로 환산해서 계산하며 계산의 단위는 CBM입니다. CBM은 CuBic Meter의 약자로 화물의 크기를 나타내고 가로, 세로, 높이가 각각 1m인 1CBM이 선박운송료의 기준입니다. 다음은 화물의 크기 계산에 대한 사례입니다.

CASE 컨테이너 크기 계산

1 | 20피트 컨테이너

• **가로, 세로, 높이 확인**: 20피트 컨테이너는 길이(혹은 가로)가 5.90m, 폭(혹은 세로)이 2.35m, 높이가 2.39m입니다.

• **'가로×세로×높이' 계산**: '가로(5.90m)×세로(2.35m)×높이(2.39m)'이며, 약 33CBM이 나옵니다.

• **해석**: 20피트 컨테이너의 크기가 33CBM이라는 말은 가로, 세

로, 높이가 각각 1m인 1CBM 화물을 20피트 컨테이너에 약 33개 실을 수 있다는 것입니다. 참고로 실제 컨테이너에 실을 수 있는 양은 컨테이너의 두께와 기타 이유로 인해 33CBM보다는 작습니다.

2 | 40피트 컨테이너

• 가로, 세로, 높이 확인: 40피트 컨테이너는 길이가 12.03m, 폭이 2.35m, 높이가 2.39m입니다.

• '가로×세로×높이' 계산: '가로(12.03m)×세로(2.35m)×높이 (2.39m)'이며, 약 68CBM이 나옵니다.

• 해석: 40피트 컨테이너의 크기가 68CBM이라는 말은 1CBM 인 화물을 68개 실을 수 있다는 것입니다. 계산상으로는 약 68CBM이 나오지만, 컨테이너 두께와 기타 여건 때문에 실제로 실을 수 있는 화물의 양은 이보다 적습니다.

3 | 가로 8m, 세로 70cm, 높이 90cm 화물의 크기 계산

• 가로, 세로, 높이 확인: 크기를 계산하기 위해 센티미터(cm)를 미터(m)로 환산하면 가로는 8m, 세로는 0.7m, 그리고 높이는 0.9m입니다.

• '가로×세로×높이' 계산: '가로(8m)×세로(0.7m)×높이(0.9m)'이며, 5.04CBM이 나옵니다.

• 해석: 20피트 컨테이너 크기가 33CBM인데, 내 화물을 계산하니 5.04CBM이면 20피트 컨테이너에 내 화물만 싣고 가기에는 공간이 많이 남겠지요.

- **운송료 계산**: 여기서 운송료가 1CBM당 10달러일 경우 내 화물의 선박운송료는 약 60달러(10달러×5.04CBM)임을 알 수 있습니다.

이렇게 화물의 크기를 계산해보았습니다. 선박운송료 견적서를 요청할 때 포워더가 몇 CBM이냐고 물어볼 겁니다. 그때는 위와 같이 계산한 CBM값을 말해주면 됩니다.

가득 채운 한 대의 컨테이너, FCL

수출화물의 크기를 계산해보니 거의 32CBM이 나왔습니다. 20피트 컨테이너가 약 33CBM이므로 내 화물이 20피트 컨테이너에 거의 꽉 차게 들어간다는 말입니다. 이와 같이 수출할 화물(Load)이 컨테이너 1개를 꽉 채우는 것을 Full Container Load라고 하며 줄여서 FCL이라고 표기합니다. 마찬가지로 40피트 컨테이너에 실을 수 있는 화물이 약 68CBM인데, 수출화물의 크기가 약 67CBM이면 이것도 FCL입니다.

FCL은 컨테이너 한 대가 운송료의 기준입니다. 즉 'FCL 운송료는 20피트(혹은 40피트) 컨테이너 한 대당 미국 달러 얼마' 이런 식인 것입니다.

FCL로 수출하고 수입하기

앞서 항공운송에서 수출화물은 공항 내에 있는 보세창고에서 모았다가 한꺼번에 항공기에 싣는다고 배웠습니다. 선박운송에서 컨테이너화물도 이와 같아서, 컨테이너는 항구에 도착할 때마다 바로바로 선박에 싣는 것이 아니라 일정한 장소에 모아놨다가 한꺼번에 크레인으로 선박에 싣습니다. 또한 컨테이너는 항구 내에 있는 대단히 넓은 장소(Yard)에 모으는데, 이곳을 컨테이너 야적장이라고 하며 보통 CY(Container Yard)라고 합니다. CY에 모인 컨테이너는 이후에 크레인으로 선박에 적재합니다.

참고로 항공운송과 마찬가지로 선박운송에서도 당연히 수출과 수입통관이 되어야 수출을 할 수 있고 수입화물을 인수할 수 있습니다. 수출통관은 선박에 화물을 적재하기 전에 끝내야 합니다.

| 수출화물을 컨테이너에 적재해서 수출하는 과정 |

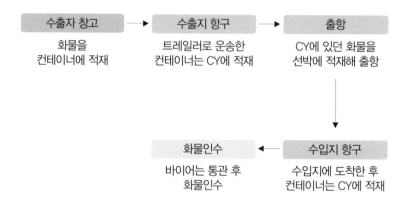

한 컨테이너가 안 되는 화물,
LCL

20피트 컨테이너에는 약 33CBM을, 40피트 컨테이너에는 약 68CBM을 실을 수 있습니다. 그런데 계산을 해보니 수출할 화물이 약 9CBM입니다. 40피트 컨테이너는 고사하고 20피트 컨테이너에 실어도 공간이 많이 남습니다. 약 33CBM을 실을 수 있는 20피트 컨테이너에 9CBM만 싣는다면 운송회사 입장에서는 손해입니다. 그렇다고 컨테이너 하나를 다 채우지 못했는데도 다 채운 컨테이너의 운송료를 받는다면 수출자 입장에서 손해입니다.

이렇게 FCL과 달리 컨테이너를 다 채우지 못하는 화물을 LCL(Less Container Load)이라고 합니다. 운송료의 기준은 1CBM, 즉 '1CBM당 얼마' 이런 식으로 견적을 냅니다.

LCL로 수출하고 수입하기(혼재화물과 콘솔)

LCL일 경우 운송회사는 1CBM당 운송료를 받습니다. 일반적으로 운송회사는 되도록이면 컨테이너를 가득 채워서 운송하려고 합니다. 예를 들어 일본까지 1CBM당 운송료가 10달러일 경우, 1CBM을 컨테이너에 싣고 가는 것보다는 2CBM을 싣고 가는 것이 운송회사에게는 이득이겠지요.

그래서 같은 나라로 가는 여러 회사의 소량화물(LCL)을 모아 한 컨테이너를 꽉 채워서(FCL) 운송하는 것이 일반적입니다. 참고로 작은 화물(LCL)을 모아서 컨테이너를 채우는 것(FCL)을 집하(集荷), 혹은 콘솔(CONSOLIDATION)이라고 합니다.

콘솔을 하기 위해 LCL들을 항구 내에 있는 보세창고에 모아두는 데, 이 창고를 CFS(Container Freight Station)라 하며 컨테이너화물 집하장이라고도 합니다. 또 여러 회사의 화물이 컨테이너 1개에 집하된 것을 여러 화물이 섞여 있다고 해 혼재화물이라 합니다.

LCL의 수출프로세스

FCL일 경우에 화물은 수출자의 창고에서 컨테이너에 바로 실어서 CY로 운송합니다. 이후 CY에 있던 컨테이너는 선박에 실려서 수입지 항구까지 운송됩니다.

하지만 LCL은 일단 항구에 있는 CFS로 갔다가 FCL을 만든 후, CY로 컨테이너를 옮깁니다. 그러고 나서 CY에서 선박에 적재된 컨테이너를 수입지 항구까지 운송합니다.

| 수출화물을 컨테이너에 적재해서 수출하는 과정 |

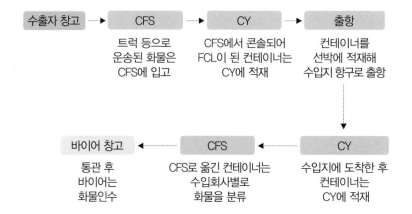

수출자 창고 → CFS → CY → 출항

수출자 창고	CFS	CY	출항
	트럭 등으로 운송된 화물은 CFS에 입고	CFS에서 콘솔되어 FCL이 된 컨테이너는 CY에 적재	컨테이너를 선박에 적재해 수입지 항구로 출항

바이어 창고	CFS	CY
통관 후 바이어는 화물인수	CFS로 옮긴 컨테이너는 수입회사별로 화물을 분류	수입지에 도착한 후 컨테이너는 CY에 적재

화물을 인수하려면
D/O가 필요하다

항구에 도착한 컨테이너를 배에서 내린 다음 CY나 CFS로 옮깁니다. CY나 CFS에서는 운송회사에서 발행한 반출증이 있어야 화물을 내어주는데, 이 반출증을 D/O라 합니다. D/O는 Delivery Order의 약자로 보통 화물인도지시서라고도 합니다.

D/O는 운송회사에서 발행하는데, 운송회사로부터 D/O를 발급받기 위해서는 B/L이 있어야 합니다. B/L은 수출자가 화물을 실었을 때 운송회사가 발급하는, AIRWAYBILL과 유사한 일종의 화물인수증으로, 선박운송 시 발행합니다. 바이어는 수출자가 운송회사에서 받은 B/L 원본이 있어야 D/O를 발행받아 화물을 인수할 수 있습니다. 여기서 결제문제가 해결되지 않았다면 수출자는 B/L 원본을 바이어에게 보내주면 안 됩니다.

| 선박에 적재한 화물을 바이어가 인수하는 과정 |

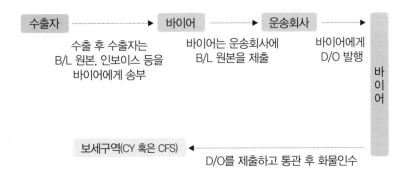

보통 선박이 출항하게 되면 운송회사는 B/L을 발행하고, 수출자에게 우편으로 보냅니다. 이 B/L은 원본과 사본으로 구성되어 있는데, 수출자는 바이어에게 원본과 사본 모두를 보내주면 됩니다.

화물 적재를 증명하는
B/L 개념 잡기

B/L은 선박운송에서 화물을 인수할 때 없어서는 안 되는 중요한 문서입니다. 발행은 포워더와 선박회사가 하며, 이 둘을 구별하기 위해 포워더가 발행하는 B/L을 HOUSE B/L이라 하고, 선박회사가 발행하는 것을 MASTER B/L이라 합니다. B/L은 화물을 적재했음을 증명하는 것으로 우리말로는 선하증권(船荷證券) 혹은 선화증권(船貨證券)이라고도 합니다. 일반적으로 B/L에는 수출자의 이름·주소·연락처와 수입자의 이름·주소·연락처, 어떤 화물이 운송되는지 화물내역, 선적항과 도착항, 출항일자 등이 기재되어 있습니다. B/L은 원본과 사본으로 구성됩니다.

선박운송에서 B/L이 없으면 D/O를 발행받을 수 없고, D/O가 없으면 바이어는 화물을 인수할 수 없습니다. 일반적으로 B/L 원본이 있어야 D/O를 발행받을 수 있습니다. 수출자는 B/L을 쿠리어 등을 통해 비행기로 바이어에게 보내기 때문에, 일반적으로 배로 운송하는 화물보다 먼저 바이어에게 도착합니다. 바이어는 받은 B/L 원본으로 화물이 항구에 도착하기를 기다렸다가 통관하고 화물을 인수하면 됩니다.

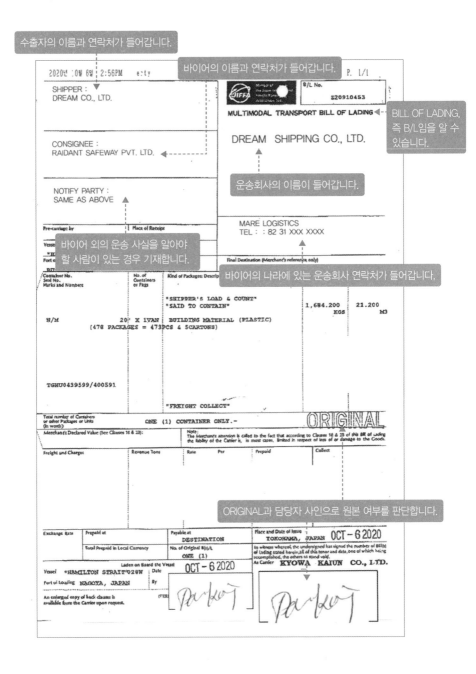

수출자의 이름과 연락처가 들어갑니다.

바이어의 이름과 연락처가 들어갑니다.

BILL OF LADING, 즉 B/L임을 알 수 있습니다.

운송회사의 이름이 들어갑니다.

바이어 외의 운송 사실을 알아야 할 사람이 있는 경우 기재합니다.

바이어의 나라에 있는 운송회사 연락처가 들어갑니다.

ORIGINAL과 담당자 사인으로 원본 여부를 판단합니다.

B/L보다 화물이 먼저 도착하면
써렌더 B/L을 이용한다

문제는 B/L 원본보다 화물이 먼저 도착하는 경우입니다. 보통 중국이나 일본처럼 우리나라와 가까이 있는 나라가 여기에 주로 해당됩니다. 아직 B/L을 받지 못한 경우 운송회사에서 D/O를 발행해주지 않기 때문에 바이어는 CY나 CFS에 있는 화물을 찾을 수 없습니다. 화물을 빨리 찾아야 하는 경우라면 수입자의 마음은 타들어갈 수밖에 없습니다. 이러한 문제를 해결하기 위해 고안된 것이 써렌더 B/L입니다. 써렌더 B/L은 B/L에 'SURRENDER'라는 글자가 찍힌 것을 말합니다. 써렌더 B/L이 되면 사본, 즉 수출자가 스캔해 이메일이나 팩스로 보내온 써렌더 B/L로 바이어가 화물을 찾을 수 있습니다.

수출자가 운송회사에게 B/L을 써렌더해달라고 하면 운송회사는 B/L에 'SURRENDER' 도장을 찍은 써렌더 B/L을 발행해 팩스나 이메일로 수출자에게 보냅니다. 바이어는 수출자가 팩스나 이메일로 보내온 써렌더 B/L을 인보이스, 패킹리스트 등의 통관서류와 함께 세관에 제출해 통관을 진행합니다.

써렌더 B/L은 반드시 B/L 원본을 발행하기 전에 요청해야 합니다. 왜냐하면 B/L 원본을 이미 발행해 수출자에게 배송했을 경우, 운송회사는 발행한 B/L 원본과 사본을 모두 회수하기 전까지는 써렌더 B/L을 발행하지 않기 때문입니다.

│ 써렌더 B/L │

2020년 10월 6일 2:56PM   e:ty

No. 4132   P. 1/1

B/L No.
Z20910453

SHIPPER :
DREAM CO., LTD.,

MULTIMODAL TRANSPORT BILL OF LADING

DREAM SHIPPING CO., LTD.

CONSIGNEE :
RAIDANT SAFEWAY PVT. LTD.

NOTIFY PARTY :
SAME AS ABOVE

Pre-carriage by	Place of Receipt				
	NAGOYA CY				
Vessel	Voy. No.	Port of Loading			
"HAMILTON STRAIT" 028W		NAGOYA, JAPAN			
Port of Discharge		Place of Delivery		Final Destination (Merchant's reference only)	
BUSAN, KOREA		BUSAN CY			

MARE LOGISTICS
TEL : : 82 31 XXX XXXX

Container No. Seal No. Marks and Numbers	No. of Containers or Pkgs	Kind of Packages: Description of Goods	Gross Weight	Measurement
		"SHIPPER'S LOAD & COUNT" "SAID TO CONTAIN"	1,684.200 KGS	21.200 M3
N/M	20' X 1VAN	BUILDING MATERIAL (PLASTIC)		
	(478 PACKAGES = 473PCS & 5CARTONS)			
TGHU0439599/400591				
		"FREIGHT COLLECT"		

Total number of Containers or other Packages or Units (in words)	ONE (1) CONTAINER ONLY.-	ORIGINAL

Merchant's Declared Value (See Clauses 16 & 23):

Note:
The Merchant's attention is called to the fact that according to Clauses 18 & 23 of this Bill of Lading the liability of the Carrier is, in most cases, limited in respect of loss of or damage to the Goods.

Freight and Charges	Revenue Tons	Rate	Per	Prepaid	Collect

> B/L이 써렌더되었음을 알 수 있습니다. ⟶ **B/L SURRENDERED**

Exchange Rate	Prepaid at		Payable at	Place and Date of Issue
			DESTINATION	YOKOHAMA, JAPAN OCT - 6 2020
	Total Prepaid in Local Currency		No. of Original B(s)/L	In witness whereof, the undersigned has signed the number of Bill(s) of Lading stated herein, all of this tenor and date, one of which being accomplished, the others to stand void.
			ONE (1)	As Carrier KYOWA KAIUN CO., LTD.

Laden on Board the Vessel Date   OCT - 6 2020

Vessel "HAMILTON STRAIT" 028W

Port of Loading NAGOYA, JAPAN   By

An enlarged copy of back clauses is available from the Carrier upon request.

ORDER B/L을
발행하는 이유

선적일자가 다 되었는데 바이어가 아직 제품의 대금을 결제하지 않고 있습니다. 하지만 그 바이어가 아니더라도 현지의 보세창고에서 제품을 충분히 판매할 수 있기 때문에 일단 물건을 보내기로 합니다. 이 경우 기명식 B/L처럼 받는 사람란에 바이어의 이름을 기재해놓으면 나중에 B/L을 팔기가 곤란해집니다. 즉 원래 바이어는 A였고 B/L에도 A의 이름이 기재되면 다른 사람에게 팔기가 어렵다는 말입니다.

  하지만 수출상은 바이어 B에게 B/L을 팝니다. 이 경우 B/L상의 받는 사람이 바이어 A로 되어 있으면 바이어 A가 화물의 소유권을 주장하거나 기타 복잡한 문제가 발생할 수 있습니다. 그래서 수출자가 팔기 좋게 나온 것이 ORDER B/L입니다. 즉 B/L에 받는 사람의 이름 등을 기재하는 대신에 'TO ORDER OF SHIPPER(수출자가 지시하는 사람이 물건을 받는 사람이다)'를 기재해 B/L을 가지고 있는 사람이 물건을 받는 사람임을 표시하는 것입니다.

CASE ORDER B/L의 사용

수출자 A가 ORDER B/L을 발행해 현지에 있는 지사로 보냅니다. 원래 구매하기로 했던 바이어 B가 구매를 취소했고, 지사에서는 또 다른 바이어 C에게 돈을 받고 B/L을 판매합니다. B/L의 받는 사람이 TO ORDER로 되어 있으므로 바이어 C는 아무 문제없이 통관해 화물을 인수합니다.

보통 물건을 사고 수표로 결제할 때 우리는 배서(背書), 즉 수표 뒤에 이름과 연락처 등을 적습니다. 수출자가 ORDER B/L을 판매할 때도 수표와 유사하게 B/L의 뒷면에 이름을 적고 사인을 하는 것(배서)으로 B/L을 바이어에게 판매합니다.

배서방법으로는 수출자의 이름과 사인을 하는 것이 대표적이며, 수출자 이름과 사인, 그리고 B/L을 양도받는 사람의 이름을 기재하는 방법도 있습니다. 여기서 수출자의 이름과 사인만 하고 B/L을 구매하는 사람(혹은 B/L 인수자)을 표기하지 않고 배서하는 것을 'BLANK ENDORSEMENT'라 합니다.

CASE   ORDER B/L의 배서

수출자인 한국의 MELON INDUSTIRES CO., LTD가 ORDER B/L을 발행했습니다. 다음과 같이 B/L 뒷면에 회사이름과 사인, 즉 BLANK ENDORSEMENT를 해 B/L을 양도했습니다.

MELON INDUSTRIES CO., LTD.

Kuyongpik

ORDER B/L은 신용장이라는 결제방법에서 주로 씁니다. 신용장에 대한 자세한 내용은 5장에서 살펴보겠습니다.

B/L 양도양수로
관세를 피해보자

수출자는 ORDER B/L을 통해 원하는 수입지에서 원하는 업체에게 B/L을 양도(판매)할 수 있습니다. 반면에 바이어가 통관 전에 B/L을 팔기도 하는데, 이런 것을 B/L 양도양수라고 합니다. 즉 바이어는 수입통관을 하기 전에 B/L을 국내에 있는 다른 업체에게 팔 수 있습니다. 물론 B/L을 구매한 업체가 통관을 진행하고 화물을 인수합니다.

필자도 바이어로서 B/L을 양도양수, 즉 수입통관 전에 수입화물을 국내에 있는 A라는 업체에게 판 적이 있습니다. 당시 필자의 회사는 몽골에서 채취한 광물을 중국 천진에서 한국으로 수입하는 일을 했습니다.

당시 회사 사정이 그리 좋지 않아 관세를 부담하면서 수입통관을 하기에는 큰 부담이 되었습니다. 그러던 중에 수입하겠다는 의사가 있던 국내업체에게 B/L을 팔아 관세 부담을 피할 수 있었습니다. 당시 B/L은 우리 회사가 CONSIGNEE로 되어 있는 STRAIGHT B/L (기명식 B/L)로 써렌더되어 있었습니다.

선박 스케줄을 알면
보고가 쉬워진다

선박으로 화물을 운송하기 위해서는 언제 선적을 할 수 있는지 확인해야 합니다. 다음은 선박 스케줄의 한 예이니 업무에 참조하기 바랍니다.

선박 스케줄

구간	LCL	FCL
① BSN/NGO	매주 금+4일	매주 금+4일
② ICN/NGO	화, 일+2~3일	월, 수, 목, 일+2~3일

① 부산(BSN)에서 나고야(NGO)까지 가는 선박으로 LCL은 매주 금요일에 있으며 나고야에 도착하기까지 약 4일(매주 금+4일)이 걸리고, FCL도 매주 금요일에 있으며 도착까지 약 4일이 걸리는 스케줄입니다(매주 금+4일).

② 인천(ICN)에서 나고야(NGO)까지 가는 선박으로 LCL은 화·일요일에 있고 도착까지 2~3일 정도 걸립니다. FCL의 경우 월·수·목·일요일에 있고 도착까지 약 2~3일 정도 걸리는 스케줄입니다.

선박운송료 견적,
일반 샘플로 이해하기

선박운송을 할 때 운송 스케줄만큼 중요한 것이 운송료입니다. 운송
회사에서 견적을 받아보면 운송료 외에 다양한 비용이 추가되는 것
을 알 수 있습니다. 아래의 운송료 견적 샘플로 운송료 외에 어떤 비
용이 추가되는지 알아보겠습니다.

운송료 견적

① FROM: NAGOYA, JAPAN   TO: BUSAN, KOREA

	LCL	FCL(20')	FCL(40')	부가세
② OCEAN FREIGHT	USD16/CBM	USD220	USD440	
③ CFS	KRW6,000/CBM	0	0	
④ BAF	USD7/CBM	USD86	USD172	
⑤ D/O CHARGE	USD48/BL			
⑥ THC	KRW6,000/CBM	KRW101,000	KRW137,000	
⑦ WHARFAGE	KRW323/CBM	KRW4,200	KRW8,400	
⑧ CCF	KRW800/CBM	KRW15,000	KRW20,000	
⑨ DOCUMENT FEE	KRW19,000/BL			별도
⑩ 통관수수료	KRW30,000/BL			별도
⑪ 국내운송료 (부산→경기도 광주)	물량에 따라 상이함	KRW400,000	KRW570,000	별도
⑫ 보험료	USD20/BL(INVOICE VALUE 4만 달러 이하)			
⑬ 창고료(보관료)	별도			

① 나고야에서 부산까지 수입화물을 선박으로 운송하기 위한 운송료
견적임을 알 수 있습니다.

② 운송료(OCEAN FREIGHT)는 LCL의 경우 CMB당 16달러이고, 20피
트 FCL은 한 컨테이너당 220달러, 40피트 FCL은 한 컨테이너당
440달러입니다.

③ CFS 비용은 CBM당 6천 원입니다. 20피트와 40피트 FCL은 CFS 이용이 없기 때문에 비용 청구가 없습니다.

④ BAF는 Bunker Adjustment Factor의 약자로, 유가할증료라고 합니다. 선박회사가 상승하는 유가에 대해 손해를 보지 않기 위해 부과하는 비용입니다. 여기서는 LCL의 경우 CBM당 7달러이고, 20피트 FCL의 경우 한 컨테이너당 86달러, 40피트 FCL의 경우 한 컨테이너당 172달러입니다.

⑤ D/O를 발급받기 위한 비용으로, LCL과 FCL 모두 B/L 한 건당 48달러입니다.

⑥ THC는 Terminal Handling Charge의 약자로, 컨테이너가 항구에 하역을 하는 등 터미널에서 처리되는 비용입니다. LCL은 1CBM당 6천 원이고, 20피트 FCL은 한 컨테이너당 10만 1천 원, 그리고 40피트 FCL은 한 컨테이너당 13만 7천 원입니다.

⑦ WHARFAGE는 입항료로, 선박이 항구에 입항할 때 발생하는 비용입니다. LCL은 1CBM당 323원, 20피트 FCL은 한 컨테이너당 4,200원이고, 40피트 FCL은 한 컨테이너당 8,400원입니다.

⑧ CCF는 Container Cleaning Fee의 약자로, 수입운송된 컨테이너는 항구에서 세척을 하는데 이때 컨테이너 세척비용으로 부과하고 있습니다. LCL은 CBM당 800원, 20피트 FCL은 한 컨테이너당 1만 5천 원이고, 40피트 FCL은 한 컨테이너당 2만 원입니다.

⑨ DOCUMENT FEE는 포워더 같은 운송회사가 B/L 등을 발행하는 것에 대한 수수료입니다. LCL과 FCL 모두 B/L 한 건당 1만 9천 원입니다.

⑩ 통관수수료는 관세사를 통해 통관을 진행할 때 발생하는 수수료 입니다. LCL과 FCL 모두 B/L 한 건당 3만 원입니다.

⑪ 부산에서 통관된 화물은 트럭 등을 통해 경기도 광주까지 운송할 예정입니다(운송용 트럭은 포워더를 통해서 구할 수 있습니다). 경기도 광주까지의 운송료는 LCL의 경우 물량에 따라 달라지며, 20피트 FCL의 경우 한 컨테이너당 40만 원이고, 40피트는 한 컨테이너 당 57만 원입니다.

⑫ 일본 나고야에서 한국 부산까지 운송되는 화물에 보험을 들 경 우, 보험료는 B/L 한 건당 20달러입니다. 보험료 20달러는 인보 이스에 적힌 제품금액(INVOICE VALUE)이 4만 달러 이하인 경우에 한합니다(운송 중 생기는 화물의 손실을 보전하기 위해 드는 보험으로 일 반적으로 적하보험이라 합니다).

⑬ CFS나 CY에 너무 오래 화물을 둘 경우 보관료나 창고료가 발생 합니다. 이들 금액은 추후에 통지합니다.

기타 비용

앞의 견적서에서 나온 비용 외에 여러 가지 수수료가 추가로 발생하 기도 하는데, 이런 수수료로는 CAF와 EBS 등이 있습니다. CAF는 Currency Adjustment Factor의 약자로, 환율변동에 따른 운송사의 손실을 만회하기 위해 부과하는 비용입니다. 통화할증료라고도 합 니다. EBS는 Emergency Bunker Surcharge의 약자로, 긴급유류할 증료라고도 합니다. 갑작스럽게 유가가 상승할 것에 대비해 부과하 는 비용입니다.

선박운송에서는 운송료 외에 다양한 수수료나 비용을 부과합니다. 그럴 때마다 반드시 포워더나 운송회사에 문의해 견적서에 부과된 비용 내역이 무엇인지 확인하도록 합시다.

선박으로
수출화물 운송하기

이번에는 선박으로 수출하는 과정을 실무 사례를 통해 알아보도록 하겠습니다. 이 사례는 수출자가 수입지 항구까지 선박운송료를 부담하는 경우에 대한 것입니다.

CASE 선박으로 수출하는 과정

경기도에 있는 A사는 용접기를 제작·수출하는 업체입니다. A사의 수출담당 철수 씨는 8월 31일까지 용접기 100대를 선박으로 일본에 수출하기로 했습니다. 운송은 해상으로 나고야까지 보내면 바이어가 나고야에서 통관해 물건을 인수할 예정입니다.

운송료 및 스케줄 요청
A사는 일본까지의 선박운송료는 별도로 해서 일본의 바이어에게 용접기 관련 견적서를 제출했습니다. 한편 바이어가 일본까지 운송을 요청할 수 있으므로 철수 씨는 포워더를 통해 선박운송료, 항구까지 컨테이너를 운송할 트레일러운송료와 선박 스케줄을 확인했습니다.

일본 수출은 처음이므로 선박운송료와 스케줄 등을 총 4개의 포워더에게 요청했습니다.

포워더 선정

일본의 바이어는 일본 나고야까지 운송을 요청했습니다. 철수 씨는 운송료 견적서를 제출한 포워더 중 포워더 B를 운송업체로 결정했습니다. 포워더는 거래하고 있는 트레일러 업체가 많기 때문에 포워더를 통해 소개받는 것이 훨씬 운송료가 저렴합니다. 포워더 B를 운송업체로 정한 가장 큰 이유도 트레일러로 컨테이너를 항구까지 운송하는 내륙운송료가 가장 저렴하며, 일본까지의 선박운송료도 나쁘지 않았고, 무엇보다 평소 무역에 대해서 모르는 것이 있을 때 짜증내지 않고 잘 대답해줬기 때문입니다.

선적항 선택

수출화물은 약 30CBM으로 20피트 FCL 운송료가 나올 거 같았습니다. 나고야까지 선박으로 화물을 보내기 위해서는 인천항과 부산항을 이용할 수 있습니다. 부산항보다는 인천항까지 보내는 내륙운송료가 저렴하므로 인천항을 통해서 수출하려고 했습니다. 하지만 포워더가 인천항은 현재 처리할 물량이 많아서 출항 예정일인 8월 31일에 출항을 못 할 수도 있다며 부산항으로 바꾸는 건 어떠냐고 제안했습니다. 납기를 맞추기 위해 부산항을 통해 수출화물을 보내기로 했습니다.

클로징(화물이 항구에 도착해 있어야 하는 마감시간)이 8월 30일 오후

5시이므로 거기에 맞추기 위해 포워더를 통해 예약해놓은 트레일러가 8월 29일에 회사로 들어왔습니다. 물론 포워더를 통해 컨테이너도 대여했습니다. 트레일러에 실린 컨테이너는 부산항 CY에 도착했고, 정상적으로 선박에 실려 출항했습니다.

이상이 화물을 선박으로 수출할 때 실무에서 수출담당자가 하는 업무의 예입니다. 담당자는 수출운송을 조율하는 것 외에 무역서류도 작성하는데, 자세한 내용은 뒤에서 다시 다루겠습니다.

'노미한다'고 할 때
노미는 무슨 뜻일까?

실무를 하다 보면 "바이어가 노미했다." 혹은 그냥 "노미했다."라는 말을 들을 수 있습니다. 노미는 'NOMINATION'을 그냥 줄여서 노미(NOMI)라고 말하는 것입니다. NOMINATION은 '지명'이라는 뜻으로 무역에서는 보통 운송사를 선정할 때 이 용어를 씁니다.

예를 들어봅시다. 바이어인 B회사가 수입지 항구까지 운송료를 부담하고 화물을 수입하기로 했습니다. 이때는 보통 바이어 쪽에서 자신이 거래하고 있는 포워더를 이용해 운송을 진행합니다. 자신이 거래하고 있는 포워더의 경우 같은 나라에 있어 시차에 따른 불편함이 없고 문의사항에 대해 빨리 답변을 받을 수 있기 때문입니다. 또한 수출지의 포워더 파트너를 통해 수시로 수출진행 상황에 대한 정보를 제공해줍니다.

간혹 수입운송료를 부담하면서 운송은 수출자가 거래하는 포워더를 이용하기도 하는데, 이 경우에는 자신이 거래하고 있는 포워더보다는 대응이 늦을 때가 많습니다.

운송료를 바이어가 부담하려면
어떻게 해야 하나?

앞에서 수출자가 운송료를 부담해 선박으로 수출하는 방법을 실무를 통해 배워봤습니다. 이번엔 이와 반대로 바이어가 수입지까지의 운송료를 부담하는 경우에 대한 사례입니다.

CASE 바이어가 수입지까지 운송료를 부담하는 경우

L사는 이번에 미국으로 용접기 5대를 수출하기로 했습니다. 운송료는 바이어인 미국의 B사에서 부담하기로 했고, 화물운송은 항공기로 할 예정이며, 운송업체는 미국 쪽에서 노미할 예정입니다.

노미된 미국 쪽 포워더의 한국 파트너가 수출상인 L사에 전화를 했고, 언제쯤 수출준비를 완료할지 알려달라고 합니다. L사 수출담당자인 철수 씨는 현재 제품이 생산 중이므로 대략의 일정만 알려줬고, 나중에 정확한 일자를 알려주기로 하고 한국 파트너의 연락처를 알아두었습니다.

이후 철수 씨는 한국 파트너에게 수출준비가 완료되는 일정과

함께 제품 전체의 포장 크기와 무게를 알려줬습니다. 운송료는 미국 측에서 내기로 했기 때문에 비행기의 출항일정은 미국에서 잡을 예정입니다. 공항까지 내륙운송비는 L사에서 부담하기로 했습니다. 한국 파트너를 통해 비행기 일정을 통보받은 L사는 클로징타임 전에 미국 B사 포워더의 한국 파트너가 지정한 공항 내 보세창고로 화물을 입고시켰습니다.

중개무역과 중계무역은
다른 개념이다

수출을 하는 방법에는 여러 가지가 있는데, 보통 자신이 생산한 제품을 해외로 판매하는 경우가 많습니다. 그 외에 해외의 어떤 나라에서 생산된 제품을 구매해서 해외의 또 다른 나라에 판매하기도 하는데, 이것을 중계무역이라고 합니다. 장사로 치면 일종의 도매상이라고 할 수 있습니다. 한편 다른 나라에 있는 수출자와 바이어를 연결해주고 수수료(커미션)를 받기도 하는데 이것을 중개무역이라 합니다.

중계무역

장사에서 도매상은 생산자에게서 제품을 사서 소비자에게 판매합니다. 중계무역도 이와 유사하며, 다른 나라에 있는 업체에서 구매한 제품에 마진을 붙여 또 다른 나라에 판매하는 것을 말합니다.

중계무역상 A는 한국에 있고, 제조회사 B는 중국에 있으며, 바이어 C는 미국에 있습니다. A는 B의 제품을 구매해서 마진 등을 붙여 C에게 판매할 예정입니다.

| 제조상 B(중국) | ◀── 구매 ── | 중계상 A(한국) | ── 판매 ──▶ | 바이어 C(미국) |

공인중개사와 비슷한 중개무역회사

공인중개사는 집을 사려는 사람과 집을 팔려는 사람을 연결해주고 수수료를 받는 직업입니다. 이와 비슷하게 서로 다른 나라에 있는 생산자와 구매자를 연결해주고 수수료를 받는 것을 중개무역이라 합니다.

중계무역과 중개무역의 수출실적

중계무역으로 수출한 경우 그 내용을 수출실적으로 인정받을 수 있습니다. 중계무역의 수출실적은 수출액에서 수입액(중계무역으로 수출하기 위해 해외의 제품을 구매할 때 지불한 금액)을 뺀 금액(이를 전문용어로 가득액이라고 합니다. 영어로는 Earning Amount라 하며 한자로는 稼得額이라 하는데 우리말로 하면 '일해서 벌어들인 돈'을 뜻합니다)만을 인정합니다. 예를 들어 중계무역상 A가 중국에서 TV 10대를 1천 달러에 샀습니다. 이것을 미국에 1,100달러에 팔았습니다. 이때 수출실적은 100달러가 됩니다.

수출실적은 무역금융의 한도를 정하는 기준 중 하나입니다. 무역금융이라는 것은 수출기업에게 정책적으로 금융상의 여러 지원을 하는 것으로 여기에는 대출한도 확대, 금리우대(금리를 낮게 해주는 것) 등이 있습니다. 하지만 중개무역은 수출실적으로 인정되지 않습니다. 어떤 경우에 수출실적으로 인정되는지에 대한 자세한 내용은 대외무역관리규정 26조(수출수입실적의 인정금액)에서 확인할 수 있습니다. 대외무역관리규정은 '국가법령정보센터(www.law.go.kr) → 행정규칙 → 대외무역관리규정'에서 확인할 수 있습니다.

| 법령정보에서 검색한 대외무역관리규정 |

중계무역에서 쓰는
스위치 B/L

중계무역은 수출할 것을 목적으로 물품 등을 수입해 국내에 반입하지 않고 수출하는 것으로, 수입액과 수출액의 차이, 즉 일정한 중계수수료를 수취하는 거래입니다. 다음 사례를 보면 이해하기 쉬울 것입니다.

CASE 중계무역 ①

한국에 있는 중계무역상 A는 미국의 대형유통마트 C와 거래하고 있습니다. 미국의 대형유통마트 C는 최근 괜찮은 완구류를 찾고 있었고, A가 그러한 완구를 공급하기로 했습니다. A는 중국의 제조자 B와 구매계약을 체결해 제품을 구매했고, 제품은 한국을 거치지 않고 중국에서 바로 미국으로 송부했습니다.

제조상 B(중국) ·········· 한국을 거치지 않고 중국에서 미국으로 송부 ➤ 바이어 C(미국)

중계상을 통해서 구매하던 바이어가 중계상을 거치지 않고 직접 제조자와 거래하려고 하면 어떻게 될까요? 중계상은 판매 기회를 놓치게 됩니다. 그래서 중계상은 되도록 제조자와 바이어가 서로 모르도록 최대한 정보를 숨기려고 합니다.

이때 문제는 B/L에 있습니다. STRAIGHT B/L의 경우에는 받는 사람과 보내는 사람의 이름과 주소 등이 기재되어 있습니다. 제조자 B와 바이어 C를 서로 모르게 하기 위해서는 B/L에 둘의 연락처가 기재되면 안 됩니다.

그렇다면 어떻게 해야 할까요? 중계상이 일단 제품을 통관해 수입했다가 바이어에게 수출하면 됩니다. 하지만 이 경우에는 수입할 때 관세 등을 납부해야 하기 때문에 그리 효율적이지 않습니다.

CASE 중계무역 ②

중계무역상 A는 제조자 B와 바이어 C가 직접 거래할 여지를 없애기 위해 화물을 수입통관한 후 다시 미국으로 수출합니다.

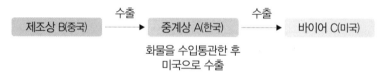

제조자의 정보를 숨기는 가장 좋은 방법은 중국에서 화물을 바로 미국에 보내면서 B/L에 정보를 숨기는 겁니다.

스위치 B/L

B/L은 수입통관을 위해 반드시 필요한 서류로 바이어가 반드시 받아야 합니다. 하지만 제품은 해외 제조업체에서 바로 미국 바이어에게 가기 때문에 B/L에는 고스란히 제조자의 연락처가 공개됩니다. 그래서 중계상은 제조지에서 바로 바이어에게 화물을 보내면서도

B/L에는 제조자의 이름·주소·연락처를 다른 이름으로 바꿀 방법을 고민하게 됩니다.

이러한 고민에서 나온 것이 B/L의 내용을 바꾸는 스위치 B/L입니다. 스위치 B/L은 주로 중계무역에서 쓰며, B/L상에 제조자의 이름·연락처 등의 정보를 다른 회사의 이름·연락처로 바꾸는 것(스위치)을 말합니다. B/L을 스위치하는 방법에는 2가지 정도가 있는데, 다음의 사례를 통해 스위치 B/L을 알아보도록 하겠습니다.

CASE 스위치 B/L

한국의 중계상 B는 중국의 제조자 A가 생산한 제품을 구매해 미국에 있는 바이어 C에게 수출할 예정입니다. 중계상 B는 제조자 A의 연락처를 감추기 위해 다음의 과정을 거쳐서 B/L의 내용을 바꿀(스위치) 예정입니다.

① 화물은 중국에서 미국으로 보내고 B/L의 내용만 일부 변경

제조자 A(중국)

↓

바이어 C(미국)

> 중계상 B는 제조자 A에게서 B/L을 받습니다. 이때 B/L에는 보내는 사람(SHIPPER)이 A, 받는 사람(CONSIGNEE)이 바이어 C로 되어 있습니다.
> B는 발행된 B/L을 운송회사에 제출하고, 운송회사에 요청해 SHIPPER를 A가 아닌 다른 회사로 변경한 B/L을 요청합니다. 변경한 B/L에는 SHIPPER가 제3의 업체, CONSIGNEE가 C로 되어 있습니다.
> 중계상 B는 변경된 B/L을 바이어 C에게 보냅니다.
>
> * B/L의 출항지는 임의로 변경할 수 없습니다. 따라서 제조자는 변경할 수 있어도 어느 나라에서 공급된 제품인지는 B/L을 통해 확인할 수 있습니다.

② 화물은 중국에서 한국을 들렀다가 미국으로 송부

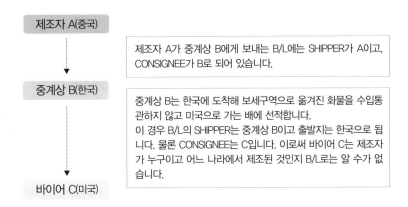

제조자 A(중국)

제조자 A가 중계상 B에게 보내는 B/L에는 SHIPPER가 A이고, CONSIGNEE가 B로 되어 있습니다.

중계상 B(한국)

중계상 B는 한국에 도착해 보세구역으로 옮겨진 화물을 수입통관하지 않고 미국으로 가는 배에 선적합니다.
이 경우 B/L의 SHIPPER는 중계상 B이고 출발지는 한국으로 됩니다. 물론 CONSIGNEE는 C입니다. 이로써 바이어 C는 제조자가 누구이고 어느 나라에서 제조된 것인지 B/L로는 알 수가 없습니다.

바이어 C(미국)

참고로 해외에서 들어온 물건을 수입통관하지 않고 다시 해외로 돌려보내는 것을 반송이라 하고, 화물을 돌려보낼 때(반송) 하는 통관을 반송통관이라고 합니다.

스위치를 할 때 주의사항

일반 B/L이라면 한 번 발행하는 것으로 끝나지만, 스위치 B/L은 원래 발행된 B/L을 운송회사가 회수한 후에 발행해야 하는 등 까다롭고 복잡한 부분이 있어서 몇 가지를 주의해야 합니다.

• 발행: 스위치 B/L은 발행이 까다롭고 복잡해서 발행을 꺼리는 운송사도 있습니다.
• 운임: 원활한 진행을 위해서는 운임을 중계상이 부담해야 합니다(원래 돈 주는 곳이 최고입니다). 중계상 자신이 거래하고 있는 포워더를 통해서 스위치 B/L을 발행하도록 합니다.

- 운송회사: 스위치 B/L과 관련된 기타 자세한 사항은 운송회사와 반드시 사전에 상의한 후 진행하도록 합니다.

WAYBILL,
간단히 읽고 넘어가기

화물이 항공기나 선박 등과 같은 운송수단에 적재되면 운송회사에서는 물건이 자사의 항공기나 선박에 실려 있음을 서류를 발행해 증명합니다. 대표적인 것으로 B/L과 AIRWAYBILL이 있고, 기타로 WAYBILL이라는 것도 있습니다.

B/L은 원본을 받지 못했거나 B/L이 써렌더되어 있지 않으면 바이어가 화물을 인수할 수 없습니다. 이와 달리 WAYBILL은 AIRWAYBILL이나 택배운송장처럼 단지 누가 누구에게 보낸다는 것만 표시합니다. 수출자가 보내주는 WAYBILL은 원본이 없다고 바이어가 화물을 인수하지 못하는 것은 아닙니다. 이러한 WAYBILL에는 쿠리어의 운송장과 SEAWAYBILL이 있습니다.

SEAWAYBILL은 선박운송을 할 때 발행하는 것으로 B/L과 달리 바이어는 써렌더 B/L처럼 SEAWAYBILL 사본만으로 화물을 인수할 수 있습니다.

모든 바이어나 수출상은 자기가 수출하거나 수입하는 제품에 대한 수출 혹은 수입신고를 반드시 해야 합니다. 또한 세관은 수출입신고된 제품에 대해 검사합니다. 세관의 검사를 아무런 문제없이 통과해야 수출이나 수입을 할 수 있습니다. 즉 통관이 완료된 제품이어야 수출을 위해 수출용 선박이나 항공기에 적재할 수 있고, 수입 시 국내로 들여올 수 있습니다. 한편 모든 나라는 자국의 사정에 따라 수출이나 수입을 금지하는데 수입이나 수출하는 제품이 수출입금지 품목이라면 당연히 수출입을 할 수 없습니다.

통관을 위해서는 어떻게 세관에 수출입신고를 할 것인지, 통관 전에 수출입금지 품목인지 알 수는 없는지, 통관은 하나도 모르는데 대행해줄 사람은 없는지, 관세로 납부한 세금을 돌려받을 방법은 없는지, 통관 시 납부해야 할 각종 비용의 내역은 어떻게 구성되는지 등을 알아야 합니다.

물론 실무에서는 통관 전문가인 관세사를 통해서 대부분의 업무를 진행합니다. 하지만 실무자 자신이 별로 아는 것이 없다면 제대로 관세사를 이용할 수 없습니다. 3장에서는 수출입요건, HS CODE, 수출입신고필증, 관세계산, 면세, 환급 등 실제 업무에서 맞닥뜨릴 수 있는 통관에 대한 실무적인 내용을 소개합니다. 또한 통관이 완료되면 받는 수출입신고필증에 대한 예도 수록했으니 잘 익히길 바랍니다.

3장

무역실무를 위한
최소한의 통관지식

통관을 모르겠다면 알 때까지
관세사에게 물어보라

모든 나라는 자국을 오고 가는 사람, 물건, 심지어 돈에 대해서도 확인(검사)을 합니다. 해외로 나가거나 들어올 때 우리는 공항에서 출국 혹은 입국 심사를 받고, 출국이나 입국이 허가되면 여권에 도장을 받습니다.

돈의 경우에도 해외에서 들어오거나 나갈 때에는 일정 금액부터는 이 돈이 왜 들어오고 나가는지에 대한 이유를 설명하는 증빙서류를 은행에 제출해야 합니다. 돈을 해외로 보내거나 해외에서 받는 것은 대부분 은행을 통해서만 가능하기 때문입니다. 해외로 나갈 때 체류비 등의 목적으로 돈을 휴대하고 나가는 경우에도 일정 금액에 대해서는 외국환은행이나 세관에 신고를 해야 합니다.

수출대금을 증명할 서류

수출판매대금이 입금될 때 그것이 수출대금이라는 것을 증명하는 서류를 은행에 제출해야 합니다. 이때 수출이 이미 되었다면 수출신고필증을, 수출 전이라면 주문서(ORDER SHEET) 등을 증빙서류로 은행에 제출하면 됩니다.

통관

물건의 경우에도 그것이 판매를 위한 제품이든 샘플이든지 간에 모든 물건은 나라를 나가거나 들어올 때 혹은 수출이나 수입될 때 반드시 세관에 제품을 신고해야 합니다. 이것을 수출입신고라 하고, 신고를 받은 세관은 제품의 수출이나 수입을 허가할 것인지 결정합니다. 수출이나 수입이 허가되면 세관에서는 수출신고필증 혹은 수입신고필증을 발급합니다.

　모든 제품은 수출할 때 한 번, 수입될 때 한 번, 총 두 번의 검사를 받습니다. 이러한 검사는 법이나 기타 규칙 등으로 제정되어 있는데, 통관에 대한 정보를 잘 모르면 수출이나 수입이 지연되거나 아예못 할 수도 있습니다. 통관을 위해 수출자나 바이어는 수출입신고를하는데, 통관과정이 복잡하거나 어려운 경우도 있고 그 편리성 때문에 통관 전문가인 관세사를 통해 통관을 진행하기도 합니다. 참고로통관과 관련된 법은 관세법령정보포털(unipass.customs.go.kr/clip)에서 확인할 수 있습니다.

수출허가를 받기 위해서는
수출요건을 충족해야 한다

우리나라는 수출이 성장의 동력이기 때문에 웬만한 물건은 대부분 해외에 내다 팔 수 있습니다. 하지만 일부 품목에 대해서는 법으로 정해진 몇 가지 조건을 충족해야 수출허가를 받을 수 있습니다. 이와 같이 수출을 하기 위해서 충족해야 할 요건을 수출요건이라고 합니다.

수출요건에 대한 기본적인 내용은 관세청 홈페이지에 있는 수출요건을 확인하면 됩니다. 하지만 최신 정보나 더욱 정확한 수출요건을 확인하려면 관세청이나 관세사에게 문의하는 편이 좋습니다.

수입할 수 없는 품목들,
수입요건 분석으로 극복하자

모든 나라는 자국의 산업을 보호하거나 기타의 이유로 수입물품에 높은 관세를 부과하거나 까다로운 수입규정을 두어 수입을 제한하기도 합니다.

CASE 참깨 수입규정

참깨는 기본세율이 40%이고 한아세안FTA협정세율은 504% 또는 kg당 5,328원입니다(2019년 기준). 또한 수입 시 원산지증명서, 식물검역증명서와 수입식품 등의 수입신고확인증 등이 있어야 합니다.

위와 같은 신고사항 등을 수입요건이라 하며, 수출요건과 동일하게 관세청 홈페이지에서 대략적인 내용을 확인할 수 있습니다. 수입요건의 최신 내용을 알고 싶으면 관세청이나 관세사에게 문의하도록 합니다.

HS CODE를 알아야
관세율과 수출입요건을 안다

무역으로 거래되는 제품의 종류는 어마어마하게 많고 그 종류에 따라서 수출입제한, 금지 혹은 허용이 되기도 하며 관세율도 다양합니다. 이 많은 제품을 제대로 분류해놓지 않으면 제품별로 다양한 관세나 기타 요건을 찾기가 대단히 불편할 겁니다. 그래서 세관에서는 제품을 분류해서 검색을 쉽도록 했고, 분류된 제품에 숫자를 부여해 그 숫자만 알면 제품의 관세율 및 다양한 수출입요건을 확인할 수 있도록 했습니다(다음 페이지 표).

우리나라와 마찬가지로 다른 모든 나라에서도 통관의 편의를 위해 제품을 분류하고, 각 제품에 숫자를 부여합니다. 이러한 제품에 대한 분류방법을 1988년에 국제협약으로 통일했는데, 이것을 Harmonized Commodity Description and Coding System이라 하며 보통 줄여서 HS CODE라 합니다. HS CODE는 전 세계 공통

관세청 품목분류표										
	0	1	2	3	4	5	6	7	8	9
0	곡물	산동물	육과 식용설육	어패류	낙농품·조란·천연꿀	기타 동물성 생산품	산수목·꽃	채소	과실·견과류	커피·차·향신료
10	채소·과실의 조제품	곡물의 분과 조분 밀가루·전분	채유용 종자·인삼	식물성 엑스	기타 식물성 생산품	동식물성 유지	육·어류 조제품	당류·설탕과자	코코아·초콜릿	곡물·곡분의 조제품과 빵류
20	채소·과실의 조제품	기타의 조제식료품	음료, 주류, 식초	조제 사료	담배	토석류·소금	광, 슬랙, 회	광물성 연료, 에너지	무기 화합물	유기 화합물
30	의료품	비료	염료, 안료, 페인트 잉크	향료·화장품	비누, 계면 활성제·왁스	카세인·알부민·변성 전분·효소	화약류·성냥	필름 인화지, 사진용 재료	각종 화학공업 생산품	플라스틱과 그 제품
40	고무와 그 제품	원피·가죽	가죽 제품	모피, 모피 제품	목재·목탄	코르크·짚	조물재료의 제품	펄프	지와 판지	서적·신문·인쇄물
50	견·견사·견직물	양모·수모	면·면사·면직물	마류의사와 직물	인조 필라멘트 섬유	인조 스테이플 섬유	워딩·부직포	양탄자	특수직물	침투·도포한 직물
60	편물	의류 (편물제)	의류 (편물제 이외)	기타 섬유 제품·넝마	신발류	모자류	우산·지팡이	주제 우모·인조화	석, 시멘트, 석면 제품	도자 제품
70	유리	귀석, 반귀석, 귀금속	철강	철강 제품	동과 그 제품	니켈과 그 제품	알루미늄과 그 제품		연과 그 제품	아연과 그 제품
80	주석과 그 제품	기타의 비금속	비금속제 공구·스푼·포크	각종 비금속 제품	보일러·기계류	전기기기·TV·VTR	철도 차량	일반 차량	항공기	선박
90	광학·의료·측정·검사·정밀기기	시계	악기	무기	가구류·조명기구	완구·운동 용구	잡품	예술품·골동품		

으로 이것만 잘 알면 다른 나라의 대략적인 관세와 기타 수출입요건을 확인할 수 있습니다.

HS CODE는 총 10자리로 구성되는데, 다음의 예를 통해 HS CODE에 대해서 알아보겠습니다.

CASE | HS CODE

연필깎이의 HS CODE는 8214.10-1000입니다

- 82는 비금속 제공구 스푼, 포크 등의 제품에 대한 분류코드
- 8214는 칼붙이의 기타 제품에 대한 분류코드
- 821410은 종이용 칼, 편지 개봉기, 지우개용 칼, 연필깎이와 날을 의미하는 분류코드
- 8214101000은 연필깎이에 대한 분류코드

* 참고로 HS CODE는 총 10개의 숫자로 구성되고, 앞의 6개 숫자까지는 전 세계 공통입니다. 즉 연필깎이에서 821410은 전 세계에서 공통적으로 쓰는 것이고, 뒤의 1000은 우리나라에서 임의로 붙인 것입니다.

수입하는 제품의 관세가 어떻게 되고, 수출입요건은 있는지, 금지품목은 아닌지를 확인하려면 반드시 HS CODE가 어떻게 되는지 알아야 합니다. 모든 제품을 분류해 숫자로 표시한 것이 HS CODE인데, HS CODE별로 관세나 수출입요건 등의 통관과 관련된 자세한 사항이 정해져 있습니다. HS CODE로 관세나 기타 통관과 관련된 내용은 관세청의 HS CODE 관련 홈페이지인 유니패스(portal.customs.go.kr)에서 검색하거나 관세청이나 관세사에게 문의해 확인하면 됩니다.

유니패스에서 관세 등 간략한 통관정보 확인하기

① 관세청 홈페이지 오른쪽의 '사업자'를 클릭 후 하단에 나오는 '세
계HS정보'를 클릭합니다.

② 세계HS 페이지 오른쪽의 '검색'에서 연필깎이의 HS CODE인
8214101000을 입력해 검색해봅니다.

③ 아래와 같이 연필깎이에 대한 관세율 등 여러 정보를 확인할 수 있습니다.

HS CODE를 모를 경우

처음 수출하거나 수입하는 제품이라 HS CODE를 모르는 경우 관세나 기타 통관정보를 확인할 수 없기 때문에 내 제품의 HS CODE를 알아야 합니다. HS CODE를 파악하기 위해서는 기존에 다른 회사는 HS CODE로 무엇을 쓰는지 확인하거나, 통관 전문가인 관세사나 통관관청인 관세청에 문의하도록 합니다. 관세사에게 이러이러한 제품이라는 것을 설명하면 관세사는 그에 맞는 HS CODE를 찾아서 알려줄 겁니다.

적절한 HS CODE 정하기

HS CODE는 제품을 대단히 세밀하게 분류했습니다. 예를 들어 광물의 경우 그것이 광산에서 캔 그대로인가, 아니면 깬 것인가, 광석을 깬 것이라면 깨진 광석의 크기는 몇 cm인가, 몇 mm인가, 채로 걸러지는가 등으로 대단히 세밀하게 나뉩니다.

이러한 분류에 따라 관세나 기타 수출입요건이 달라지므로 능력 있고 경험이 많은 관세사를 통해 HS CODE를 정하는 것이 좋습니다. 또한 통관정보는 계속 바뀌므로 기본적인 통관정보는 HS CODE를 이용해 유니패스에서 확인하고, 자세한 것은 관세사 등의 전문가나 관세청을 통하는 것이 정확한 정보를 얻는 데 좋습니다.

일반적으로 생각하는 수출입은
국가의 수출입 개념과 다르다

보통 수출이라면 해외로 제품을 파는 것, 그리고 수입은 해외의 제품을 사서 우리나라로 들여오는 것이라 생각합니다. 이와 달리 수출입 물건을 검사하는 세관은 팔거나 사온 제품을 포함해 팔거나 사는 목적이 아닌 샘플과 서류 등이 그 국가를 나가는 것을 수출이라 하며, 들어오는 것을 수입이라 합니다. 즉 국가를 나가면 수출이고 들어오면 수입이며, 샘플 등을 포함해 국가를 들어오고 나가는 모든 물건에 대해 검사를 합니다.

다시 말해 돈을 받고 파는 용접기든, 외국에서 개인적으로 쓰기 위해서 산 카우보이 모자든 모두 신고를 해야 합니다. 다만 개인의 경우에는 일정 금액까지는 신고를 하지 않아도 되고, 신고하는 방법도 간단합니다. 보통 해외로 갔다 올 때 비행기 내에서 간이통관신청서라는 것을 줍니다. 일정 금액 이상을 구매한 경우 통관신청서를 작성해 제출하는 것으로 수입신고가 됩니다.

수출통관을
간단하게 끝내는 법

수출자가 수출하는 제품이 무엇인지 서류를 제출해 신고하면 세관에서는 서류를 검토하는 것으로 통관절차가 시작됩니다. 수출신고서류에는 일반적으로 인보이스와 패킹리스트가 있고, 수출의 경우 세관에서는 간단하게 서류를 검토하는 것만으로 통관을 완료하기도 합니다.

수출신고는 일반적으로 관세사를 통해서 하지만 수출업체가 인터넷으로 직접 신고하기도 합니다. 수출통관과정은 다음과 같습니다.

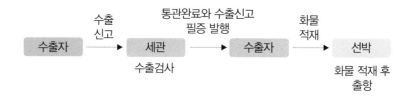

- 수출신고: 세관에 인보이스, 패킹리스트 등의 수출신고서류를 제출합니다.
- 수출검사: 세관은 HS CODE 등의 신고 내용을 검토합니다.
- 통관완료와 수출신고필증 발행: 수출통관은 대부분 서류 확인으로 끝납니다. 통관이 완료되면 수출신고필증을 발행합니다. 수출신고필증은 과거에는 관세사가 원본을 발행하면 우편으로 보내주었지만 발행방식이 바뀌어 수출자가 직접 유니패스에 접속해 출력해야 합니다.

- 화물 적재 후 출항: 통관이 완료된 화물은 나중에 항공기나 선박에 적재되어 수입지로 운송됩니다.

수출통관 후
언제까지 선적해야 할까?

포워더를 통해서 수출하든, 쿠리어를 통해 수출하든, 수출화물을 배에 실어서 수출하든, 비행기에 실어서 수출하든, 물건을 나라 밖으로 보내기 위해서는 수출신고를 해 세관의 검사를 받는 통관이라는 과정을 거칩니다. 항공기나 선박에 싣기 위해서는 통관이 되어야 하므로 보통 선적 전에 통관을 완료합니다.

수출화물은 수출통관이 완료된 날부터 30일 내에 항공기나 선박에 적재해야 하고, 이 기간이 경과하면 수출신고수리 취소와 과태료가 부과될 수 있습니다. 수출신고 후 30일 이후에 선적을 할 경우에는 반드시 세관에 연장 신청을 해야 합니다.

수입통관 전
절차를 숙지하자

수입신고를 할 때 제출하는 서류에는 가격이 기재된 인보이스와 어떤 제품이 수입되는지를 알 수 있는 패킹리스트, 그리고 어느 나라에서 온 것인지 알 수 있는 B/L 혹은 AIRWAYBILL이 있습니다. 이 외에 제품에 따라 추가로 필요한 서류는 관세사에게 문의하면 알 수 있습니다. 수입신고서류 중에는 발급하기 위해 시간이 걸리는 것도 있으므로 미리 관세사에게 문의하도록 합니다. 다음은 수입통관과정을 간단히 나타낸 것입니다.

| 수입신고할 때 |

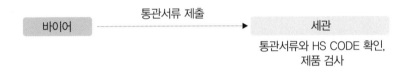

- **통관서류 제출**: 수입신고 시 제출하는 서류에는 인보이스, 패킹리스트, B/L(혹은 AIRWAYBILL) 등이 있습니다. 이러한 서류는 수출자가 준비하는 것으로, 바이어는 반드시 수입통관 전에 이메일이나 우편으로 받아서 통관에 문제가 없도록 합니다.
- **관세사를 통해 수입통관하는 경우**: 수입자는 수출자에게서 받은 서류와 기타 서류를 관세사에게 보냅니다. 관세사는 바이어를 대신해 세관에 수입신고를 합니다.
- **통관서류와 HS CODE 확인, 제품검사**: 세관은 통관서류와 HS CODE 확인, 제품검사를 실시합니다. 세관은 필요에 따라 서류검사와 함께 포장을 뜯어서 직접 제품을 확인하기도 합니다. 통관이 완료되면 세관은 수입신고필증을 발급합니다.

| 화물인수할 때 |

```
┌──────────┐      관세 등을 납부        ┌──────────┐
│  바이어   │ ·····················▶ │   세관    │
└──────────┘                          └──────────┘
```

- 관세 등을 납부: 수입통관이 완료되면 관세 등을 세관에 납부하고 화물을 인수합니다. 참고로 수입신고필증은 수입자가 직접 관세청 통관 사이트인 유니패스에서 출력합니다. 유니패스 가입은 관세청 이 거래하는 관세사에 문의합니다.

통관을 완료했다면
수출입신고필증 분석하기

통관이 완료되면 세관에서는 수출의 경우 수출신고필증을, 수입의 경우 수입신고필증을 발급합니다(참고로 실무에서는 수출신고필증을 수출면장, 수입신고필증을 수입면장이라고도 합니다). 수출 혹은 수입 신고 필증은 페이지 수에 따라 1/1, 1/2 형식으로 되어 있습니다. 즉 신고 필증이 총 세 장이고 첫 번째 장이라면 신고필증 하단에 1/3이라고 표시되어 있습니다. 수출신고필증을 자세히 보면 각 내용마다 번호 가 있습니다. 다음은 그 번호의 내용에 대한 것입니다.

수출신고필증

120쪽 문서 자료의 제목이 수출신고필증이라고 되어 있으므로 이것 이 수출통관이 완료되고 발행된 수출신고필증임을 알 수 있습니다.

① 신고자: 실제로 수출신고를 한 사람의 이름이 들어갑니다. 보통 관세사를 통해서 하므로 관세사무소 이름이 들어갑니다. 예) 드림 관세사무소 김진정

② 수출대행자: 관세사를 통해 수출통관을 진행하는 업체를 말합니다. 보통 수출자를 말합니다. 예) MIRAE TRAIDNG CO., LTD.

④ 구매자: 바이어의 이름이 들어갑니다. 예) SAFEWAY PVT. LTD.

⑤ 신고번호: 보통 면장번호라고도 합니다. 수출신고필증을 분실했거나 무역서류를 발급할 때 필요한 번호입니다.
예) 1231212-12341234

⑫ 목적국 : 수입지가 어디인지 표시됩니다. 예) IN INDIA

㉕ 모델 규격: 수출하는 제품의 이름과 모델명 등이 기재됩니다.
예) PENCIL SHARPENER PE01

㉗ 수량: 수출제품의 수량이 기재됩니다. 예) 100(ST)

㉘ 단가(USD): 수출제품의 단가가 기재됩니다. 예) 30

㉙ 금액(USD): 수출제품의 금액이 기재됩니다. 예) 3,000

㉚ 세번부호: HS CODE를 의미합니다. HS CODE는 관세를 확인할 때 이용하므로 실무에서는 HS CODE를 세번부호라고 합니다.
예) 8468.80-0000

㉞ 송품장부호: 세관에서는 수출자가 제출한 인보이스를 근거로 수출신고필증을 작성합니다. 세관에서 참고한 수출자의 인보이스번호가 들어갑니다. 예) 2020PE001

㊳ 총중량: 포장이 완료된 수출제품의 총무게를 말하며, 이것은 수출자가 제출한 패킹리스트에 있는 Gross weight(총중량)를 보고 기재합니다.

UNI-PASS
USD

수 출 신 고 필 증 (갑지)

계약번호1:
InvoiceNo:

※처리기간 : 즉시

제출번호		⑤신고번호		⑥신고일자	⑦신고구분	⑧C/S구분
①신 고 자						

②수출대행자 (통관고유부호)	⑨거래구분	⑩종류	⑪결제방법
수 출 화 주 (통관고유부호)	⑫목적국		⑬적재항
(주소)	⑭운송형태		⑮검사방법선택 검사희망일
(대표자)			
(사업자등록번호)	⑯물품소재지		

③제 조 자 (통관고유부호)	⑰L/C번호	⑱물품상태
제조장소 산업단지부호	⑲사전임시개청통보여부	⑳반송 사유
④구 매 자 (구매자부호)	㉑환급신청인 (1:수출/위탁자, 2:제조자) 간이환급	

· 품명.규격 (란번호/총란수:001/001)

㉒품 명	㉔상표명
㉓거래품명	

㉕모델.규격	㉖성분	㉗수량	㉘단가(USD)	㉙금액(USD)

본 신고필증은 수출통관 사무처리에 관한 고시의 규정에 의하여 P/L신고물품 하여 세관장으로부터 신고수리된 것을 확인하여 발행.교부됨

㉚세번부호		㉛순중량	(KG)	㉜수량	(U)	㉝신고가격(FOB)	
㉞송품장부호		㉟수입신고번호			㊱원산지 KR--	㊲포장갯수(종류)	(CT)
㊳총중량	(KG)	㊴총포장갯수	(CT)	㊵총신고가격 (FOB)			

㊶운임(W)	㊷보험료(W)	㊸결제금액
㊹수입화물 관리번호		㊺컨테이너번호 N

㊻수출요건확인 (발급서류명)	
※신고인기재란	㊼세관기재란
	신고수리:인천공항세관 관세사 전자서류수출통관확인

㊽운송(신고)인				㊾신고수리일자		㊿적재의무기한
㊿기간 / / 부터 / / 까지				담당자		

업태/종목:제조, 도매/화인세라믹, 금속표면   Page 1/1
(1) 수출신고수리일로부터 30일내에 적재하지 아니한 때에는 수출신고수리가 취소됨과 아울러 과태료가 부과될 수 있으므로 적재사실을 확인하시기 바랍니다.
   (관세법 제251조, 제277조) 또한 휴대탁송 반출시에는 반드시 출국심사(부두,초소,공항) 세관공무원에게 제시하여 확인을 받으시기 바랍니다.
(2) 수출신고필증의 진위여부는 수출입통관정보시스템에 조회하여 확인하시기 바랍니다. (http://kcis.ktnet.co.kr)

(49) 총신고가격(FOB): 장사에서 말하는 착불결제와 유사한 것이 FOB 입니다. 수입지 항구나 공항까지의 운송료를 포함하지 않은 가격 입니다(FOB에 대한 자세한 것은 4장을 참조하기 바랍니다). 표기는 달러와 원화로 환산한 금액으로 합니다.

예) $40,000/ ₩47,200,000

(50) 신고수리일자: 통관이 완료된 날로 수출신고필증을 발행한 일자입니다. 예) 2020/01/01

(51) 적재의무기한: 신고일부터 30일 내에는 선박이나 항공기에 선적해야 합니다. 적재의무기한은 화물을 선박에 적재해야 하는 최종일자를 말합니다. 예) 2020/01/31

이상이 수출신고필증의 주요한 내용입니다. 다음은 수입신고필증에 대해 알아보겠습니다. 수입신고필증도 자세히 보면 각 내용마다 번호가 있습니다. 다음은 그 번호의 내용에 대한 설명입니다.

수입신고필증

마찬가지로 제목이 수입신고필증이라 되어 있으므로 이것이 수입통관이 완료되고 발행된 수입신고필증임을 알 수 있습니다.

① 신고번호: 수입신고필증의 번호를 의미합니다. 수입신고필증을 재발행할 때 필요합니다.예) 12345-12-1234567U

② 신고일: 수입신고한 날이 기재됩니다. 예) 2020/01/01

④ B/L(AWB)번호: B/L이나 AIRWAYBILL 번호가 기재됩니다.

⑥ 입항일: 선박이나 항공기가 수입지 공항이나 항구에 도착한 날을

UNI-PASS

수 입 신 고 필 증

(갑 지)

※처리기간 : 3일

①신고번호	②신고일	③세관.과	⑥입항일	⑦전자인보이스제출번호
④B/L(AWB)번호		⑤화물관리번호	⑧반입일	⑨징수형태

⑩신고자	⑮통관계획	⑲환산지증명서 유무	㉑총중량
⑪수입자	⑯신고구분	⑳가격신고서 유무	㉒총포장갯수
⑫납세의무자	⑰거래구분	㉓국내도착항	㉔운송형태
(주소) (상호) (성명)	⑱종류	㉕적출국	
⑬운송주선인		㉖선기명	
⑭해외거래처	㉗MASTER B/L 번호		㉘운수기관부호

㉙검사(반입)장소   (인천항공화물터미널남측창고   )

● 품명·규격   (란번호/총란수 : 001/001)

㉚품 명 ㉛거래품명		㉜상 표		
㉝모델·규격	㉞성분	㉟수량	㊱단가	㊲금액

㊳세번부호		㊵순중량	㊸C/S 검사	㊺사후기관
㊴과세가격(CIF)	$ ₩	㊶수 량	㊹검사변경	
		㊷환급물량	㊻원산지	㊼특수세액
㊽수입요건확인 (발급서류명)				

㊾세종	㊿세율(구분)	51감면율	52세액	53감면분납부호	감면액	* 내국세종부호
관 부						

본 수입신고필증은 수입통관사무처리에
관한 고시 제 2-1-8조 규정에 의거 수입
P/L신고에 의하여 수리된 것임

54결제금액 (인도조건-통화종류-금액-결제방법)		CPT - JPY	56환 율	
55총과세가격	$ ₩	57운 임	59가산금액	64납부번호
		58보험료	60공제금액	65부가가치세과표

61세종	62세 액	※관세사기재란	66세관기재란
관 세			-이 물품은 사후심사결과에 따라 적용세율이 변경 될 수 있습니다.
개별소비세			
교 통 세			
주 세			인천공항세관장
교 육 세			관세사
농 특 세			전자서류수입통관증명
부 가 세			
신고지연가산세			
미신고가산세			
63총세액합계		67담당자	68접수일시 신고번호 : 69수리일자

세관·과 : 040-11   신고번호 :   Page: 1/ 2

* 수입신고필증의 진위 여부는 관세청 통관포탈시스템(http://portal.customs.go.kr) 또는 수출입통관정보시스템(http://kcis.ktnet.co.kr)에 조회하여 확인하시기 바랍니다.
* 본 수입신고필증은 세관에서 형식적인 요건만을 심사한 것이므로 신고내용이 사실과 다른 때에는 신고인 또는 수입화주가 책임을 져야 합니다.

말합니다. 예) 2020/01/01

⑧ 반입일: 항구나 공항에 도착한 화물을 항공기나 선박에서 내려 보세구역으로 옮긴 날을 말합니다.

⑩ 신고자: 수입신고를 하는 사람의 이름이 들어갑니다. 일반적으로 관세사를 통해 수입신고를 하므로 여기에는 관세사의 이름이 신고자로 들어갑니다. 예) 대박 관세사무소 김당당

⑪ 수입자: 바이어, 즉 수입자의 이름이 기재됩니다. 예) ㈜건강미

⑬ 운송주선인: 운송회사를 말합니다. 예) ㈜쾌속해운항공

⑭ 해외거래처: 해외의 수출자를 말합니다. 예) SAFEWAY PVT.LTD.

㉝ 모델·규격·수량·단가·금액: 수입제품의 모델·수량·단가·금액이 기재됩니다.

㊳ 세번부호: HS CODE를 의미합니다. 세관은 세번을 기준으로 관세를 부과하므로 처음 제품을 신고할 때 세번을 잘 선택해야 합니다. 필자의 경우 국내에서는 거의 나지 않는 광물을 처음으로 수입했을 때, 그 광물은 가루냐 아니냐에 따라 세번 및 관세가 달라지는데 잘못 골라서 당황했던 적이 있습니다. 세번은 경험 많은 관세사나 세관과 잘 상담해 정하는 것이 좋습니다.
예) 3925.90-0000

㊴ 과세가격(CIF): 관세를 부과할 때 기준이 되는 가격입니다. 예를 들어 관세율이 3%라는 말은 과세가격의 3%가 관세라는 말입니다. CIF는 수입지 항구나 공항까지의 운송료 및 보험료에 제품가격을 포함한 것을 말합니다(CIF에 대한 자세한 것은 4장에서 자세히 설명하겠습니다). 달러와 원화로 과세가격이 기재됩니다.
예) $40,000 / ₩47,200,000

㊾ **세종:** 부과되는 세금의 종류를 나타내는 것으로 여기에는 관세와 부가세가 있습니다. 수입신고필증에는 '관', '부' 이런 식으로 기재됩니다.

㊿ **결제금액:** 바이어가 수출자에게 결제해야 할 금액을 기재하는데 보통 수입제품의 가격이 기재됩니다.

56 **환율:** 엔화나 달러화를 원화로 환산할 때 적용하는 환율이 기재됩니다. 예) 과세가격이 $40,000이며, 환율이 ₩1,200.00일 때 과세가격을 원화로 환산하면 ₩48,000,000입니다.

수입할 때의 관세는 그때그때 다르다

국가에서 자국의 산업을 보호하기 위해 수입을 제한하는 수단 중 하나가 관세를 활용하는 것으로, 관세는 주로 수입을 할 때 부과됩니다. 관세의 예를 들자면 단감의 경우에는 수입 시 기본세율이 45%입니다. 자세한 관세율은 관세사나 관세청을 통해 확인합니다.

HS CODE로 관세율 확인하기

제품에 따라 관세율이 다양하게 적용되므로 수입 전에 관세율을 반드시 확인하도록 합니다. 관세율을 확인하기 위해서는 제일 먼저 HS CODE를 알고 있어야 합니다. HS CODE를 파악한 후 관세사나 관세청 홈페이지 혹은 관세청 고객상담전화로 관세율이나 수입요건 등에 대해 확인하도록 합니다.

수출관세 부과

관세는 나라의 사정에 따라 수출할 때 부과하기도 합니다. 예를 들어 중국의 경우 자국에서 채굴되는 희토류의 수출을 억제하기 위해 희토류를 수출하는 경우 수출관세를 높게 부과하기도 합니다.

간단하고 손쉽게 해보는
관세 계산

HS CODE로 제품의 통관정보를 찾아보면 관세율이라는 것이 있는데, 이것은 수입하는 제품에 관세가 얼마 정도 붙는지를 나타냅니다. 관세는 '과세가격×관세율'로 계산합니다. 여기서 과세가격이라는 것은 제품가격에 수입지 항구(혹은 공항)까지의 운송료와 보험료를 더한 가격(이것을 무역에서는 보통 CIF가격이라고 합니다)을 말합니다. 예를 들어보겠습니다.

CASE 관세 계산

제품가격은 500달러, 운송료가 100달러이고 제품운송 관련해 보험은 가입하지 않았고 관세율은 5%, 고시환율이 1달러에 1천 원일 경우 관세는 다음과 같습니다.

(제품가격 500달러+운송료 100달러+보험료 0원)×1천 원×5%
= 관세 3만 원

관세 계산은 일반적으로 가격이 기준이지만, 제품에 따라 수량을 기준으로 책정하기도 합니다. 가격을 기준으로 책정하는 관세를 종가세, 수량을 기준으로 책정하는 관세를 종량세라고 하며, HS CODE를 통해서 확인할 수 있습니다.

참고로 부가세는 '(과세가격+관세)×10%'로 계산합니다. 예를 들어 과세가격이 60만 원이고 관세가 3만 원인 경우 '(60만 원+3만 원)×10%'인 6만 3천 원의 부가세가 발생함을 알 수 있습니다.

수입하면 관세가 붙지만
면세도 가능하다

제품을 수입하면 보통 관세를 부과합니다. 하지만 경우에 따라서는 수입일지라도 관세가 면제되기도 하는데 이것을 면세라고 합니다.

면세가 되는 경우

면세가 되는 경우로는 수출되었다가 수리를 하기 위해 들어오는 제품, 우리나라 거주자가 받는 소액물품 중 총 가격이 150달러 이하로 자가 사용인 경우, 샘플 등으로 과세가격이 250달러 이하인 경우가 있습니다. 여기서 150달러는 개인에 대한 것이고, 샘플 250달러는 기업에 대한 것으로 이해하면 됩니다. 참고로 면세가 되는 과세가격과 대상은 변동될 수 있으므로 자세한 면세가격과 면세내용은 관세사나 세관에 문의하도록 합니다.

CASE 면세가 되는 경우

1│수출했던 제품이 수리하기 위해 들어오는 경우

한국에서 용접기를 생산하는 L사는 인도의 S사에 용접기 10대를 수출했습니다. 그런데 10대 중 2대가 사용하다 고장이 났고, S사는 L사에 수리를 요청했습니다. L사는 무상으로 수리를 해주기로 하고 2대를 수입했습니다. 관세사에서는 수리 후 재반출로 해서 면세가 될 수 있는데, 면세를 적용받으려면 사유서를 작성해 세관에 제출해야 한다고 했습니다. 또 일정액의 담보금을 세관에 내야 한다고 했습니다. 담보금은 수리한 제품을 S사로 보내고 난 후 세관에 신고를 하면 돌려받을 수 있다고 합니다.

세관에 제출할 사유서에는 제품이 수입되는 이유와 수리를 완료해서 언제쯤 다시 보낼지 대략적인 날짜, 사유서를 작성하는 업체의 이름을 적고 명판 도장을 찍으면 된다고 합니다. 관세사를 통해 사유서 등의 서류를 제출해 수입신고를 하고, 담보금을 관세사를 통해 납부한 이후 L사는 화물을 인수했습니다.

용접기 2대의 수리를 마친 L사는 '수리하기 위해 수입했던 제품이 수리가 완료되어 다시 수출한다'고 세관에 신고했고, 수출을 완료한 후 세관은 담보금을 L사의 통장으로 입금했습니다. 이것을 도표로 그리면 다음과 같습니다.

| 수리하기 위해 수입했을 때 |

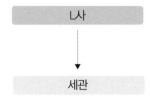

L사는 세관에 사유서를 제출해 수입신고를 하고 담보금을 납부합니다. 통관이 완료되면 화물을 인수합니다.

• 수입 시 사유서 작성: 사유서는 제목을 사유서로 하고 작성날짜, 작성업체, 담당자의 이름과 연락처, 수입제품, 수입하는 이유, 예상 수출날짜 등을 작성해 회사 명판과 도장을 찍으면 됩니다.

| 수리가 완료되어 수출 시 |

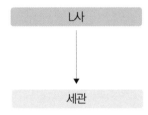

수리를 완료하면 L사는 다시 사유서와 제품을 수입할 당시에 받았던 수입신고필증 등의 서류를 세관에 제출해 수출신고를 합니다.
수출을 완료하면 일정기간 후 세관에서는 L사가 납부했던 담보금을 L사의 통장으로 입금합니다.

• 수출 시 사유서 작성: 수리를 완료해 수출할 때도 사유서를 작성해 세관에 제출합니다. 이때 사유서에는 '수리하기 위해 들어온 제품이 수리가 완료되어 수출한다'라는 내용이 들어가면 됩니다. 자세한 내용은 세관이나 관세사에 문의합니다.

2 | 우리나라 거주자가 받는 소액물품 중 총가격이 150달러 이하로 판매 목적이 아닌 경우

철수 씨는 해외 쇼핑몰을 검색하던 중 조카에게 줄 괜찮은 장난감 하나를 찾았습니다. 가격은 30달러이고 운송료는 10달러이며 보험은 들지 않을 예정입니다. 면세가 될지 어떨지 일단 철수 씨는 과세가격을 계산해봤습니다.

과세가격이므로 '운송료+보험료+제품가격'이고 계산을 해보니 40달러가 나왔습니다. 개인면세의 한도가 150달러 이하이므로 철수 씨는 수입하려는 장난감이 면세가 된다는 것을 확인할 수 있었습니다.

> **TIP**
>
> ### 법령에서 면세되는 경우 확인하기
>
> 면세가 되는 경우를 확인하기 위해서는 관세법 97조·99조, 관세법 시행규칙 제50조 1항의 22를 찾아봅니다. 관세 관련 법령은 관세법령정보포털(unipass.customs.go.kr/clip)에서 해당 법을 검색해 찾을 수 있습니다.

관세청 홈페이지에서 고시환율을 확인하는 방법

외화로 수입하는 제품의 원화가격을 계산하기 위해서는 환율을 알고 있어야 합니다. 수입 관련한 환율은 관세청에서 공지하는데, 다음은 관세청에서 공지하는 환율을 찾는 방법입니다. 관세청 홈페이지를 통해 유니패스에서 검색하면 됩니다.

유니패스에서 관세 등 간략한 통관정보 확인하기

① 관세청 홈페이지 중앙 오른쪽에 '관세환율정보'가 있습니다. 환율은 일주일 단위로 고시하는데, 수출과 수입 쪽에 기재되어 있는 환율이 일주일간의 환율입니다. 지난 환율이나 기타 여러 나라 환율을 알아보기 위해 수입 바로 아래 있는 '관세환율 더보기'를 클릭합니다.

② '주간환율'에서 기준일자를 표시하고 '환율구분'은 수입(과세)으로 하며 '조회'를 클릭합니다(참고로 여기서는 기준일자를 2019년 8월 6일로 해봤습니다).

③ 검색한 여러 나라 환율 중 미국 달러 환율을 관세 계산 등에 적용합니다.

53	슬로바키아	SKK	44.22	44.19	0.03	Slovak Koruna
54	태국	THB	38.72	38.49	0.23	Baht
55	터키	TRY	213.55	209.11	4.44	Turkish Lira
56	대만	TWD	38.41	38.3	0.11	New Taiwan Dollar
57	미국	USD	1,195.43	1,188.86	6.57	US Dollar
58	베트남	VND	0.0515	0.0513	0.0002	Dong
59	남아프리카공화국	ZAR	83.66	85.41	-1.75	Rand

일반회사는 부가세 환급,
무역회사는 관세 환급

국가는 세금을 징수만 하는 것이 아니라 경우에 따라서는 받은 세금을 돌려주기도 합니다. 이와 같이 납부한 세금을 돌려주는 것을 환급이라 하며 개인은 연말정산을 통해, 일반회사는 부가세 환급을 통해 세금을 돌려받습니다. 무역회사는 부가세 환급 외에 수입 시 납부한 관세를 돌려받기도 하는데, 이것을 관세 환급이라고 합니다.

관세 환급은 수출기업을 지원하기 위한 지원사업 중 하나입니다. 수출제품을 생산하기 위해 필요한 부품을 수입할 때 관세를 세관에 납부한 경우, 나중에 수입한 부품으로 조립한 제품을 수출하면 납부한 수입관세를 환급받을 수 있습니다.

관세 환급방법에는 개별환급과 간이정액환급이 있습니다.

여러 서류가 필요한 개별환급

개별환급은 관세 환급방법 중 하나로 수출제품에 사용한 수입부품의 수량 등을 기준으로 환급해주는 것을 말합니다.

CASE 개별환급의 사례

용접기를 생산해 수출하는 A사는 수출 용접기를 생산할 부품을 중국에서 수입했습니다. 총 100개의 부품을 수입했고, 수입관세로 100만 원을 납부했습니다. 중국에서 수입한 100개의 부품 중 80개를 사용해 수출 용접기를 생산해 수출했습니다. 수출 후에 환급과 관련된 서류를 작성해 세관에 제출했고, 부품 80개에 대한 수입관세를 환급받았습니다.

개별환급을 받기 위해서는 개별환급 신청서, 수입관세를 납부했음을 증명하는 서류(보통은 수입신고필증), 소요량증명서(실제로 수출제품에 사용된 양을 증명하는 서류로 외국환은행에서 발행), 기타 관세청장이 정한 서류 등을 준비해야 합니다. 자세한 것은 세관이나 관세사에게 문의합니다.

간이정액환급으로 간단하고 쉽게 끝내기

개별환급을 받기 위해서는 여러 서류를 챙겨서 제출해야 합니다. 또 실제로 수입제품을 사용한 양(소요량)도 계산해 개별환급 신청 시 제출해야 하는데, 소요량은 세관에서 정한 여러 가지 계산방법 중 해당하는 것을 적용해 계산해야 합니다.

이렇듯이 개별환급은 약간은 복잡하기도 하고 생소하다는 이유로 많은 기업들이 환급을 포기합니다. 기업의 이러한 애로사항을 감안해 개별환급보다 간단하고 쉽게(간이) 정부에서 정한 금액(정액)으로 관세를 돌려받을(환급) 수 있도록 나온 것이 '간이정액환급'입니다.

간이정액환급의 방법과 요건

간이정액환급은 정부에서 정한 일정한 요건이 되는 업체만이 받을 수 있으며, 또 정부에서 정한 품목에 한해서 받을 수 있습니다. 간이정액환급을 받을 수 있는 품목은 정부에서 고시하는 '간이정액환급 율표'에서 확인할 수 있습니다.

간이정액환급율표 찾는 방법

① 각종 법령정보가 있는 국가법령정보센터(www.law.go.kr)를 검색해서 클릭합니다. 이후 검색창에서 ∨ 모양을 눌러 '행정규칙'이 나오게 한 후 '간이정액환급'을 입력하여 검색합니다.

② 검색해서 나온 '간이정액환급률표'를 클릭합니다.
③ 이후 상단의 첨부파일을 클릭하여 간이정액환급률표의 내용을 확인합니다.

- **간이정액환급 대상:** 중소기업으로 직전 2년간 매년도 환급실적이 6억 원 이하인 업체입니다. 예를 들어 중소기업이면서 2020년에 환급받으려 할 경우, 2018년과 2019년에 환급을 받은 금액이 6억 원 이하이면 간이정액환급 대상이 됩니다(자세한 것은 거래 관세사나 관세청 등에 문의하도록 합니다).

- **간이정액환급 방법:** 간이정액환급 대상인 업체가 간이정액환급율표에 나와 있는 제품을 수출한 경우, 수출신고필증 등으로 수출을 증명하면 환급받을 수 있습니다. 환급액은 '수출금액(FOB) 1만 원당 얼마' 식으로 간이정액환급율표에 정해져 있습니다. 수출금액(FOB)에서 FOB는 수입지 항구나 공항까지의 운송료를 포함하지 않은 수출액을 의미합니다. 수출금액(FOB)은 수출신고필증 40번에 있는 총신고가격(FOB)에 표시되어 있습니다.

CASE 간이정액환급

간이정액환급 대상업체인 B사는 HS CODE가 1604.19-1010인 꽁치를 수출했고, 수입지 항구나 공항까지 운송료를 포함하지 않은 수출금액, 즉 수출신고필증상의 총신고가격(FOB)이 100만 원입니다. 간이정액환급율표상의 1604.19-1010의 환급액은 수출금액(FOB) 1만 원당 150원입니다. 수출금액을 기준으로 환급액을 계산해보니 1만 5천 원(100×150)이 나왔습니다.

중계무역과 반송통관의
개념을 확실히 하자

제품을 해외로 보낼 때는 수출신고를 하고, 해외의 제품을 국내로 들여올 때는 수입신고를 합니다. 수입 시 바이어는 각종 서류를 제출해 수입신고를 하는데, 수입신고를 하기 전에 제품에 흠이 있거나 기타의 이유로 바이어가 제품을 해외로 다시 보내는 경우가 있습니다. 일종의 반송인 것이지요. 이와 같이 수입통관 전에 반송을 시키는 경우 반송에 대한 신고를 해야 할까요, 하지 않아도 될까요?

물론 반송하는 경우에도 반드시 신고를 해야 합니다. 해외로 나가거나 들어오는 모든 제품은 반드시 세관에 신고를 해야 하며, 반송도 마찬가지로 신고를 해야 하는데 반송하기 위해 하는 신고를 반송신고라 합니다.

통관이 되어 국내로 들어온 것이 아닌 보세구역에 있다가 해외로 나가는 것도 수출입니다. 그래서 반송 시 수출신고와 유사하게 세관에 신고합니다.

중계무역과 반송신고

반송신고를 무역에 활용한 것이 중계무역입니다. 중계무역은 해외에 있는 제조자에게서 제품을 구매해 다른 나라에 있는 바이어에게 제품을 판매하는 것입니다. 해외의 제조자가 생산을 마치고 바이어에게 바로 제품을 보내는 경우, 인보이스와 패킹리스트는 중계무역상이 임의로 작성해도 되지만 B/L은 운송회사에서 발행하는 것으로 출항지 등을 중계무역상 마음대로 작성할 수 없습니다. 이 경우 B/L

과 같은 운송장에 제조자의 이름과 주소가 고스란히 노출됩니다.

그래서 B/L상에 있는 제조자의 이름과 연락처를 숨기기 위해 중계무역상은 일단 자기 나라로 제품을 수입합니다. 하지만 수입신고는 하지 않고 보세구역에서 반송신고를 해 선박 등에 제품을 실어서 바이어에게 보냅니다. 이때 출항지는 중계무역상의 나라이며 보내는 사람은 중계무역상으로 B/L에 기재되므로, 바이어에게는 제조자의 나라와 이름 등을 숨길 수 있는 것입니다.

- **운송 1**: 제조자는 중계무역상에게 제품을 보냅니다. B/L에는 보내는 사람(SHIPPER)이 제조자이고, 받는 사람(CONSIGNEE)이 중계무역상으로 되어 있습니다.
- **운송 2**: 제조자가 보낸 물건을 보세구역으로 옮기고, 중계무역상은 수입통관을 하지 않고 미리 준비해놓은 선박 등에 화물을 선적한 후 바이어에게 송부합니다. 이때 중계무역상은 선적을 하기 위해 반송통관을 진행합니다. 중계무역상은 보내는 사람(SHIPPER)이 중계무역상, 받는 사람(CONSIGNEE)이 바이어로 되어 있는 B/L을 바이어에게 보냅니다.

CASE 반송통관

한국의 중계무역상 B는 중국의 제조자 A와 TV를 구매하기로 계약을 맺었습니다. 구매계약을 맺은 TV는 중계무역상 B가 마진을 붙여서 미국에 있는 바이어 C에게 판매(수출)할 예정입니다. 제품을 중국에서 바이어 C가 있는 미국으로 바로 운송하면 B/L 때문에 제조자 A의 연락처가 고스란히 미국 바이어에게 노출될 수 있습니다. 고심 끝에 중계무역상 B는 반송통관을 통해 이 문제를 해결하기로 했습니다.

중계무역상 B는 제조자 A에게 한국으로 물건을 보내달라고 요청했습니다. 제조자 A는 중계무역상 B의 요청에 따라 한국으로 TV를 보냈습니다. 중계무역상 B는 한국의 보세구역에 도착한 TV를 반송신고했습니다. 그리고 나서 미리 포워더를 통해 예약해놓은 선박에 TV를 선적한 후 미국의 바이어 C에게 TV를 보냈습니다. 중계무역상 B는 보내는 사람이 중계무역상 자신이고, 출항지는 한국으로 되어 있는 B/L과 인보이스, 패킹리스트를 미국으로 보냈습니다.

어려운 통관은
관세사와 함께 진행하자

법과 규칙에 따라 진행하는 통관은 복잡하고 까다로운 부분이 많습니다. 그래서 관세사와 함께 업무를 진행하는 것이 수월할 때도 있습니다.

해외에서 수출되었다 수리를 하기 위해 들어오는 제품의 경우에는 수리를 한 후 재수출로 하면 면세가 됩니다. 면세를 받기 위해서는 수입 당시의 각종 서류를 세관에 제출해야 하는데, 처음 업무를 하는 경우에는 적잖이 부담이 됩니다. 이럴 때 관세사에게 문의하면 많은 도움을 받을 수 있습니다.

수출하거나 수입할 제품에 대한 HS CODE를 정할 때도 경험이 많은 관세사와 상의하는 것이 조금 더 정확합니다. 왜냐하면 HS CODE는 제품별로 대단히 세분화되어 있고, 비슷한 제품이라도 관세가 크게 차이 날 수 있기 때문입니다. 물론 관세청이나 관세청 홈페이지에서 적당한 HS CODE를 찾아볼 수도 있지만, 능력 있는 관세사를 통해서 정하는 것만큼 정확도가 높은 것은 아닙니다. 그런 점에서 능력 있는 포워더만큼 중요한 것이 능력 있는 관세사와 일하는 것입니다.

참고로 관세나 기타 세관에서 부과한 것에 이의를 제기할 경우에도 관세사가 업무를 대행합니다.

관세사 없이 직접 통관하는
자가통관

통관을 위한 수출이나 수입신고를 반드시 관세사를 통해서 해야 하는 것은 아닙니다. 수출입신고는 관세사를 통하지 않고 수출자나 바이어가 직접 할 수 있습니다. 이러한 통관을 자가통관이라고 합니다.

수출이나 수입신고는 인터넷으로 할 수 있는데, 인터넷으로 자가통
관을 하려면 세관의 사전승인을 받아야 합니다. 사전승인을 받은 무
역업체는 유니패스라는 관세청 사이트에서 수출입신고를 직접 하
고, 수출 혹은 수입신고필증을 유니패스에서 온라인으로 발급받을
수 있습니다.

　또 유니패스에서 수출입신고를 하려면 사전에 유니패스 이용승인
을 받아야 합니다. 승인에 대한 자세한 내용은 관세청(1544-1285)에
문의하도록 합니다.

정식통관과 간이통관의
차이점은 무엇일까?

수출입통관을 담당하는 세관에게 수출은 물건이 해외로 나가는 것이
고, 수입은 해외의 물건이 국내로 들어오는 것을 말합니다. 즉 내가
해외의 바이어에게 판매하는 것도 수출이고, 해외로 이주하기 위해
이삿짐을 보내는 것도 수출입니다. 반대로 해외의 쇼핑몰에서 구매
한 제품이 국내로 들여오는 것도 수입이고, 일반 여행객이 개인적으
로 쓰기 위해서 해외에서 구매한 것을 국내로 가지고 오는 것도 수입
입니다.

간단하고 쉬운 간이통관

원래의 통관이라면 수출자 혹은 바이어가 기본적으로 인보이스, 패

킹리스트, 그리고 B/L(혹은 AIRWAYBILL) 등을 세관에 제출해 수출입 신고를 하는데, 회사에 따라 직접 하거나 관세사를 통해서 합니다. 하지만 무역을 전혀 모르는 일반인들의 경우에는 이러한 수출입신고 방법을 알리가 없기 때문에 수출입통관에 필요한 HS CODE나 관세 는 잘 모릅니다. 그래서 국가에서는 예외적인 몇 가지 경우에 한해서 복잡하게 서류를 작성할 필요 없이 HS CODE를 모르더라도 수출입 신고를 간단하게 할 수 있도록 하고 있습니다.

수출자나 바이어가 인보이스, 패킹리스트, B/L 등을 세관에 제출 해 수출입신고를 하는 일반적 통관(정식통관)보다 간단하고 쉽게 수 출입신고를 한다고 해 이것을 간이통관이라고 합니다. 간이통관이 되는 경우는 휴대품, 탁송품, 별송품, 우편물 외에 여러 가지가 있습 니다. 자세한 것은 관세법령정보포털(unipass.customs.go.kr/clip)에 접속해 '법령정보'를 클릭한 후 관세법 241조 2항을 참조합니다.

TIP

휴대품, 탁송품, 별송품의 의미

• 휴대품: 승객이 기내 등에 휴대해오는 제품을 말합니다.
• 탁송품: 쿠리어 등을 통해서 보낸 제품을 말합니다.
• 별송품: 해외 이삿짐 등을 말할 수 있습니다. 예를 들어 철수가 미 국으로 이사를 가는데, 자신은 비행기를 타고 미국으로 먼저 가고 이삿짐은 배로 미국으로 보낸 경우, 이 이삿짐이 별송품입니다.

간단히 말해 정식신고로 정식통관되어 부과되는 세율이 정식세율이고, 간이신고로 간이통관되어 부과되는 세율이 간이세율입니다. 정식세율은 HS CODE로 확인해보면 알겠지만 제품별로 대단히 복잡하고 세밀하게 되어 있습니다. 이에 반해서 간이신고는 일반인들이 쉽게 수출입신고를 할 수 있도록 하기 위한 것이기 때문에 그 세율체계도 상당히 간단합니다.

예를 들어 냉장고의 정식세율은 200리터냐, 400리터냐, 직립형이냐에 따라 달라집니다. 이에 반해 간이세율에서 냉장고는 200리터냐 400리터냐의 구별 없이 20%입니다.

TIP

간이세율 확인방법

① 국가법령정보사이트(law.go.kr)에서 검색창을 별표서식으로 선택해 검색창에 간이세율을 입력 후 검색한다.

법제처는 우리나라의 모든 **법령정보**를 제공합니다.

별표서식 ∨	간이세율 × ※※ ▼	검색

② 검색된 간이세율을 클릭해서 관련 세율을 확인한다.

특송으로 받는 물건은
모두 목록통관?

특송이라고도 부르는 쿠리어는 택배처럼 원하는 곳까지 배송을 합니다. 차이가 있다면 택배는 국내에 한해서 배달을 하지만 특송은 나라에서 나라로 배송을 하며 택배처럼 해외에 있는 목적지까지 바로 배송합니다.

특송업체가 배송하는 제품도 당연히 수출입신고를 해야 합니다. 배송하는 제품의 가격에 따라 정식통관, 간이통관, 목록통관이 진행됩니다. 이에 대해 간략하게 설명하면 다음과 같습니다.

• 정식통관: 물품이 2천 달러를 초과하는 등의 경우 정식통관이 진행되므로 수출입신고용 인보이스, 패킹리스트 등을 제출해야 합니다. 참고로 자체 통관팀이 있는 쿠리어의 경우, 수출자가 인보이스, 패킹리스트 등을 제품과 함께 건네주면 쿠리어(특송) 통관팀에서 수출신고를 하며, 수입지에서도 특송의 통관팀에서 수입신고를 진행합니다.

• 간이통관: 배송하는 제품이 150달러를 초과하고 2천 달러 이하 등의 경우에는 간이신고를 통해 간이통관이 진행됩니다. 즉 바이어는 간이신고서를 제출하는 것으로 간이신고가 됩니다.

• 목록통관: 배송하는 물품이 150달러(미국발은 200달러) 이하이고 개인적으로 쓰거나 샘플 등인 경우에는 목록통관으로 진행합니다. 쿠리어가 150달러 이하인 제품의 목록을 작성해 세관에 제출하는 것으로 신고가 끝납니다. 즉 간이통관이나 정식통관처럼 보내는

사람이나 받는 사람이 통관을 위해 제출할 서류 없이 쿠리어가 제출하는 목록만으로 통관이 완료됩니다.

제품검사

쿠리어 이용 시 운송장에는 보내는 사람, 받는 사람, 제품명, 그리고 제품가격을 기재합니다. 세관은 물품가격에 따라 정식통관, 간이통관, 목록통관을 결정하고 관세를 부과합니다.

이런 이유로 간혹 관세가 적게 나오게 하거나 면세가 되게 하기 위해 제품가격을 낮춰 기재하기도 합니다. 이런 경우를 대비해 쿠리어가 자체적으로 X-RAY 투시기를 이용해 제품을 검사하고, 이후에 세관과 쿠리어가 제품을 무작위로 골라내 다시 검사하기도 합니다.

무역 전문가가 되는 길,
각종 무역법령 찾아보기

법이나 규칙 혹은 조례와 같은 것들은 규칙을 문서로 만든 것이고, 우리 생활의 많은 부분을 법과 규칙에 따라 운영합니다. 세관이 진행하는 통관절차도 모두 법이나 각종 규칙으로 정해져 있고, 세관은 거기에 따라 모든 통관절차를 진행합니다.

하지만 이러한 법이나 규칙 등은 그 종류도 많고 복잡하며, 용어가 어려워 선뜻 이해하기가 어렵습니다. 그래서 보통 관련 법을 익히고 찾아보기보다는 관세사나 다른 전문가에게 조언을 구해 해결하기도 합니다. 필요할 때마다 전문가에게 묻는 것도 좋지만, 한 번 정도는 무역에 관련된 법은 무엇이고 어떤 것이 있는지 직접 확인하는 것도 업무의 폭을 넓히는 좋은 방법입니다.

해외로 보내는 샘플과
카탈로그의 가격

무역회사에 있다 보면 카탈로그나 샘플 등을 해외로 보내야 하는 경우가 많은데, 이때 보통 쿠리어를 이용합니다. 샘플이나 카탈로그 등의 가격이 정해져 있다면 그 금액을 쿠리어 운송장인 WAYBILL에 쓰면 됩니다.

하지만 일반적으로 카탈로그는 팔기 위한 것이 아니기 때문에 금액이 정해져 있지 않아 WAYBILL을 작성할 때 금액을 어떻게 할까 약간 고민하게 되고, 샘플도 카탈로그와 마찬가지로 얼마로 해야 할지 금액 때문에 살짝 생각에 잠기기도 합니다. 만약 수출자가 카탈로그나 샘플의 금액을 너무 높게 쓰면 바이어가 관세를 내는 경우도 발생할 수 있습니다.

우리나라의 경우 샘플 등은 과세가격이 250달러일 때 면세가 되는데, 이것을 참고해 가격을 작성하는 것도 한 방법입니다. 필자의 경우에는 실무를 할 때 카탈로그는 1달러, 샘플은 관세를 내지 않는 범위에서 작성합니다.

직접 가져가는 전시물을
공항에서 통관하는 노하우

해외 전시회에 전시할 물품은 선박이나 항공기로 따로 보내거나, 자기가 타고 가는 비행기에 실어서 가져가는 방법이 있습니다. 선박이나 항공기로 따로 전시물을 보내는 경우, 현지에서 통관이 지체되어 전시회 당일에 전시를 하지 못하는 경우도 발생할 수 있습니다. 그래서 필자는 해외에 전시회가 있는 경우 전시물을 직접 가지고 가기(핸드캐리)도 합니다.

핸드캐리를 할 때는 간단한 인보이스를 작성해서 가지고 가면 편합니다. 인보이스에는 주로 사명과 간단한 제품명, 그리고 제품가격 등을 기재합니다. 보통 짐이 너무 많거나 조금 의심스럽다 싶으면 공항직원이 물건이 무엇인지 묻는 경우가 있습니다. 이때 적당한 가격을 기재한 인보이스를 보여주면 대부분 문제없이 보내줍니다. 물론 엿장수 마음처럼 세관원이 멋대로 제품가격을 책정해 관세를 부과하기도 하니 주의하도록 합니다.

화물 도착 전
수입통관하기

통관을 얼마나 신속하게 하느냐가 때로는 무역 경쟁력이 되기도 합니다. 그래서 세관에서는 무역회사의 편의를 위해 다양한 수입신고 방법을 개발하고 있습니다. 일반적으로 화물이 수입지에 도착한 후 CY나 보세창고 같은 보세구역으로 옮겨진 뒤에 수입신고를 할 수 있는 것으로 아는데, 수입 전에도 얼마든지 수입신고를 해 빨리 물건을 회수할 수 있습니다. 그러나 수입지인 우리나라에 도착한 후에야 신고할 수 있는 품목도 있으니 유의하시기 바랍니다.

각종 수입신고 방법

수입신고 방법에는 여러 가지가 있는데, 그중 대표적인 몇 가지만 설명해보겠습니다.

- 출항 전 신고: 수출지 항구나 공항에서 선박이나 항공기가 수입지로 출발하기 전 바이어가 미리 수입신고하는 것을 말합니다.
- 입항 전 신고: 수입제품을 실은 선박이나 비행기가 수입지 항구나 공항에 도착(입항)하기 전에 수입신고하는 것을 말합니다.
- 보세구역 도착 전 신고: 보세구역(CY나 CFS, 보세창고 등)에 제품이 반입되기 전에 수입신고하는 것을 말합니다.
- 보세구역 장치 후 신고: 수입지에 도착한 화물이 보세구역에 도착한 후에 수입신고하는 것을 말합니다.

수입통관 시 납부 비용은
통관자금 내역서를 확인한다

수입제품이 항구나 공항에 도착하면 관세사 혹은 포워더가 통관자금 내역서라는 것을 팩스나 이메일로 보내줍니다. 통관자금 내역서에는 바이어가 수입화물을 인수하기 위해서 지불해야 할 모든 비용의 내역이 기재되어 있습니다. 바이어는 이 모든 금액을 결제해야 물건을 찾을 수 있습니다.

TIP

통관자금 내역서에 기재되어 있는 내용

- 관세, 부가세: 통관 시 세관이 부과
- 운송료: 수입지 항구까지 운송료를 바이어가 부담하는 경우
- 통관수수료: 관세사가 통관을 대행할 경우
- 트럭운송료: 항구나 공항에서 바이어 창고까지 제품을 받기 위해서 트럭을 등을 이용하는데 포워더나 관세사를 통해서 트럭회사를 소개받는 경우
- 기타 비용

통관자금 내역서에 있는 관세 등은 아직 통관 전이기 때문에 확정된 것이 아니라 관세사가 임의로 계산한 금액입니다. 세관 등에 납부해야 할 금액이 부족하면 곤란하므로 보통 조금 여유롭게 청구하기도 합니다. 세관이 관세를 확정하고 관세사가 관세를 납부한 후 남는 금액이 있으면 바이어의 통장으로 입금시키거나 이월합니다. 즉 다

음 번 통관할 때 이월된 금액을 사용하는 것이지요.

포워더가 거래하는 관세사를 이용할 경우에 통관자금 내역서에 있는 금액을 포워더에게 보내면 포워더는 그 비용 중 관세, 부가세 및 통관수수료를 관세사에게 보내서 통관을 진행하게 합니다.

사례로 푸는 통관자금 내역서

다음 오른쪽 페이지의 자료는 통관부터 제품을 인수할 때까지 드는 비용인 통관자금 내역서의 샘플입니다.

① 운송회사가 ㈜미래기계에 보내는 통관자금 내역서로 바이어가 ㈜ 미래기계임을 알 수 있습니다.

② 화물운송선박(VESSEL)은 HANLA이고, 지금까지 운항횟수(VOY)는 700항차(700E)째입니다(항차는 선박운항 횟수를 말합니다).

③ 선적항(POL; Port of Loading)은 일본 나고야이고, 도착항(POD; Port of Dicharge)은 한국 부산입니다.

④ 화물의 무게는 4천kg이고, 화물의 크기는 총 23.9CBM입니다.

⑤ HOUSE B/L번호는 ADFS1233입니다.

⑥ MASTER B/L번호는 1234555A입니다.

운송료 견적

통관자금 내역				
① TO: ㈜미래기계 ② VESSEL/VOY: HANLA 700E ③ POL/POD: NAGOYA, APAN/BUSAN, KOREA ④ WEIGHT: 4,000KGS MEASUREMENT: 23.9CBM		⑤ H B/L NO. ADFS1233 ⑥ M B/L NO. 1234555A ⑦ ETD/ETA: 2019-08-14/2019-08-16 ⑧ PKG'S: 100PKG CONTAINER: 20'X1(FCL)		

운임	단가	환율	단가	부가세
⑨ OCEAN FREIGHT	USD300.00	KRW	KRW300,000	
BAF	USD84.00	1,000	KRW84,000	
WHARFAGE	KRW4,200		KRW4,200	
D/O CHARGE	USD50.00		KRW50,000	
CCF	KRW10,000		KRW10,000	
THC	KRW101,000		KRW101,000	
DOCUMENT FEE	KRW19,000		KRW19,000	
통관수수료	KRW30,000		KRW30,000	KRW3,000
운송료(부산→마산)	KRW400,000		KRW400,000	KRW40,000
관세	KRW1,000,000		KRW1,000,000	
부가세	KRW1,100,000		KRW1,100,000	
합계			KRW3,098,200	KRW43,000

⑦ 2019년 8월 14일에 일본 나고야에서 출항(ETD; Estimated Time of Departure)해 8월 16일에 부산에 도착(ETA; Estimated Time of Arrival)했습니다.

⑧ 수입제품의 총박스 수량(PKG)은 100박스(PKG)이고, 이것은 20피트 컨테이너 한 대(20'×1)로 운송되었고 FCL입니다.

⑨ 수입항까지 운송료(OCEAN FREIGHT)는 300달러이고, 유류할증료(BAF; Bunker Adjustment Factor)는 84달러입니다.

* 입항료(WHARFAGE)는 4,200원이며 D/O 발급 비용(D/O CHARGE)은 50달러, 그리고 포워더수수료(DOCUMENT FEE)는 1만 9천 원입니다. 통관수수료는 3만 원이고 부산항에서 회사가 있는 마산까지 트럭운송료는 40만 원입니다. 관세는 추정치로 약 100만 원이 나옵니다.

바이어가 요청하는
언더밸류는 거절하자

바이어가 수입신고를 하기 위해서는 수출자가 작성한 인보이스, 패킹리스트 등이 필요합니다. 인보이스에는 제품가격 등을 기재하는데, 세관은 인보이스에 있는 금액을 기준으로 관세를 부과합니다. 일부 몇몇 바이어의 경우에 수입관세를 낮추기 위해 인보이스 금액을 낮춰달라고 합니다. 이를 보통 언더밸류(Undervalue)라 합니다.

바이어가 요청하는 것이라 쉽게 거절하지 못하는 일부 수출자들이 정상적인 금액의 인보이스로 수출신고를 하고, 바이어에게는 언더밸류된 인보이스를 보내서 수입통관이 되도록 편법을 쓰기도 합니다. 하지만 이는 정상적인 방법은 아니므로 쓰지 않도록 해야 합니다.

이제 막 무역을 시작하는 사람이라면 FOB나 CIF와 같은 용어들을 많이 듣고 있을 겁니다. 이러한 용어들은 인코텀즈 혹은 가격조건이라는 것으로 수출입 시 발생하는 각종 비용과 위험 부담을 수출자는 어디서 어디까지, 또 바이어는 어디서 어디까지 책임질지 정해놓은 용어들입니다.

무역은 일반적인 국내 상거래와 달리 운송도 여러 단계로 나뉘고 갖가지 비용이 발생하며 국가와 국가를 넘나드는 거래이기 때문에 수출자나 바이어가 어디서 어디까지 비용이나 책임을 부담할지 미리 정하지 않으면 나중에 비용이나 책임 문제로 서로 갈등이 생길 수 있습니다. 비용이나 책임을 수출입 각 단계별로 나눈 것이 인코텀즈이고, 총 11개가 있습니다. 11개 인코텀즈 중에서 가장 많이 쓰는 것이 FOB, CIF, CFR 등입니다.

무역을 공부하거나 실무를 하고 있는 사람들이 대표적으로 어려워하는 것이 이 인코텀즈가 아닌가 합니다. 정리하자면 인코텀즈는 수출입프로세스에서 발생하는 갖가지 비용과 책임을 수출자와 바이어가 어느 선까지 부담할 것인지 규정한 것입니다. 바꿔 말해서 제품이 수출되고 수입되는 과정만 잘 이해하고 있다면 인코텀즈도 그리 넘기 어렵지는 않을 겁니다. 4장에서는 이론적인 의미의 인코텀즈와 실제 실무에서 쓰이는 사례를 통해 이론과 실제와의 괴리가 생기지 않도록 했습니다.

4장

비용과 책임 소재를 밝혀주는
인코텀즈

인코텀즈가 세상에 없다면
무역에 무슨 문제가 생길까?

제품은 수출되어 수입되기까지 다양한 과정을 거칩니다. 이 과정을
도표로 정리하면 다음과 같습니다.

| 선박운송의 경우 |

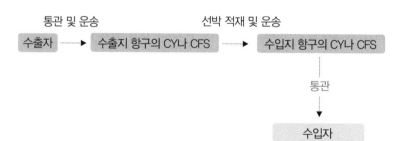

이와 같이 수입화물은 다양한 과정을 거쳐서 바이어에게 전달되는데 이때 트럭운송료, 통관수수료, 선박(항공)운송료, 관세, 통관수수료, D/O CHARGE 등의 각종 비용이 발생합니다. 또 공항이나 항구까지 운송한 컨테이너를 크레인으로 선박에 적재할 때, 선박이나 항공기로 운송 중일 때, 수입지에 도착해 다시 크레인으로 화물을 내릴 때, 보세창고에 화물을 반입할 때 등의 과정마다 화물이 파손되거나 기타 손상을 입을 확률이 있습니다.

비용과 책임 소재

이러한 다양한 비용과 어느 선까지 책임지고 운송할지에 대한 책임 문제는 수출입계약 시 수출자와 바이어가 협의해야 할 중요한 내용입니다. 예를 들어 바이어가 제품가격은 많이 깎았는데 수입비용이 너무 커 오히려 배보다 배꼽이 더 큰 상황이 되기도 합니다. 또한 수출자가 어디까지 책임지고 운송하는지 하는 책임 한계를 정하는 것도 참으로 중요한 문제입니다.

계약의 해석

이와 별도로 비용과 책임 내용을 어떻게 계약서에 표기하고 해석할 것인지 하는 문제도 발생합니다. 같은 나라에 살면서 같은 말을 쓰는 사람끼리도 오해를 하거나 자기에게 유리한 쪽으로 해석하기도 합니다. 우리말로 작성하는 계약서도 이해관계에 따라 자기에게 유리한 쪽으로 해석할 여지가 있는데 하물며 다른 나라 말인 영어로 작성할 때 발생할 수 있는 분쟁은 누구나 예상할 수 있습니다. 이러한 분쟁이 해결되지 않으면 극단적인 경우 소송까지 하기도 합니다.

이러한 분쟁이 발생하지 않기 위해서는 우선 계약서를 조심해서 세밀하게 작성해야 합니다. 또 계약된 내용을 서로에게 유리하게 해석하지 않도록 각 계약 내용이 의미하는 것을 정리한 해석집도 하나 작성해야 합니다.

CASE 계약서 해석에서 비롯되는 문제

'수출자는 항구까지 운송한다.'고 계약서에 작성할 경우, 항구라는 것이 수입지 항구인지 수출지 항구인지 애매하고, 항구까지라는 것이 CY를 뜻하는 것인지 CFS를 뜻하는 것인지 아니면 항구까지의 경계를 뜻하는지 모호합니다.
이것은 나중에 분쟁의 씨앗이 될 수 있으므로 '항구까지'라는 것은 반드시 항구의 어디를 이야기하는지 정확한 명칭이나 주소로 기재해 분란을 피해야 합니다. 이렇게 되면 계약서 하나를 작성하는 데도 상당히 까다로워지기 마련입니다.

이런 해석상의 문제 등을 해결하기 위해 국제상업회의소에서는 무역에 쓰는 용어를 제정했는데, 그것을 인코텀즈라고 합니다.

인코텀즈

인코텀즈(INCOTERMS)는 International Commercial TERMS를 의미합니다. 인코텀즈는 간단한 약어로 구성되는데, 각 약어는 수출자가 비용을 어디까지 부담하고 그 책임은 어디까지인지를 의미합니다(수출자의 비용과 책임이 끝난다면 그 이후부터는 수입자의 비용과 책임을 의미합니다). 수출자와 바이어는 서로 어디까지 비용과 책임을 부담할지 협의한 후 그 내용에 해당하는 인코텀즈를 골라서 계약서에 기재하면 됩니다.

무역에서 대표적으로 많이 쓰이는 인코텀즈 중에 FOB라는 것이 있습니다(참고로 FOB는 수출통관 시 총신고가격의 기준입니다). 이것은 Free On Board의 약자로 우리말로는 보통 본선인도가격이라고 합니다. FOB를 선택한다는 것은 수출자는 화물을 선적할 때까지 발생하는 비용만 지불하고, 선적한 이후 발생하는 비용은 바이어가 부담하겠다는 의미입니다. 또한 선적할 때까지 발생하는 화물의 손실은 수출자가 부담하지만, 선적한 이후 발생하는 위험은 바이어가 부담한다는 것을 뜻합니다.

이와 같이 간단한 약어로 복잡한 계약이 쉬워지므로 전 세계 무역에 종사하는 사람들 대부분은 인코텀즈를 실무에서 적용해 쓰고 있습니다. 참고로 인코텀즈는 수출입 시 발생하는 비용을 수출자가 어디까지 부담할지 인보이스나 견적서 등에 표시할 때도 씁니다. 그래서 인코텀즈를 가격조건(PRICE TERMS)이라고 하기도 합니다.

CASE 가격조건

FOB BUSAN USD10,000.00

- FOB: 수출자가 선박에 적재하기까지의 모든 비용을 내는 조건, 즉 수입지까지 선박운송료는 바이어가 부담하는 조건

- FOB BUSAN: 수출자가 부산항에 있는 선박에 적재하기까지의 모든 비용을 내는 조건
- FOB BUSAN USD10,000.00: 제품가격은 1만 달러이며, 수출자가 부산항에 있는 선박에 적재하기까지의 모든 비용을 부담하는 조건

수출입프로세스로
간단히 읽고 넘기는 인코텀즈

인코텀즈는 전 세계의 무역상황과 다양한 수출입형태를 모두 포괄해 만든 것입니다. 그래서 무역상황과 수출입형태를 잘 모르면 인코텀즈를 이해하는 데 어려움을 겪기도 합니다.

예를 들어 인코텀즈 중의 하나인 FOB는 해상운송이나 수로운송일 때 쓴다고 되어 있습니다. 그럼 여기서 수로운송이란 무엇일까요? 수로운송은 바다로 운송하는 해상운송과 달리 강을 이용해 화물을 운송하는 것을 말합니다. 대표적으로 유럽은 수로를 통해서도 화물을 운송합니다. 이와 같이 수로에 대한 이해가 없으면 FOB 자체에 대해 완전히 이해하기가 힘들겠지요. 또한 선박이나 항공기, 혹은 유럽처럼 여러 나라가 육로로 연결되어 국경을 트럭으로 넘나들 수 있는 수출입과정을 모르면 인코텀즈는 조금 어려울 수 있습니다.

인코텀즈 중 하나인 FAS를 예로 들어 설명해보겠습니다. FAS는 Free Alongside Ship의 약자로 우리말로는 보통 선측인도조건이라

고도 합니다. FAS인 경우 수출자는 화물을 선측, 즉 선박의 옆에 적재할 때까지 모든 비용과 책임을 부담하며 주로 벌크화물일 때 씁니다.

컨테이너는 길이는 서로 다르지만 폭이 똑같기 때문에 20피트 컨테이너든 40피트 컨테이너든 크레인으로 한 번에 선박까지 적재할 수 있습니다(인형뽑기 기계의 집게처럼 크레인도 컨테이너를 집어서 배에 적재하거나 배에서 컨테이너를 내립니다). 그래서 컨테이너가 선박과 아무리 멀리 떨어진 CY에 있다고 하더라도 크레인이 있으면 쉽게 선박에 선적할 수 있습니다.

하지만 벌크화물은 종류도 다양하고 크기도 제각각이라 컨테이너와 달리 한꺼번에 옮기기가 쉽지 않습니다. 그래서 적재를 편리하게 하기 위해 보통 선박이 정박하는 부두 근처에 쌓아둡니다. 벌크화물을 수출하는 사람이 선박이 정박하는 부두까지만 비용을 부담할 경우 선택할 수 있는 가격조건은 무엇일까요? 그렇습니다. FAS입니다.

이처럼 수출입과정을 먼저 확실히 알고 나서 가격조건을 접해야 이해가 쉽습니다.

선박운송과 항공운송의 수출입과정

우리나라의 경우 수출입운송에는 선박운송과 항공운송이 있습니다. 선박으로는 주로 컨테이너화물과 벌크화물을 운송합니다. 컨테이너화물은 FCL과 LCL로 나눌 수 있습니다. 다음은 운송별 수출입과정입니다.

| FCL의 수출입과정 |

수출자 ▶ CY 반입 ▶ 선박 ▶ 출항 및 도착 ▶ CY 반입 ▶ 바이어

* 반입: 옮겨놓는다는 말로 여기서는 CY에 컨테이너를 적재해둔다는 말입니다.

| LCL의 수출입과정 |

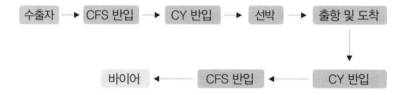

| 벌크화물의 수출입과정 |

싱가폴 ▶ 부두 ▶ 선박 ▶ 출항 및 도착 ▶ 부두 ▶ 바이어

| 항공운송에서의 수출입운송과정 |

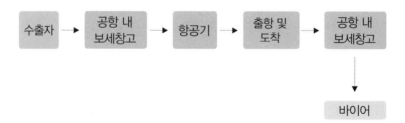

해상(수로)운송과 복합운송에서
쓰는 인코텀즈

우리나라에서 수출입할 수 있는 방법에는 선박을 이용한 해상운송과 항공기를 이용한 항공운송이 있습니다. 이와 달리 유럽의 나라들은 해상운송과 항공운송 외에 트럭을 통해 국경을 넘나드는 트럭운송과 수로운송으로 수출이나 수입을 하고 있습니다.

인코텀즈 혹은 가격조건

나라마다 이런 다양한 무역상황을 모두 고려해 만든 것이 인코텀즈 혹은 가격조건입니다. 인코텀즈는 총 11개의 조건으로 이루어지며, 이것은 해상(수로)운송에서 쓰는 조건 4개(FAS, FOB, CFR, CIF)와 해상·항공·육로 등을 포함한 모든 운송과 복합운송에서 쓰는 조건 7개 (EXW, FCA, CPT, CIP, DAP, DDP, DPU)로 구성됩니다. 여기서 복합운송은 영어로 Multimodal Transport라고 하며 선박, 트럭(혹은 기차) 등과 같은 여러 운송수단을 섞어 운송하는 것을 말합니다.

CASE 복합운송

말레이시아에 있는 제조자 A는 싱가폴 항구를 통해 미국으로 제품을 수출할 예정입니다. 말레이시아는 싱가폴과 다리로 연결되어 있기 때문에 제조자 A는 육로로 말레이시아에서 싱가폴까지 화물을 운송한 후 선박에 실어서 수출하기로 했습니다.

- 운송 1: 빈 컨테이너를 실은 트레일러가 싱가폴 국경을 넘어 말레이시아에 있는 제조자 A의 공장에 도착
- 운송 2: 컨테이너에 화물 적재 후 트레일러는 싱가폴로 이동
- 운송 3: 싱가폴에서 컨테이너를 선박에 실어 미국으로 수출

벌크화물의 프로세스를 알아야
FAS를 이해할 수 있다

여러분이 광물 수출상이라고 가정해보겠습니다. 수출영업을 열심히 잘해서 해외의 바이어에게서 엄청난 물량을 주문받고, 수입지까지 운송료는 바이어가 부담하기로 합니다. 광물은 배 한 척을 빌려서 한꺼번에 실어서 보내는 것이 비용 등 여러 가지 면에서 좋으므로 바이어는 운송회사와 용선계약을 하고 배를 빌립니다.

　마침내 수출준비를 마친 여러분은 벌크화물을 항구까지 운송합니다. 컨테이너화물은 항구의 CY나 CFS로 운송하지만 벌크화물은 벌크 전용 부두에 적재합니다. 바이어가 노미한 운송회사는 수출상인 여러분에게 벌크화물을 본인들이 이용하는 부산항 ○○부두에 갖다 달라고 해서 운송회사가 말한 ○○부두에 화물을 적재해둡니다. 여러분은 바이어와 계약할 때, 화물을 부두에 적재하고 그 적재비용까

지만 부담하겠다고 바이어와 합의했습니다. 즉 부두에 화물을 적재한 이후부터 발생하는 모든 비용과 책임은 바이어가 부담하기로 한 것입니다.

FAS(Free Alongside Ship)

앞에서 간단하게 예시로 설명한 대로 수출지에 있는 항구 부두 등에 화물을 적재하는 데 드는 비용과 책임을 수출자가 부담하는 것을 인코텀즈에서는 FAS라고 합니다.

FAS는 Free Alongside Ship의 약자로 수출자는 화물을 배 옆(Alongside Ship, 선측)에 두는 것으로 비용과 책임이 끝납니다(Free). 여기서 선측이라는 것은 선박이 정박하는 부두나 바지선을 의미합니다. 즉 FAS 조건일 때 광물 수출상인 여러분은 벌크화물을 운송회사가 지정하는 부두나 바지선에 적재하는 것으로 비용과 책임이 끝나는 것입니다.

FAS 조건일 때 수출자는 바지선이나 부두에 화물을 적재하면 책임과 비용이 끝납니다. 하지만 컨테이너화물일 경우 수출자는 CY나 CFS에서 바이어가 지정한 운송회사에게 화물을 인계하므로 FAS에서 요구하는 것과 맞지 않습니다. 그래서 인코텀즈를 제정한 국제상업회의소는 이러한 상황에 맞게 조건을 만들었는데 그것을 FCA라고 합니다(FCA는 '헷갈리는 FCA, 여기서 확실히 끝내자' 편을 참조하기 바랍니다). 일반적으로 FAS는 벌크일 때, FCA는 컨테이너일 때 사용하고 있습니다. 참고로 FAS에서 수출신고는 수출자가 합니다.

FAS BUSAN USD 10,000.00

광물 수출자 A가 미국의 바이어 B와 가격조건 'FAS BUSAN USD 10,000.00'로 해서 수출계약을 체결했습니다. 미국 바이어 B가 노미한 운송회사는 화물을 부산항 제5부두로 운송해달라고 했습니다. 제품준비를 완료한 수출자 A는 화물을 부산항의 제5부두로 보냈습니다. 제5부두에는 이미 미국 바이어 쪽에서 예약한 선박이 정박 중이었습니다. 부두에 화물을 적재하자 선박에 있는 크레인으로 벌크화물을 싣기 시작했습니다. 부두에 화물을 적재한 것으로 수출자 A의 비용과 책임이 끝나고, 이후 발생하는 모든 비용과 책임은 미국의 바이어 B가 부담합니다. 'FAS BUSAN USD 10,000.00'은 '제품가격은 1만 달러이며, 수출자는 부산항에 있는 운송회사가 지정한 부두에 적재하는 것까지 비용과 책임을 부담한다.'는 뜻입니다.

TIP

FAS의 표기

인코텀즈는 어느 지점까지 수출자가 비용과 책임을 부담할지 표시하는 것으로 보통 '가격조건+특정 위치'로 표기합니다. FAS의 경우 수로나 해상운송에 쓰이는 조건으로, 표기는 'FAS+선적항'입니다.
예) FAS BUSAN 혹은 FAS 5TH QUAY IN BUSAN, KOREA

FAS의 선측에 대해 이해하기

FAS에서 선측은 인코텀즈에서 부두나 바지선을 의미합니다. 즉 화물을 부두에 놓거나 바지선에 화물을 내려놓는 것으로 수출자의 비용은 끝나게 됩니다. 2019년에 나온 인코텀즈 2020의 그림 설명을 보면 화물을 실은 바지선이 바다에 떠 있는 배 옆, 즉 선측에 도달한 때 수출자의 비용과 책임이 끝난다고 설명하고 있습니다.

선적으로 끝나는
수출자의 비용과 책임, FOB

광물 수출상인 여러분은 처음에 FAS 조건으로 수출계약을 했으므로 부두에 화물을 적재하면서 책임과 비용이 끝났습니다. 그런데 바이어 쪽에서 최소한 배에 싣는 비용 정도는 수출자가 부담해야 하는 것이 아니냐며 앓는 소리를 합니다.

여러분에게는 처음으로 물건을 사준 고마운 바이어이므로 벌크화물을 적재할 때까지 드는 비용과 책임을 부담하기로 합니다. 즉 수출상의 책임과 비용이 FAS보다 조금 커지게 된 것입니다.

FOB(Free On Board)

'화물을 선박에 적재하는 데까지 드는 비용과 책임을 수출자가 부담한다.'를 인코텀즈로는 어떻게 표현할까요? 정답은 FOB입니다. FOB는 Free On Board의 약자로 화물을 선박에 적재(On Board)하는 것으로 수출자의 비용과 책임이 끝나는 것(Free)을 표시합니다. FOB는 무역에서 가장 많이 쓰는 가격조건 중 하나로 쉽게 말해 '운송료 별도'의 개념입니다. 선박에 적재는 수출자가 하지만, 그 이후 운송료 등은 바이어가 부담하는 것이 FOB입니다.

예를 들어 제품가격은 1만 달러이고 선박에 적재하는 비용은 수출자가 부담하고 수입지까지 운송료는 바이어가 부담하는 것을 가격조건으로는 'FOB USD 10,000.00'으로 표기합니다.

FOB와 벌크화물

FOB는 FAS보다 수출자의 책임과 비용이 조금 더 늘어나는 것으로 선박에 화물을 적재하면서 수출자의 책임과 비용이 끝나게 됩니다. 하지만 컨테이너화물의 경우, 일반적으로 운송회사가 지정한 CY나 CFS로 운송합니다. FOB 조건에서 수출자는 배 위에 화물을 적재하는 것으로 화물을 인도하는데, 컨테이너화물의 경우 CY 혹은 CFS에서 화물을 인도합니다. 따라서 컨테이너화물일 때는 FOB 조건을 쓰는 데 문제가 있습니다. 그래서 인코텀즈에서는 이 경우 FOB가 아닌 FCA라는 조건을 이용하도록 하고 있습니다(FCA는 '헷갈리는 FCA, 여기서 확실히 끝내자'에서 다시 설명하겠습니다).

FOB와 인코텀즈

인코텀즈는 다양한 무역상황이 망라되어 있고, 다양한 상황에 맞는 가격조건을 이용하도록 하고 있습니다. 하지만 실무에서는 그게 잘 되지 않습니다.

예를 들어 FOB는 수로나 해상운송에 쓰고, 컨테이너일 때는 FCA를 이용하도록 하지만, 실무에서는 바이어가 수입지까지 운송료를 부담하는 경우 모두 FOB로 씁니다. 즉 벌크화물일 때 운송료를 바이어가 부담하는 경우에도 FOB, 컨테이너화물일 때 운송료를 바이어가 부담해도 FOB, 심지어 항공으로 운송할 때 바이어가 운송료를 부담해도 FOB를 쓰는 해외업체가 있습니다.

이것이 이론과 현실의 차이입니다. 필자의 경우에도 벌크냐 컨테이너냐에 따라 'FOB를 쓰거나 FCA를 써야지.' 하고 생각하지 않고 그냥 FOB를 쓰기도 합니다. 가장 바람직한 형태는 인코텀즈에서 정리된 대로 하는 것이지만 원래 인코텀즈 자체가 분쟁을 줄이기 위한 목적으로 제정한 것이므로 무엇보다 중요한 것은 수출자와 바이어의 합의입니다. 참고로 FOB에서 수출신고는 수출자가 합니다.

TIP

FOB의 표기

FOB는 'FOB+선적항'으로 표기합니다. 예) FOB BUSAN

CFR, FOB에 수입지 항구까지
운송료가 포함된 것

여러분은 여전히 광물 수출상입니다. 처음부터 거래하던 바이어가 점점 많은 물량을 주문하고, 요구사항도 하나둘씩 늘어납니다.

처음에는 부두에 화물을 가져다놓으면 자기가 알아서 선적해서 가져가겠다(FAS)고 하다가, 조금 지나니 최소한 선박에 적재하는 비용은 수출상인 여러분이 내야(FOB) 하는 것이 아니냐고 합니다. 게다가 최근에는 자기는 여러분에게 큰 바이어이니 수입지의 운송료까지 부담해달라고 합니다.

CFR(Cost and Freight)

수입지까지의 운송료를 수출자인 여러분이 부담하는 것을 인코텀즈로는 어떻게 표기할까요? 바로 CFR입니다. CFR은 Cost and Freight의 약자로 수입지 항구까지 비용(Cost)과 운송료(Freight)를 수출상이 부담하는 조건입니다. 다만 화물을 선박에 적재하는 것으로 수출자인 여러분의 책임은 끝난다는 것이 CFR의 특징입니다. 즉 수입지까지의 비용과 운송료는 부담하지만 운송 중 일어나는 화재 등으로 인한 손해(책임)는 바이어가 부담한다는 겁니다(운송 중에 일어나는 화재 등의 손실을 피하기 위해 보통 바이어는 보험을 들기도 합니다).

CFR과 벌크화물

CFR에서 화물을 선박에 적재한다는 것은 바이어가 화물을 인수한다는 것이고, 이때 수출자의 책임이 끝나게 됩니다. 하지만 컨테이너화물의 경우 운송회사가 지정한 CY나 CFS에 화물을 반입하므로, 수출자는 선박이 아닌 CY나 CFS에서 화물을 인도하게 됩니다. 따라서 선박에서 바이어가 화물을 인수하는 CFR을 컨테이너화물에 쓰기에는 무리가 있습니다. 인코텀즈는 컨테이너화물일 때 CFR 대신에 CPT라는 조건을 쓰도록 하고 있습니다(CPT는 'CFR과 CPT는 어떻게 다른가?'에서 다시 설명하도록 하겠습니다).

하지만 실무에서는 컨테이너화물이든 벌크화물이든 수출자가 운송료를 부담하는 경우 일반적으로 CFR을 쓰고 있습니다. 앞서도 말했지만 무역을 할 때 가장 안전한 것은 인코텀즈에서 말하는 것을 지

키는 것이고, 가장 좋은 것은 수출자와 바이어의 합의입니다. 참고
로 수출신고는 수출자가 합니다.

CIF에서
보험은 기본이다

여러분은 여전히 광물 수출상이고, FAS 조건일 때부터 거래하던 바
이어와 거래를 계속하고 있습니다. 바이어의 요구조건이 계속 늘어
나더니 최근에는 운송 중인 화물을 위한 보험도 들어달라고 합니다.
이렇게 수입지까지 운송료와 운송화물에 대해 보험에 가입하는 것을
인코텀즈로는 CIF라고 합니다.

CIF(Cost, Insurance and Freight)

CIF는 Cost, Insurance and Freight의 약자로 수입지까지의 운송료
와 운송 중인 화물에 대한 보험가입 비용까지 수출자가 부담하는 조
건을 말합니다.

하지만 여러분의 책임은 FOB와 CFR과 마찬가지로 화물을 선적
함과 동시에 종료됩니다. CIF일 때 가입하는 보험은 바이어를 위한

것입니다. 즉 운송 중 사고가 생겨서 화물이 손상되면 보험금은 바이어가 받게 되는 것입니다. 참고로 수출신고는 수출상이 합니다.

적하보험

선박으로 운송 중인 화물을 적하(積荷)라고 하며 운송 중 화물에 대한 보험을 적하보험이라고 합니다. CIF인 경우 수출자는 적하보험에 가입합니다. 일반적으로 적하보험은 손해보험사에서 취급합니다. 보통 회사이름 다음에 ○○화재나 ○○손해보험이 붙은 회사가 손해보험사입니다.

CIF와 컨테이너화물

FOB나 CFR처럼 CIF도 선박에 화물을 적재해 인도하는 것으로 수출자의 책임이 끝납니다. 단, 수입지까지 운송료와 보험료는 수출자가 부담합니다. 하지만 컨테이너 화물의 경우, CY나 CFS에서 화물을 운송회사에게 인도하게 되므로 인코텀즈에서는 CIF 대신 CIP를 쓰도록 하고 있습니다(CIP는 '같으면서도 다른 CIF와 CIP'에서 다시 설명하도록 하겠습니다).

CIF 표기

CIF는 'CIF+수입지 도착항'으로 표기합니다. 예) CIF NAGOYA

수출자가 왕이다,
EXW

광물 수출상인 여러분은 최근 전 세계적으로 생산량이 적은 희토류 광산을 소유하게 되었습니다. 희토류가 필요한 전 세계 많은 업체들이 여러분에게 물건을 사려고 오더를 비처럼 뿌려댑니다. 여러분의 목에 힘이 좀 들어가자 나중에는 바이어에게 직접 여러분의 창고로 와서 화물을 인수해가라고 합니다.

EXW(EX Works)

이렇게 수출상의 창고나 공장에서 바이어가 화물을 직접 인수해가는 것을 인코텀즈에서는 EX Works라고 하며 줄여서 EXW로 부릅니다. 여기서 Works는 수출자의 작업장·공장·창고 등을 의미하며, 수출자의 작업장(Works) 밖에(EX) 화물을 준비해 바이어가 인수해갈 수 있도록 해놓는 것으로 수출자의 비용과 책임은 끝납니다. 즉 여러분은 바이어가 언제 물건을 찾으러온다고 하면 바이어가 트럭 등에 화물을 실을 수 있도록 창고에서 꺼내놓는 작업만 해놓으면 됩니다.

> **TIP**
>
> ### EXW 표기
>
> EXW는 'EXW+수출자가 지정한 장소'로 표기합니다. 예) EXW BORAM COMPANY'S WAREHOUSE IN KOREA

EXW의 한 가지 특징은 바이어가 여러분의 창고에서 화물을 인수할 때부터 발생하는 모든 비용을 부담하고, 수출신고도 바이어가 한다는 것입니다. 하지만 현실적으로 바이어가 수출자의 나라에서 수출신고를 하는 것은 쉽지 않은 일이고, 만약 통관상 문제가 생겼을 때 대응하는 것도 만만한 일이 아닙니다.

그래서 이론상으로는 바이어가 수출신고를 해야 한다고 하지만, 실무에서는 일단 수출자가 수출신고를 하고 수출신고 시 발생한 각종 비용을 수출자가 바이어로부터 정산받기도 합니다.

헷갈리는 FCA,
여기서 확실히 끝내자

FCA는 Free Carrier의 약자로 '수출자는 바이어가 노미한 운송회사(Carrier)에게 화물을 넘겨주는 것으로 비용과 책임이 끝난다(Free).'는 의미입니다. FCA를 이해하기 위해 일단 두 가지 상황으로 나누어 설명을 시작하겠습니다.

• 상황 1: 한국의 수출자 A는 말레이시아의 바이어 B와 수출계약을 맺었습니다. 계약을 할 때 바이어 B가 직접 수출자의 공장으로 가서 화물을 인수하기로 합니다. 그리고 나서 수출자는 자신의 공장으로 들어온 바이어의 트럭에 화물을 실어주는 것으로 책임과 비용이 끝나는 것으로 합의합니다.

- 상황 2: 한국의 수출자 A와 말레이시아의 바이어 B는 수입지까지의 운송료는 바이어 B가 부담하고, 수출자 A는 바이어가 지정한 장소까지 화물을 운송할 때 발생하는 비용과 책임을 부담하기로 합니다.

상황 1처럼 수출자가 운송회사의 트럭에 화물을 실어주거나, 상황 2처럼 바이어가 지정한 장소까지 화물을 운송할 때 비용과 책임이 끝나는 것을 가격조건으로 FCA라 합니다.

FCA와 EXW

상황 1처럼 수출자의 창고나 공장에서 바이어가 직접 화물을 인수한다는 점에서는 EXW는 FCA와 유사합니다. 하지만 EXW의 경우 수출자는 수출품을 포장하는 등의 수출준비만 해놓고 바이어가 화물을 찾아가도록 하기만 하면 됩니다. 하지만 FCA의 경우 수출자는 공장 마당에 있는 화물을 바이어의 트럭에 적재까지 해야 비용과 책임이 완료된다는 차이가 있습니다. 또한 EXW는 바이어가 수출신고를 하지만, FCA는 수출자가 수출신고를 해야 한다는 차이가 있습니다. 따라서 바이어가 통관에 부담을 느낄 경우에는 EXW보다는 FCA를 협의하는 것이 좋습니다.

참고로 여기에서 운송회사가 화물을 인수한다는 것은 상황 1처럼 수출자가 운송회사의 트럭에 화물을 실어주거나, 상황 2처럼 운송회사가 지정한 장소까지 수출자가 화물을 운송해 인도하는 것을 말합니다.

이제 대략적인 의미는 알았으니 예제로 FCA를 더욱 명확히 이해

해보도록 하겠습니다.

- 한국의 수출상 A는 말레이시아의 바이어 B와 중고자동차 수출계약을 맺었습니다. 가격조건은 'FCA EXPORTER'S WAREHOUSE IN KOREA'로 했습니다. 바이어는 수출자, 즉 EXPORTER의 한국 내 창고(WARESHOUSE)에서 화물을 인수하기로 했습니다. 수출준비가 완료되었고, 바이어는 화물을 인수하기 위해 수출자 A의 창고로 갔습니다. 수출자 A는 화물을 바이어가 노미한 운송회사 트럭에 적재했고, 비용과 책임이 완료되었습니다. 물론 FCA이므로 수출자 A는 수출통관을 완료한 상태입니다.

- 한국의 수출상 A는 말레이시아의 바이어 B와 중고자동차 수출계약을 맺고, 가격조건은 'FCA INCHON AIRPORT'로 했습니다. 즉 바이어는 인천공항에 있는 보세구역에서 화물을 인수하기로 합니다. 수출준비가 끝났고, 바이어 쪽의 운송회사에서 지정한 인천공항 내 보세창고까지 화물을 운송합니다. FCA이므로 보세창고에서 트럭에 화물을 실은 채로 바이어 쪽에서 화물을 내리기를 기다렸고, 이로써 수출자의 비용과 책임은 완료됩니다. 물론 FCA이므로 수출자 A는 수출통관을 완료한 상태입니다.

FCA와 FAS, 그리고 FOB

앞서 인코텀즈에서 컨테이너화물일 경우 FAS나 FOB보다는 FCA를 쓰도록 한다는 이야기를 했습니다. 왜냐하면 FAS는 선측까지, FOB는 본선까지 수출자가 화물을 운송해야 하는데, 컨테이너화물은 CY나 CFS에서 운송회사에게 화물을 인계하게 되므로 FAS나 FOB에서 요구하는 선측이나 본선인도를 충족할 수가 없습니다.

하지만 FCA는 운송인에게 화물을 인도하는 것으로 수출자의 책임과 비용이 끝나고, 컨테이너화물은 CY나 CFS에서 운송인에게 화물을 인계하기 때문에 FCA가 컨테이너화물에 적합합니다. FCA는 선박운송이나 항공운송을 포함한 모든 운송에 써도 되는 조건이므로 항공운송에서도 'FCA INCHON AIRPORT'와 같이 쓸 수 있습니다. 유럽은 국경이 맞닿은 나라가 많아서 트럭으로 화물을 다른 나라로 운송할 수 있는데, 이때도 FCA 조건을 사용할 수 있습니다.

TIP

FCA 표기

FCA는 'FCA+지정장소'로 표기합니다. 예) FCA INCHON AIRPORT

* 바이어가 운송료를 지불하는 경우, 바이어가 노미한 운송회사는 수출자에게 공항에 있는 ○○보세창고까지 화물을 보내달라고 합니다. 수출자는 운송회사가 요청하는 그 장소까지 화물을 운송하는 것으로 수출자의 책임과 비용이 끝납니다.

인코텀즈에서 지정하는 장소

인코텀즈에서는 가격조건 다음에 나오는 장소가 수출자의 비용과 책임이 끝나는 곳이므로 자세하게 그 장소를 표기하도록 하고 있습니다. 즉 'FCA INCHON AIRPORT'가 아니라 'FCA 4TH BONDED WAREHOUSE IN INCHON AIRPORT'와 같이 표기하라는 것입니다.

이 말은 계약을 맺거나 바이어가 주문을 할 때 이미 가격조건을 결정해야 하고, 운송회사가 지정한 장소를 가격조건과 함께 표기해야 한다는 뜻입니다. 하지만 실무에서 바이어가 항공운송료부터 부담하겠다고 하지만 아직 정해놓은 운송회사가 없거나 나중에 다른 운송회사로 바꾸는 경우에는 위와 같이 운송회사가 지정한 장소를 가격조건과 같이 기재하기 힘듭니다. 따라서 실무에서는 보통 'FCA INCHON AIRPORT' 정도로 간단하게 작성하기도 합니다. 앞서도 말했지만 인코텀즈를 따르는 것이 가장 좋지만 최선의 것은 '수출자와 바이어가 어떻게 합의하느냐'입니다.

CFR과 CPT는
어떻게 다른가?

FCA 조건에 수입지까지 운송료를 부담하는 것이 CPT입니다. CPT는 Carriage Paid To의 약자로 '지정된 장소까지 운송료를 수출자가 부담한다(Carriage Paid).'는 의미입니다. 실무에서는 보통 항공운송일 때 많이 사용하는데, 'CPT NAGOYA AIRPORT'라 하면 수출자는 나고야 공항까지의 운송료를 부담한다는 것입니다.

참고로 운송료는 지정된 목적지까지 부담하지만, 수출자의 책임은 운송인에게 화물을 넘길 때 완료됩니다. 즉 'CPT NAGOYA AIRPORT'인 경우 수출자는 나고야 공항까지의 운송료를 부담하지만, 책임은 운송회사에게 화물을 넘길 때 완료됩니다.

CPT 표기

CPT는 'CPT+지정장소'로 표기합니다. 예) CPT LA AIRPORT

CPT와 CFR

컨테이너화물일 때 인코텀즈에서는 CFR보다는 CPT를 쓰도록 하고 있습니다. 왜냐하면 CFR은 본선에 화물을 인도했을 때 수출자의 책임이 끝나지만, 컨테이너화물일 경우 수출자는 CY나 CFS에서 운송인에게 화물을 인도하므로 CFR 조건을 충족시킬 수 없습니다. 그래서 운송인에게 화물을 넘기면서 수출자의 책임이 끝나고, 지정장소까지 화물을 운송하면서 수출자의 비용이 끝나는 조건으로 만든 것이 CPT입니다. CPT는 FCA와 마찬가지로 모든 운송과 복합운송에 사용되는 조건입니다.

하지만 실무에서는 여전히 컨테이너화물과 항공화물에 CFR을 사용하고 있습니다. 참고로 CPT일 때 수출자는 수출통관을 완료해야 합니다.

같으면서도 다른
CIF와 CIP

CIP는 'CIP=CPT+보험료'로 간단히 말할 수 있습니다. 즉 CPT 조건에 수출자가 보험료를 지불하고 운송화물에 대한 보험에 가입하는 조건이 CIP입니다. CIP는 Carriage and Insurance Paid to의 약자로 '수출자는 지정장소까지(to 다음에 오는 장소)의 운송료(Carriage)와 보험가입을 위한 보험료(Insurance)를 지불한다(Paid).'는 의미입니다. 하지만 운송인에게 화물을 인도할 때 수출자의 책임은 완료됩니다.

예를 들어 'CIP NARITA AIRPORT'라 하면 수출자는 나리타 공항까지 운송료와 보험료를 부담하지만 운송회사가 지정한 보세구역에 화물을 인계하는 것으로 수출자의 책임이 완료됩니다.

참고로 CIP는 수출자가 적하보험을 가입하겠다는 의미이지만 보험금은 바이어가 받습니다. 그래서 실무에서 수출자는 보험료가 가장 싼 보험상품에 가입합니다. 이 경우 바이어는 수출자에게 최대한 보험혜택이 큰 보험에 가입하도록 요청하거나 자신이 추가로 보험에 가입하기도 합니다.

TIP

CIP 표기

CIP는 'CIP+지정장소'로 표기합니다. 예) CIP NARITA AIRPORT

CIP와 CIF

수입지까지 운송료와 보험료를 수출자가 부담하는 조건에는 CIP와 CIF가 있습니다. CIF는 본선에 수출자가 화물을 인계하도록 하고 있지만, 컨테이너화물은 CY나 CFS에서 화물을 운송인에게 전달합니다. 그래서 인코텀즈에서는 컨테이너화물의 경우에는 CIF 대신 CIP를 쓰도록 하고 있습니다.

하지만 실무에서는 컨테이너화물이든 항공운송이든 수입지까지 운송료와 보험료를 수출자가 부담하는 경우에 CIF를 사용합니다. 참고로 수출신고는 수출자가 합니다.

수출자에게 EXW가 있다면
수입자에겐 DDP가 있다

DDP는 Delivered Duty Paid라는 의미로 수출자는 바이어와 합의한 목적지까지 화물을 배송하고(Delivered), 수입신고를 수출자가 하며, 부과되는 관세(Duty)도 수출자가 부담하는(Paid) 조건입니다.

인코텀즈에서 수출자에게 가장 유리한 조건이 EXW라면, 바이어에게 가장 유리한 조건은 DDP입니다. 즉 'DDP IMPORTER'S WAREHOUSE'로 하면 수출자는 바이어의 창고까지 화물을 운송하고, 수입통관을 진행하며, 수입관세를 납부하면 비용과 책임이 끝납니다. 다만 목적지에 도착한 화물을 내리는 데 드는 비용과 책임은 바이어가 집니다.

필자가 아시아의 한 나라로 관광 겸 출장을 간 적이 있습니다. 업무를 마치고 ○○지역에 있는 △△공원으로 갈 일이 생겼습니다. 택시를 타고 가던 저는 그 나라의 언어를 몰라 제가 묵고 있던 호텔의 매니저에게 전화해서 △△공원에 내려야 하는데 택시기사에게 설명 좀 대신 해달라고 부탁했습니다. 그 후 목적지에 도착했으나 여전히 헤맸습니다. 장소는 거기가 맞지만 정문에서 내려야 하는데 후문에서 택시기사가 내려준 사실을 공원에 있는 사람들에게 물어서 알게 되었습니다.

마찬가지로 DDP 조건에서 지정한 목적지를 구체적으로 써놓지 않으면 저의 경우처럼 엉뚱한 곳에 수출자가 화물을 내려놓고 갈 수 있으므로 주의하도록 합니다.

DDP인데 통관은 수입자가 한다면
DAP를 이용한다

EXW하에서 바이어는 수출지에서 수출통관을 진행하고, 관세가 나오면 관세까지도 부담해야 합니다. 바이어가 수출통관 및 관세가 부담스러울 경우, 수출자와 협의해 FCA로 변경하거나 수출자가 수출통관과 관세를 납부하고 나중에 관련 비용을 바이어에게 정산받으면 됩니다.

EXW의 바이어와 마찬가지로 DDP에서 수출자는 수입통관이나 관세가 부담스러울 수 있습니다. 이때 일단 바이어가 수입통관 및 관세를 대납하고, 나중에 수출자에게 비용을 청구하거나 DAP라는 조건을 이용하면 됩니다. DAP는 Delivered At Place의 약자로 수출자와 합의해 지정된 장소에(At Place) 수출자가 화물을 배송(Delivered)하는 것으로 수출자의 책임과 비용이 끝납니다. 지정된 장소까지는 수출자가 배송하겠지만, 수입신고와 수입관세를 바이어가 부담하기 위해서는 DAP를 사용하면 됩니다.

DAP IMPORTER'S WAREHOUSE IN KOREA를 살펴봅시다. 이것은 한국에 있는 바이어 창고(IMPORTER'S WAREHOUSE)까지는 수출자가 비용을 부담하고, 바이어는 수입통관의 진행과 수입관세를 부담하겠다는 뜻입니다. 참고로 지정한 목적지까지 도착하면 화물을 내리는 데 드는 비용과 책임은 바이어가 부담합니다.

인코텀즈 2020의
뉴페이스 DPU

수출지에서 선박이나 항공기에 실은 화물은 수입지 항구나 공항에 도착합니다. 이후 수출자는 수입지의 특정장소까지 화물을 배송해 내려놓을 때까지 비용과 책임을 부담하기로 합니다. 즉 화물을 수출자와 수입자가 합의한 특정한 장소에 양하한(내려놓은) 이후 발생하는 모든 비용과 책임을 수입자가 부담한다는 것을 인코텀즈에서는 DPU라고 합니다. DPU는 Delivered at Place Unloaded의 약자로, 도착지(Delivered at Place)에 화물을 양하, 즉 내려놓는(Unloaded) 조건을 말합니다. 결론적으로 'DAP+양하'의 개념이 DPU라고 보면 되겠습니다. 참고로 수출자는 수출통관만 하고 수입통관은 수입자가 진행합니다.

DPU 표기

인코텀즈에서 DPU는 'DPU+지정목적지(NAMED PLACE OF DESTINATION)'로 하고 있습니다. 예) DPU BUSAN이나 DPU 지정목적지

인코텀즈 2020의 새로운 내용

인코텀즈는 10년에 한 번씩 개정하는데, 2019년에 인코텀즈 2020이 나왔고, 그때 새로이 발표된 것이 DPU입니다. 인코텀즈 2010에 있던 DAT가 없어지고 2020에 DPU가 신설되었습니다.

참고로 인코텀즈 2020에서 또 다른 새로운 내용이라면 FCA의 경우 선적선하증권(SHIPPED B/L) 혹은 적재선하증권(ON BOARD B/L) 발행을 요구할 수 있다는 것입니다. FCA에서 컨테이너화물은 배에 바로 실어서(ON BOARD 혹은 SHIPPED) 선박운송회사에 화물을 넘기는 것이 아니라 선박운송회사의 CY에서 화물을 인계한다는 것입니다. 다시 말해 선박운송회사가 CY에서 화물을 인수해(RECEIVED) 이후 화물을 배에 적재하기 때문에 선박회사는 인수선하증권(RECEIVED B/L)을 발행합니다.

문제는 신용장 네고 시 은행은 선적(SHIPPED) 혹은 적재(ON BOARD) 선하증권(B/L)을 요구한다는 것입니다. 그런 이유로 이번 인코텀즈

2020에서는 FCA일 때, 수출자와 수입자가 합의 시 수입자는 운송회사에게 적재 혹은 선적선하증권을 발행하도록 지시하고 있습니다.

하지만 국내에서는 컨테이너화물과 같이 FCA를 써야 하는 상황에서도 FOB를 많이 쓰고 그러한 이유로 적재선하증권이 발행되고 있음을 참고하도록 합니다.

통관에도 쓰이는 인코텀즈,
FOB가격과 CIF가격

수출신고필증과 수입신고필증을 보면 우리가 앞에서 살펴봤던 인코텀즈가 들어가 있습니다. 바로 수출신고필증의 총신고가격(FOB)과 수입신고필증의 총과세가격(CIF)입니다.

수출신고필증과 총신고가격(FOB)

수출신고필증을 보면 신고가격(FOB)과 총신고가격(FOB)이 있습니다. "수출하는 제품의 금액이 얼마입니다."라고 세관에 신고한 수출신고필증에 신고가격(FOB)이 기재되는데 제품가격은 FOB, 즉 수입지까지 운송료는 제외한 가격입니다.

또 수출하는 제품의 수량이 엄청나게 많아서 수출신고필증 한 장에 다 기재하지 못할 경우 여러 장에 나눠서 기재합니다. 이 경우 발행된 수출신고필증이 총 두 장이면 첫 번째 장은 'Page: 1/2'로 두 번째 장은 'Page: 2/2'로 신고필증 하단에 기재됩니다.

각 페이지마다 제품에 대한 신고가격을 기재하는데, 이 신고가격의 총합은 제일 첫 장의 총신고가격(FOB)에 기재합니다. 참고로 수출실적은 FOB가격이 기준입니다.

수입신고필증과 총과세가격(CIF)

수입통관을 완료하면 받을 수 있는 수입신고필증에는 과세가격(CIF)과 총과세가격(CIF)이 있습니다. CIF는 아시다시피 수입지까지의 운송료와 보험료를 수출자가 부담하는 것으로 바이어는 '제품가격+운송료+보험료'의 총합을 수입통관 때 신고합니다. 이것을 관세를 부과하기 위해 기준이 되는 가격, 즉 과세가격이라 합니다. 또한 과세가격에 관세율을 곱한 것이 관세입니다.

TIP

관세 계산법

과세가격이 100만 원이고 관세율이 5%이면, 관세가 5만 원(100만 원×5%)이 나오는 것을 알 수 있습니다.

수입하는 제품의 종류가 워낙 많아서 수입신고필증 한 장에 다 쓰지 못할 때는 여러 장에 나눠서 기재합니다. 수출신고필증과 마찬가지로 페이지는 발행되는 수량에 따라 1/2, 2/2 이렇게 나가는데 각 장에는 각 제품에 대한 과세가격을 기재합니다. 또 이 과세가격의 총합은 수입신고필증 첫 장에 있는 총과세가격(CIF)에 기재합니다.

무역분쟁에서
중요한 것은 상호이해다

친한 친구 간에도 의견 차이로 다툴 수 있습니다. 친한 친구라 하면 서로 마음이 잘 통할 텐데도 말입니다. 무역을 하면서도 다양한 의견 충돌이나 분쟁이 있을 수 있습니다. 물론 서로가 원한 상황은 아니지만, 극단적으로 소송이나 중재기관에 중재를 요청하는 등 얼굴을 붉히는 경우도 많습니다. 이러한 분쟁이나 갈등을 조금이라도 줄이려는 취지에서 인코텀즈가 나왔고, 각 인코텀즈 표기마다 그것이 의미하는 비용과 책임에 대해서 세세하게 설명이 되어 있습니다. 인코텀즈는 모든 무역프로세스를 포함하고 있지만, 현실적으로 인코텀즈를 세세하게 읽고 업무를 하는 사람은 그렇게 많지 않습니다. 즉 나는 정확하게 인코텀즈대로 업무를 했지만 상대 쪽에서 틀리는 경우도 발생할 수 있습니다.

나는 인코텀즈대로 정확하게 했으니 소송이나 중재기관을 가더라도 문제없다고 자신할 수 있지만, 이는 비용도 많이 들고 시간도 많이 걸리는 어려운 과정입니다. 또 소송을 할 정도로 무역업체가 그렇게 여유롭지 못합니다.

따라서 가장 좋은 것은 서로 양보를 통해 타협점을 찾는 것이고, '이놈이 나를 속여먹으려고 하고 있네.' 하는 식으로 감정의 골이 쌓이지 않도록 평소 이해관계를 돈독히 하는 것이 좋습니다. 그렇게 할 때 무역분쟁도 가벼운 에피소드로 끝낼 수 있다는 것이 필자의 생각입니다.

무역에서 대표적인 결제방법으로 T/T, L/C, D/P, D/A가 있습니다. 여기서 T/T는 일종의 송금입니다. 보통 결제는 계약금으로 30%, 나머지 70%는 제품을 받고 결제합니다. 하지만 금액이 적으면 100% 현금을 요구하기도 합니다. 이 경우 바이어가 돈이 없거나 수출자를 완전히 믿는 상황이 아니라면 어떻게 할까요? 그렇게 해서 나온 것이 L/C, 즉 우리말로는 신용장이라는 것입니다. 신용장은 은행이 바이어를 대신해 물건값을 결제하겠다는 증서입니다. 수출자는 믿을만한 은행의 보증서를 믿고 제품을 수출하고, 바이어는 수출자가 물건을 보내기 전까지는 결제를 미룰 수 있어 서로에게 좋습니다.

보통 무역을 공부하는 학생들이 어려워하는 것이 D/P와 D/A입니다. D/P와 D/A는 일종의 외상입니다. L/C는 수출자와 바이어 사이에 은행이 끼어서 결제를 보증하는 것이지만 D/P나 D/A의 경우 바이어가 언제까지 송금하겠다고 이야기하면 수출자는 바이어의 말만 믿고 제품을 수출합니다.

5장에서는 은행을 통해서 L/C를 개설한 후 수출자가 대금을 회수하는 실무적인 방법에 대해서 설명합니다. 그동안 D/P와 D/A에 대해서 제대로 이해하지 못한 독자라면 5장에서 그 내용을 제대로 이해할 수 있을 겁니다.

5장

무역실무의 완성은
결제다

은행직원과 친해야
무역업무가 편하다

돈이 해외로 나가거나 국내로 들어올 때는 보통 은행을 통하도록 국
가에서 정했습니다. 물론 해외로 여행을 가거나 출장을 갈 때 외화를
가지고 나가거나 들어오기도 하는데, 이 경우에도 세관에 신고해야
합니다.

은행을 통해서 해외로 송금을 할 때 가지고 있는 외화가 없으면 은
행에서 사야 합니다. 외화를 살 때는 환율을 주목해야 합니다. 환율
은 매일 매 시간 변하기 때문에 외화를 살 때 꼭 확인해야 합니다.
즉 오전에는 1달러를 사기 위해서 1천 원이면 되는 것이, 오후가 되
니까 1달러를 사기 위해서는 1,200원을 줘야 한다면(환율이 올랐다면)
송금하는 입장에서는 200원 손해를 보는 것입니다.

송금을 하기 위해 은행에서 외화를 사는 경우 외화를 담당하는 직원들이 일정 정도 환율을 낮게 해주기도 하는데, 이것을 '우대'라고 합니다. 또 은행을 통해서 환전 외에 각종 무역과 관련한 대출 등을 받기도 합니다. 환율우대를 받는다든지, 대출을 받을 때 유리한 방법을 소개받는 등 평소 은행직원과 좋은 관계를 유지하면 여러 가지 면에서 도움을 받을 수 있을 겁니다.

무역의 결제방법은
왜 알아야 하나?

일반적으로 물건을 살 때 현금 혹은 신용카드로 결제를 하거나, 아는 사람이나 은행에서 돈을 빌리기도 합니다. 또 지금 돈이 없을 때는 외상으로 일단 물건을 받고 나중에 결제하기도 합니다. 어음으로 일정기간 후에 갚겠다는 문서를 작성해서 물건을 파는 사람에게 돈 대신 주기도 합니다. 경우에 따라서는 물건을 받기 전에 물건값의 30%를 현금으로 주고, 물건을 받고 나머지 70%를 현금 혹은 어음을 주는 것과 같이 섞어서 결제하기도 합니다.

이와 같이 국내에서 하는 결제에는 다양한 방법이 있고, 이러한 방법을 알고 있어야 자신의 상황에 맞게 효율적으로 응용할 수가 있습니다. 즉 정말 괜찮은 물건이 있는데, 현금결제만 알고 다른 결제방법은 한 번도 해본 적이 없고 잘 알지도 못한다면, 좋은 제품을 살 기회를 놓칠 수 있습니다. 반대로 판매자 입장에서도 제품을 팔 기회를 놓치는 것이지요.

무역이라는 시장은 국내거래보다 훨씬 다양하고 복잡합니다. 하지만 리스크도 크기 때문에 결제방법이 그렇게 다양하지도 않고, 우리가 국내거래에서 쓰는 방법을 응용해서 쓰는 경우가 많습니다.

무역의 결제방법 중에 T/T라는 것이 있는데, 이것은 은행을 통한 일종의 송금입니다. 국내거래에서도 현금결제라고는 하지만 일반적으로 금액이 크면 송금을 하는 경우가 대부분입니다. 한편 무역 결제방법에는 신용장이라는 것이 있는데, 이것은 신용카드와 대출이 섞인 형태의 결제방법이라 할 수 있습니다. 그 외 D/P와 D/A라는 것도 있습니다. 이와 같이 국내거래에서 하는 결제방법을 잘 이해하고 있다면, 무역에서 하는 결제는 그 방법과 특징이 비슷하므로 이해하는 데 그리 큰 어려움은 없을 겁니다.

사기꾼이거나 물건을 사고파는 사람이 몇 명 되지 않아 가격을 마음대로 좌지우지할 수 있지 않는 이상, 보통 수출자와 바이어는 되도록 물건을 팔거나 사려고 하고 서로의 입장 차이를 조율해 맞춰나가려 합니다. 이때 결제방법도 중요한 협의사항 중 하나인데, 결제하는 방법을 다양하게 알아두는 것이 한 가지만 아는 것보다 경우의 수도 많고, 협상을 조율하기도 훨씬 편합니다.

현금장사가 최고다,
T/T IN ADVANCE

국내에서 제품을 구매하기 위해 현금으로 바로 결제를 하거나 받는 쪽의 계좌번호로 송금해 결제하기도 합니다. 해외에 송금하는 것도 이와 크게 다르지 않아서 바이어는 수출자의 계좌번호로 송금을 하면 됩니다.

송금 혹은 T/T

은행을 통해 해외로 송금하거나 입금하는 것을 T/T라고 하는데 T/T는 Telegraphic Transfer의 약자입니다. 은행끼리 송금이나 입금이 처리되는 것은 현금을 실제로 주고받는 것이 아니라 전산으로 송금신호를 보내면 상대국에서 입금신호를 받아 송금과 입금을 처리하는 것입니다. 그런 의미에서 전신이체(전신 송금)라고 하며 보통 T/T라고 합니다.

국내에서 은행을 통해서 송금을 하려면 기본적으로 받는 사람이 거래하는 은행명과 계좌번호, 받는사람 이름을 알고 있어야 합니다. 해외송금(T/T)도 이와 다르지 않아서 송금을 하기 위해서는 기본적으로 송금을 받는 사람의 계좌번호와 이름, 거래하는 은행명, 그리고 추가로 받는 쪽 은행의 주소와 스위프트코드(SWIFT CODE)라는 것이 필요합니다.

또 일정액 이상을 송금할 때는 은행에서 송금하는 이유를 밝히는 증빙서류를 첨부해달라고 요청합니다. 예를 들어 수입을 하기 위해 수입제품의 대금을 송금하는 경우에 이미 수입된 제품에 대한 것이라면 수입신고필증 등을 제출하면 됩니다. 참고로 입금 때도 일정액 이상을 받게 되면 입금 받는 이유를 설명한 증빙서류를 은행에 제출해야 합니다. 필요한 증빙서류는 은행에 문의하면 됩니다.

해외입금과 송금에 필요한 것을 정리하면 다음과 같습니다.

- 해외송금을 위해 준비할 사항: 수출자의 이름, 계좌번호(ACCOUNT NO.), 수출자가 거래하는 은행명, 은행주소, 스위프트코드, 증빙서류(필요한 경우 은행에서 요구)

  참고로 은행주소 없이 스위프트코드만으로도 송금이 가능합니다.

- 해외입금을 위해 준비할 사항: 외화계좌(은행을 방문해 개설), 스위프트코드, 계좌번호

  수출자는 스위프트코드와 계좌번호 등을 바이어에게 이메일이나 팩스로 통지합니다. 은행주소와 스위프트코드는 은행 외환계 등에 문의하면 됩니다(스위프트코드에 대해서는 뒤에서 다시 다루겠습니다).

해외송금은 인터넷뱅킹으로도 가능한데 일반송금처럼 은행에 가서 인터넷뱅킹을 신청해야 합니다. 송금을 하기 위해 필요한 준비가 완료되었으면 은행을 직접 방문해 송금을 하거나 인터넷뱅킹으로 할 수 있습니다.

결제방법과 견적서

국내상거래의 견적서에는 제품명, 수량과 가격, 운송료를 누가 부담할지, 그리고 결제방법 등을 기재합니다. 무역에서의 견적서(QUOTATION)도 이와 다르지 않아서 보통 제품명(ITEM), 수량(QUANTITY), 단가(UNITPRICE), 그리고 PAYMENT TERMS라고 하는 결제방법을 기재합니다.

결제할 때 바이어에게 가장 유리한 것이 외상이라면, 수출자에게 유리한 것은 결제를 먼저 받고 물건을 보내주는 선결제입니다(참고로

선결제는 영어로 ADVANCE PAYMENT라고 하며, 은행을 통해 송금해서 T/T IN ADVANCE라고도 합니다).

보통 첫 거래일 때는 전액 선불이나 후불보다는 계약금의 의미로 30%를 먼저 현금으로 결제하고 나머지 70%는 선적 후에 결제하기도 하는데, 영어로 '30% T/T IN ADVANCE, 70% AFTER SHIPMENT' 라고 기재합니다. 즉 바이어가 수입계약을 체결하고 제품가격의 30%를 수출자에게 물건을 받기 전에 미리 송금합니다. 그러고 나서 선적이 완료되어 발행된 B/L로 제품이 선적된 것을 확인한 후 나머지 70%를 송금합니다. 참고로 잔액을 영어로는 'BALANCE'라는 표현을 쓰기도 합니다.

입금받기

바이어가 송금한 돈은 바이어 쪽 은행본점을 거쳐서 수출자의 거래은행본점으로 입금됩니다. 그 돈을 다시 본점에서 지점인 수출자의 거래은행으로 보내는데, 금액이 클 경우 은행에서는 증빙을 요구합니다. 즉 은행은 어느 나라에 있는 ○○라는 업체에서 돈이 왔다며 수출자에게 증빙할 서류를 달라고 합니다.

보통 은행은 해외에서 송금된 금액과 송금업체를 전화로 알려주는데, 이때는 업체의 이름과 금액이 적힌 내역을 보내달라고 해 송금내역을 확인하는 것이 좋습니다. 수출자의 요청을 받은 은행은 송금내역을 팩스 등으로 보내줍니다. 해외에서 송금된 내역을 확인하면 수출자는 은행에 증빙서류를 보내고, 은행은 수출자의 외화계좌에 대금을 입금합니다. 즉 증빙서류를 받기 전까지 대금은 수출자의 계좌가 아닌 은행 쪽에 입금대기 상태로 있는 것입니다.

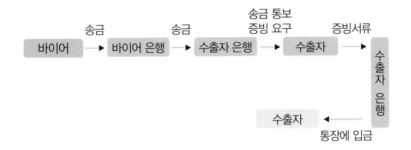

간단하게 은행주소를 표시하는
스위프트코드

통관할 때는 반드시 숫자로 된 HS CODE를 알고 있어야 합니다. HS CODE는 수출입제품에 대한 목록을 분류한 것으로, 각 제품의 수출입통관내역은 HS CODE로 간단하게 확인할 수 있습니다.

　현재 전 세계에는 수많은 나라가 있고, 또한 그 나라마다 어마어마하게 많은 은행들이 있으며, 심지어 이름이 비슷한 은행이 있기도 합니다. 이런 이유로 돈을 엉뚱한 곳으로 송금하지 않도록 하기 위해 정확한 계좌번호와 함께 바이어에게 송금할 은행의 정확한 주소도 요구합니다. 하지만 은행의 주소는 대단히 길고 나라마다 그 체계도 복잡하므로 은행원이나 바이어 혹은 수출자에게 모두 성가신 존재입니다. 그래서 HS CODE처럼 간단하게 은행주소를 표시할 필요성이 생겼고 그런 이유로 고안된 것이 스위프트코드(SWIFT CODE)입니다.

스위프트(SWIFT)는 Society for Worldwide Interbank Financial Telecommunications의 약자로 세계은행 간의 금융통신협회를 뜻합니다. 스위프트에서는 은행업무와 관련한 다양한 코드를 만드는데, 그중에 하나가 은행이름과 주소를 코드로 표기한 BIC입니다. BIC는 Bank Identification Code의 약자로 보통 은행식별코드라고도 하는데, BIC만 있으면 은행이름이 무엇이고 어느 나라에 있는 있는지 확인할 수 있습니다. BIC는 스위프트에서 만든 다양한 코드 중 하나이지만, 실무에서는 BIC를 그냥 '스위프트코드'라고 합니다.

스위프트코드는 은행코드(BANK CODE) 4자리, 국가코드(COUNTRY CODE) 2자리, 지역코드(LOCATION CODE) 2자리, 은행지점코드(BRANCH CODE) 3자리로 총 11자리의 영문으로 구성됩니다. 그중 앞의 8자리까지는 반드시 있어야 하고, 나머지 은행지점코드 3자리는 없어도 상관없습니다.

CASE 스위프트코드

1 | 기업은행의 스위프트코드: IBKOKRSE

- 기업은행의 스위프트코드는 총 8자리, 즉 8개의 코드로 구성됩니다.
- IBKO(4자리): 기업은행의 영문이름인 Industrial Bank of Korea의 은행코드(BANK CODE)
- KR(2자리): 국가코드(COUNTRY CODE), 즉 KOREA
- SE(2자리): 지역코드(LOCATON CODE), 즉 SEOUL

- 우리은행의 스위프트코드는 총 11자리, 즉 11개의 코드로 구성됩니다.
- HVBK(4자리): 우리은행의 영문이름은 WOORI BANK이지만 과거 한빛은행(HANVIT BANK)일 때의 은행코드(BANK CODE)를 아직 쓰는 것 같습니다.
- KR(2자리): 국가코드(COUNTRY CODE), 즉 KOREA
- SE(2자리): 지역코드(LOCATION CODE), 즉 SEOUL
- XXX(3자리): 지점코드(BRANCH CODE)를 XXX로 표기하고 있습니다.

IBAN CODE

유럽에서는 IBAN CODE라는 것이 있는데, 이것은 유럽은행의 계좌번호 체계를 통일한 것을 말합니다. 즉 유럽의 지역에 송금할 때는 받는 사람의 이름·연락처, IBAN CODE, 스위프트코드 등이 있으면 됩니다.

송금이나 입금을 할 때도
증빙이 필요하다

모든 나라는 해외로 돈이 나가거나 들어올 때 돈이 나가고 들어오는 이유에 대해 설명하기를 요구합니다. 예를 들어 여행경비로 1만 달러 이상을 가지고 해외로 나갈 경우에는 세관에 신고해야 합니다. 또

사업 목적으로 1만 달러를 가지고 나갈 경우에도 외환을 취급하는 외국환은행에 신고해야 합니다(정확한 신고금액은 은행이나 세관에 확인하도록 합니다).

국가는 은행을 통해 외화를 관리하며, 입금된 금액에 대해서는 증빙서류를 받아 소득인지 아닌지 판단해 소득세나 법인세 등을 부과합니다. 일부 업체에서는 이러한 세금을 내지 않기 위해 은행을 통하지 않고 환치기 등의 수법으로 소득을 숨겨서 들어오기도 하는데, 이것은 엄연한 불법임을 알아야 합니다.

은행을 통한 해외송금이나 입금의 경우, 일정 금액에 대해서는 왜 이 돈이 들어오게 된 것인지 혹은 나가게 된 것인지에 대한 증거서류를 은행에 제출해야 합니다. 법인의 경우에는 원칙적으로 금액에 상관없이 입금이든 송금이든 해외 금융거래를 할 때는 증빙서류를 은행에 제출해야 합니다. 은행은 이러한 증빙서류를 모아두었다 감사를 받을 때 제출합니다.

증빙서류의 종류

해외에서 들어오는 돈의 출처가 어디인지 혹은 해외로 돈이 나가는 이유가 무엇인지 증명하기 위해 제출하는 서류를 증빙서류라고 합니다. 수출대금으로 들어오는 돈에 대한 증빙서류로는 수출을 증명할 수 있는 서류이면 되는데, 수출신고필증(EXPORT LICENSE), 수출계약서(CONTRACT), 주문서(ORDER SHEET) 등이 있습니다. 수입대금의 송금에 대한 증빙서류에는 수입신고필증(IMPORT LICENSE), 수입계약서(CONTRACT) 등이 있습니다.

보통 해외에서 들어오는 돈은 해외 은행에서 우리나라에 있는 은행의 본점을 거쳐 지점으로 가는데, 수출자가 증빙서류 등을 은행에 보낸 이후에 수출자의 통장으로 입금해줍니다. 은행은 해외에서 송금이 오면 '타발송금명세원장내역'이라는 것을 팩스로 보내줍니다. 여기에는 보낸 사람, 송금한 외화금액, 송금은행 등이 기재되어 있는데, 이것으로 누가 얼마를 언제 보냈는지 확인할 수 있습니다. 은행에서는 간혹 전화상으로 어느 업체에서 얼마를 보내왔다고 이야기해주는데, 이때는 반드시 관련 입금내역이라든지 타발송금내역을 보내달라고 해야 합니다.

은행이 구매를 보증하는
신용장

일반인이 자기가 가진 돈만으로 집을 사는 것은 대단히 어렵습니다. 보통 은행에 대출을 받아서 집을 사는 경우가 많지요. 마찬가지로 기업도 사업자금이나 기타의 이유로 대출을 받기도 합니다. 은행은 대출을 받을 사람의 신용·재산상태 등 기타 여러 가지를 고려해 대출해줄 금액을 정하는데 이것을 대출한도라고 합니다.

무역회사도 대출과 유사한 방법으로 제품을 수입하기도 합니다. 하지만 일반대출처럼 직접적으로 돈을 받는 것이 아니라 은행이 무역회사의 대출한도에 따라 수출자에게 보증서를 발급해 구매보증을 섭니다. 이러한 구매보증을 보통 신용장(信用狀)이라 하고, 영어로는 Letter of Credit이라 하며 줄여서 L/C라고도 합니다.

Letter of Credit에서 Credit는 신용이라는 의미로 '은행인 내가 바이어를 구매보증하니 수출자는 믿고 제품을 수출하라.'는 의미입니다. 신용장을 발행하기 위해 은행은 대출처럼 바이어의 신용이나 재산상태 등 기타 여러 조건을 검토한 후 얼마까지 바이어를 대신해 구매를 보증할 것인가 한도를 정합니다. 그 한도 내에서 바이어의 요청에 따라 은행은 신용장을 수출자 앞으로 발행합니다. 신용장이 발행되면 나중에 바이어가 물건값을 결제하지 못하더라도 은행이 대신 결제해주기 때문에 수출자는 안심하고 제품을 생산할 수 있습니다.

CASE 신용장 발행 및 이용

한국의 A사는 인도의 업체로부터 섬유를 수입하려고 합니다. 섬유를 수입하는 대금은 10만 달러인데 A사는 당장 결제할 능력이 안 됩니다. 하지만 제품을 받을 시점에는 여유가 좀 생기는데, 그때까지 수입을 미룰 수는 없습니다. 그래서 생각한 것이 은행의 구매보증서인 신용장입니다. A사는 거래은행인 B은행에 신용장을 발행하도록 요청합니다. B은행이 신용장을 발행하기 위해서는 신용장의 발행한도를 먼저 정해야 하므로 A사의 재정상태와 신용상태를 점검하기 위해 A사에게 각종 서류를 요청합니다.

A사의 재정상태 등을 확인한 B은행은 A사의 신용장 발행한도를 20만 달러로 결정합니다. A사는 20만 달러 내에서 신용장 발행이 가능한데 일단 필요한 10만 달러짜리 신용장을 발행받아 수출자에게 보냅니다. 은행의 보증서인 신용장을 믿고 인도의 업체는 제품을 생산해 A사에 판매했습니다.

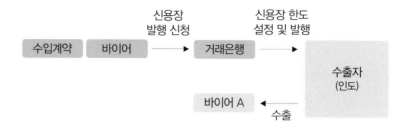

돈을 받지 않고 물건부터 보내는 것은 시쳇말로 떼일 위험이 있기 때문에 수출자는 돈을 먼저 받고 수출하려고 합니다. 하지만 바이어 입장에서 제품을 받기 전에 돈부터 보낸다는 것은 리스크가 큽니다. 신용장은 이 둘의 고민을 해결하기 위한 방법 중 하나로 은행이 바이어의 구매를 보증하는, 즉 경우에 따라서는 은행이 바이어를 대신해 결제를 하는 것이므로 수출자는 신용장을 믿고 수출할 수 있습니다. 바이어 입장에서도 돈을 미리 주지 않고도 제품을 받을 수 있다는 장점이 있습니다.

은행이 구매를 보증하므로 수출자는 마음 놓고 수출할 준비를 합니다. 수출자는 수출준비가 완료된 화물을 바이어에게 보냅니다. 그렇다면 신용장 거래에서 수출자는 결제를 어떻게 받을까요?

신용장 결제하기

신용장에는 여러 가지 항목이 기재되어 있는데, 그중에 요구서류(DOCUMENTS REQUIRED)라는 것이 있습니다. 바이어가 수출자에게 요구하는(REQUIRED) 서류(DOCUMENTS)들로 여기에는 인보이스, 패킹리스트, B/L(혹은 AIRWAYBILL) 등이 있습니다. 눈치 빠른 독자는 이미 눈치챘겠지만 이 서류들은 바이어가 수입통관을 할 때 필요한 서류들로, 특히나 B/L이 없으면 바이어는 화물을 인수할 수 없습니다.

즉 수출자는 바이어가 신용장에서 요구하는 여러 가지 통관서류를 수출대금과 맞바꾸는 것입니다. 근데 이 상황만 본다면 통관서류와 수출대금을 바꾸기 위해 수출자는 바이어가 있는 나라까지 가거나 바이어가 수출자의 나라로 와야 합니다. 혹은 수출자나 바이어의 나라에 지사가 있어서 수출자나 바이어를 대신해 서류와 돈을 바꿔야 합니다.

여기서 문제는 수출자나 바이어가 현지에 지사나 대리인이 없거나 수출자나 바이어가 상대국에 갈 여력이 되지 않을 때입니다. 이때 주목해야 할 것이 신용장을 발행하는 은행입니다. 은행은 전 세계에 없는 곳이 거의 없고, 은행끼리는 서로 네트워크가 형성되어 있어 송금이나 입금도 하고, 서류를 보내거나 받기도 합니다.

즉 수출자가 자신의 거래은행에 통관서류를 보내면 수출자의 거래은행은 신용장을 발행한 바이어의 거래은행 앞으로 서류를 보냅니다. 바이어의 거래은행은 바이어에게 수출대금을 받고 서류를 건넵니다. 바이어의 거래은행은 그 돈을 수출자의 거래은행에 보내고, 수출자의 거래은행은 그 돈을 수출자에게 보냅니다.

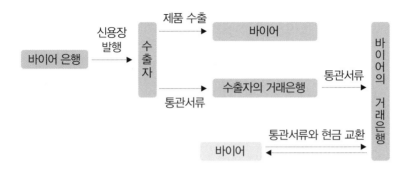

앞의 그림처럼 신용장하에서 바이어의 거래은행은 바이어에게 통관
서류를 넘겨주고 수출자를 대신해 수출대금을 회수하는데 이를 전문
용어로 '추심'이라고 합니다. 바이어의 거래은행은 바이어에게서 받
은 대금을 수출자의 거래은행에게 보내주고, 수출자의 거래은행은
그 돈을 다시 수출자의 계좌로 입금해주면서 수출자는 수출대금을
회수합니다.

　문제는 추심을 통해 수출자가 돈을 받기까지 7일에서 그 이상이
걸린다는 것입니다. 한시라도 돈이 급한 수출자는 조금 더 빨리 돈
을 받을 방법을 생각하게 됩니다. 이때 해결사로 또 은행이 등장합
니다. 은행은 항상 돈이 넘쳐나고 신용장하에서 바이어가 결제를 하
지 못하더라도 바이어의 거래은행이 결제를 하므로 돈을 떼일 위험
도 그리 크지 않습니다. 그래서 수출자가 서류를 제출하면 수출자의
거래은행은 수출대금을 수출자에게 미리 주고 나중에 바이어가 결
제하면 그 돈으로 충당합니다. 물론 은행이 이것을 무료로 하지는
않겠지요.

　수출자가 신용장에서 요구하는 서류(통관서류)를 제출하면 수출자

의 거래은행은 서류를 검토한 후 환가료라는 이자와 수수료를 뺀 나머지 금액을 수출자에게 결제합니다. 이는 어음할인과 유사합니다. 수출자가 은행에 서류를 제출하고, 은행은 제출된 서류를 인수한 후 수출대금을 바로 수출자에게 지급하는 것을 '네고' 혹은 '매입'이라 합니다.

> **TIP**
>
> **환가료**
>
> 원래 신용장에서 은행은 바이어가 결제한 돈을 받아 수출자에게 전달하도록 되어 있습니다. 하지만 은행이 수출자에게 먼저 결제하고, 은행 자신은 바이어가 결제하는 돈으로 충당하기도 합니다. 즉 은행은 수출자에게 결제한 날부터 바이어가 결제해 자금이 회수되는 날까지를 이자로 계산하는데, 이것을 환가료라 합니다. 은행은 수출자에게 환가료와 수수료 등을 뺀 나머지 금액을 수출대금으로 결제합니다. 매입(네고)이 어음할인이면, 환가료는 할인료라고 이해하면 됩니다.

개설에서 인수까지
신용장 한 번에 끝내기

바이어가 신용장을 개설하려면 은행으로부터 신용장 발행한도를 받은 후, 그 한도 내에서 신용장 발행신청서를 작성해 은행에 제출해야 합니다(신용장 관련 및 무역 관련 서식은 시중 은행 홈페이지의 서식창고에서 찾을 수 있습니다).

　바이어가 신용장 발행신청서와 함께 신용장 발행수수료를 결제하면 은행은 은행 간 전산망을 통해 수출자의 거래은행 앞으로 신용장을 보냅니다. 전산으로 신용장을 받은 수출자의 거래은행은 신용장을 출력한 후 신용장이 왔으니 찾아가라고 수출자에게 통지합니다. 수출자는 수수료를 지불하고 신용장을 인수합니다.

신용장 발행신청서 작성하기

발행되는 신용장에는 발행하는 성격에 따라 여러 종류가 있는데, 다음은 일반적으로 많이 쓰는 신용장인 취소불능화환신용장의 발행신청서로 우리은행에서 나온 양식입니다(신용장 발행신청서는 시중 은행 홈페이지의 서식창고에서 다운로드 받을 수 있습니다).

① CREDIT NO.: 신용장(Letter of Credit)를 줄여서 CREDIT이라고도 합니다. 신용장번호를 말하는 것으로 은행에서 부여합니다.
② ADVISING BANK: 신용장 통지은행을 말하며, 수출자에게 신용장을 전해주는 은행을 뜻합니다.
③ APPLICANT: 신용장 발행 요청자, 즉 바이어를 말하며 바이어의 영문 이름과 주소를 기재하면 됩니다.
④ BENEFICIARY: 신용장 수혜자를 의미하며, 수출자의 영문 이름과

| 우리은행 취소불능화환신용장발행신청서 |

은행용	취소불능화환신용장발행신청서 (Application for Irrevocable Documentary Credit)	담 당	검토자	결재권자

TO : **WOORI BANK**

1. DATE :

※ ① Credit no :

용도구분 : (예시: NS, ES, NU 등)

※ ② Advising Bank :

(SWIFT CODE :)

③ Applicant :

④ Beneficiary :

⑤ Amount : 통화 금액 Tolerance + % /- %

⑥ Expiry Date/place : Date Place ☐ In the Beneficiary Country ☐ Other :

⑦ Latest date of shipment :

⑧ Tenor of Draft : ☐ At Sight (☐ Reimbursement ☐ Remittance)
☐ Usance (☐ Banker's ☐ Shipper's ☐ Domestic) days ☐ After sight
☐ From B/L date
※ 인수은행을 지정하지 않은 Banker's Usance 건은 은행의 자금상황에 따라 Domestic Usance로 전환 개설될 수 있습니다. ☐ Other

9. For % of the invoice value

⑨ DOCUMENTS REQUIRED (46A:)

10. ☐ Full set of Clean (☐ on Board Ocean Bills of Lading ☐ Multimodal Transport Document) made out to the order of WOORI BANK marked
"Freight ☐ Collect ☐ Prepaid ☐ Payable as per charter party" and notify (☐ Applicant ☐ Other :)
☐ Air Waybills consigned to WOORI BANK marked "Freight ☐ Collect ☐ Prepaid" and notify (☐ Applicant ☐ Other :)

11. ☐ Insurance Policy or certificate in duplicate endorsed in blank for 110% of the invoice value, stipulating that claims are payable in
the currency of the draft and also indicating a claim settling agent in Korea. Insurance must include :
the Institute Cargo Clause : ☐ All Risks ☐ Other :

12. ☐ Signed commercial invoice in 13. ☐ Certificate of analysis in

14. ☐ Packing list in 15. ☐ Certificate of weight in

16. ☐ Certificate of origin in issued by

17. ☐ Inspection certificate in issued by

18. ☐ Other documents (if any)

⑲ Description of goods and/or services (45A:) (H.S CODE :) Price Term :

Commodity Description	Quantity	Unit Price	Amount
Country of Origin		Total	

⑳ 해상/항공 Port of loading / Airport of Departure : Port of Discharge / Airport of Destination :

복합운송 Place of Taking in Charge / Dispatch from···/ Place of Receipt :
Place of Final Destination / For Transportation to... / Place of Delivery :

㉑ Partial Shipment : ☐ Allowed ☐ Not Allowed ㉒ Transhipment : ☐ Allowed ☐ Not Allowed

23. Confirmation : ☐ Without
☐ May add : Confirmation Charges 부담자 ~ ☐ neficiary Ap ☐ ant / Confirmation bank ~
☐ Confirm : Confirmation Charges 부담자 ~ ☐ neficiary Ap ☐ ant / Confirmation bank ~

24. Transfer : ☐ Allowed (Transferring Bank :)

25. Period for presentation in
☐ 제시기간 : Days / 제시조건 : ☐ after Date of Shipment
※ 체크된 항목만 전문에 반영되므로 그 외 서류제시조건은 47A필드 Other conditions항목에 입력바랍니다.

Additional Conditions (47A:)

☐ All banking charges (including postage, advising and payment commission, negotiation and reimbursement commission)
outside Korea are for account of ☐ Beneficiary ☐ Applicant
☐ Other :

☐ Stale B/L AWB acceptable ☐ Charter Party B/L is acceptable ☐ Third party B/L acceptable
☐ Third party document acceptable
☐ T/T Reimbursement : ☐ Allowed ☐ Not Allowed
☐ Bills of lading should be issued by
☐ (House) Air Waybills should be issued by
☐ ( ) % More or less in quantity and amount to be acceptable.
☐ The number of this credit must be indicated in all documents.
☐ Other conditions :

※ Drawee Bank (42A:)

※ Reimbursement Bank (53A:)

※ 이란, 북한 등 제재 국가와의 교역(수출 등)과 관련된 거래 여부 ☐ YES ☐ NO

※ Except so far as otherwise expressly stated, This Documentary credit is subject to the Uniform Customs and Practice for Documentary Credits (2007 Revision)
International Chamber of Commerce Publication No. 600.

위와 같이 신용장을 발행을 신청함에 있어서 따로 제출한 외국환거래약정서의 해당 조항을 따를 것을 확약하며, 아울러 위 수입물품에 관한 모든 권리를 귀행에 양도하겠습니다.
※ 본건 수입과 연계된 거래가 이란, 북한 등 제재 국가와의 교역(수출 등)과 관련된 거래가 아님을 확약합니다. (제재 국가와의 교역과 관련된 경우 신용장개설이 불가합니다.)
※ 본건 신용장 MT700 전문상 제재법 위반 방지를 위한 자동문구 발송에 동의합니다.
「If the presented shipping documents include any reference to countries, regions, entities, vessels or individuals subject to any applicable international
sanctions regimes and relevant regulations imposed by governmental authorities, we shall not be liable for any delay or failure to pay, process or
return such documents.」

		인감 및 원본 확인

승인신청번호		주 소	
고 객 번 호		신 청 인	(인)

수입 (4040031, 210×297) 수입신용장발행신청서 NCR지 2매 1조 (2018. 11. 개정) ◎우리은행 🎗

주소를 기재하면 됩니다.

⑤ AMOUNT: 수출자에게 결제할 금액을 기재합니다. 신용장금액이라고도 합니다.

⑥ EXPIRY DATE: 신용장으로 제품구매를 보증하는 만기일을 말하며 유효기간이라고도 합니다. 실무에서는 E/D라고도 합니다. 유효기간이 지나면 신용장은 한낱 종잇장에 지나지 않게 됩니다.

⑦ LATEST DATE OF SHIPMENT: 수출자가 바이어에게 제품을 선적(SHIPMENT)해야 할 최종날짜(LATEST DATE)입니다. 이 기간이 지나서 선적하면, 신용장에서 요구하는 것을 충족하지 못한 것이므로 이것을 '하자'라고 합니다. 하자가 되면 네고 때 수출자의 거래은행은 수출자에게 결제를 하지 않고, 나중에 바이어가 결제하면 그 돈을 수출자에게 줍니다.

⑧ TENOR OF DRAFT: 바이어의 거래은행에 도착한 서류를 바이어가 인수하기 위해서는 결제를 하거나, 서류만 인수하고 결제는 나중에 하기도 합니다. 바이어가 결제를 먼저 해야 서류를 인수할 수 있는 것을 'AT SIGHT'라 하고, 서류를 먼저 인수하고 나중에 결제하는 것을 'USANCE'라 합니다. USANCE인 경우에 바이어는 결제를 미룰 수 있는데, 은행은 결제가 미뤄진 이 기간을 이자로 계산합니다. 이 이자를 바이어가 부담하면 BANKER'S USANCE이고, 수출자가 이자를 부담하면 SHIPPER'S USANCE입니다.

⑨ DOCUMENTS REQUIRED(46A): 바이어가 수출자에게 요구하는 서류 목록이 여기에 기재되어 있는데, 여기에는 인보이스, 패킹리스트, AIRWAYBILL 혹은 B/L, 보험증권, 원산지증명서 등이 있습니다. 대부분의 서류는 바이어가 수입통관을 하기 위해 필요한 서

류로 구성되며, 수출자는 제품을 수출한 후 은행에 서류를 제출해 수출대금을 회수합니다.

⑲ DESCRIPTION OF GOODS AND/OR SERVICES: 신용장으로 구매를 보증하는 제품의 이름·수량·단가, 그리고 HS CODE 등을 기재합니다.

⑳ 해상/항공 PORT OF LOADING/AIRPORT OF DEPARTURE: 수출지 항구나 공항을 기재합니다.

PORT OF DISCHARGE/AIRPORT OF DESTINATION: 도착지 항구나 공항을 기재합니다.

㉑ PARTIAL SHIPMENT: 여러 가지 이유로 화물을 나눠서 보내야 할 경우가 생기는데, 이것을 허용할지 아닐지를 표시하는 곳입니다.

㉒ TRANSHIPMENT: 화물을 다른 수송기관에 옮겨서 싣는 것을 환적이라 합니다. 환적이 가능한지를 표시하는 곳입니다.

신용장 인수 시
확인사항과 어멘드

신용장에 쓰는 다양한 코드와 내용들은 스위프트 협회에서 제정해 공개하며, 은행들은 이 스위프트에 따라 신용장을 발행합니다. 신용장에 써 있는 다양한 용어와 의미를 확인하려면 스위프트협회에서 발행한 〈STANDARDS MT MESSAGES IMPLEMENTATION GUIDE〉의 35페이지에 있는 'LC APPLICATION DETAILS'를 참조하면 됩니다. 〈STANDARDS MT MESSAGES IMPLEMENTATION

GUIDELINES〉는 인터넷에 공개되어 있는데, 구글에서 검색하거나 'www.swift.com/sites/default/files/resources/swift_corporates_mt_ig_trade_guide.pdf'에서 확인할 수 있습니다.

신용장의 내용 이해하기

전체적인 포맷과 코드는 스위프트 협회에서 제정하지만, 세부적인 표기에 있어서는 은행들마다 제각각인 경우가 있고 약자도 있기 때문에 신용장을 받고 한참을 이게 무슨 말인가 고민하기도 합니다. 이러한 신용장 내용을 잘 이해하는 것은 영어 실력보다는 신용장을 얼마나 많이 접했느냐의 차이입니다.

따라서 그럴 때는 우선 발행된 신용장을 건네준 은행(통지은행)에게 문의합니다. 은행은 아무래도 신용장 경험이 많기 때문에 신용장에 대해 훨씬 잘 이해하고 있습니다. 거래은행이 지점이라면 외환계와 같은 본점의 신용장과 관련된 부서에 문의해보는 것도 좋습니다. 경우에 따라서는 바이어에게 문의해 반드시 신용장의 전반적인 내용이 무엇인지 이해하도록 합니다. 왜냐하면 실무자가 신용장의 내용을 잘 이해하고 있어야 네고 등을 하는 데 어려움이 없기 때문입니다.

신용장 인수

신용장은 돈과 관련된 중요한 문서이므로 은행은 몇 가지 확인을 하고 신용장을 넘겨줍니다. 수출자가 처음 신용장을 수령하는 경우, 은행은 회사인감과 명판(회사이름과 주소가 기재되어 있는 도장)을 등록하도록 요청합니다. 요청한 것을 완료하고 은행에 통지수수료를 지불하면 신용장을 수령할 수 있습니다.

HABW BANK

PAGE: 1

27 SEQUENCE OF TOTAL   1/1

→ 신용장의 총건수. 여기서는 총 한 건(1/1)입니다.

40A FORM OF DOCUMENTARY CREDIT   IRREVOCALBE

→ 신용장의 종류. 신용장에는 여러 종류가 있는데, 이 신용장 종류는 취소할 수 없
   는 취소불능(IRREVOVOCABLE)신용장입니다.

20 DOCUMENTRRARY CREDIT NUMBER   123123456AB

→ 신용장의 번호. 이 신용장의 번호는 123123456AB입니다.

31C DATE OF ISSUE   200801

→ 신용장 개설일자. 이 신용장의 개설일자는 2020년 8월 1일입니다.

40E APPLICABLE RULES   UCP LATEST VERSION

→ 신용장 적용규칙으로 이 신용장은 가장 최근에 제정된(LATEST VERSION) UCP를
   근거로 해 개설되었습니다.

31D EXPIRY OF DATE AND PLACES   200829 SOUTH KOREA

→ 신용장 만기일자와 장소. 네고는 만기일자 내에 해야 합니다. 이 신용장의 만기
   일은 한국시간으로 2020년 8월 29일입니다.

50 APPLICANT   MARARO INDIA LIMITED
                      PALAMGURGAON ROAD INDIA

→ 신용장 발행요청자, 즉 바이어를 의미합니다.

59 BENEFICIARY   MARAE INDUSTRIES
                 GURO COMPLEX SEOUL KOREA

→ 수출자를 기재하며, 여기서는 MARAE INDUSTRIES를 뜻합니다.

32B AMOUNT   USD80,000.00

→ 신용장의 금액을 의미하며, 여기서는 8만 달러입니다.

39B MAXIMUM CREDIT AMOUNT   NOT EXCEEDING

→ 신용장 최고금액으로, 이 신용장은 32B AMOUNT의 8만 달러를 초과하지 못하
   도록(NOT EXCEEDING) 하고 있습니다.

41D AVAILABLE WITH……BY   ANYBANK
                         BY NEGOTIATION

→ 네고은행을 지정할 때 이 난에 은행명을 기재합니다. 이 신용장의 경우 아무 은행(ANY BANK)에서 네고(NEGOTIATION)가 가능합니다.

42C DRAFTS AT   AT SIGHT

→ 신용장에 따라 결제를 해야 네고서류를 인수할 수 있거나 서류를 먼저 인수하고 바이어가 나중에 결제할 수 있습니다. 이 신용장은 결제를 먼저 해야(AT SIGHT) 서류를 인수할 수 있습니다.

42D DRAWEE   ISSUING BANK

→ 지급인을 의미하며, 여기서는 발행은행인 HABW은행을 말합니다.

44E PORT OF LOADING/   INCHEON AIRPORT
   AIRPORT OF DEPARTURE

→ 수출지 항구나 공항명을 표시하는 것으로, 여기서는 인천공항입니다.

44F PORT OF DISCHARGE/   BANGALORE
   AIRPORT OF DESTINATION

→ 도착지 항구나 공항을 표시하며, 여기서는 인도 방갈로(BALGALORE)공항입니다.

44C LATEST DATE OF SHIPMENT   200817

→ 최종선적일자를 의미하며, 여기서는 2020년 8월 17일입니다. 이 기간을 넘겨서 선적하게 되면 하자가 되니 주의합니다.

46A DOCUMENTS REQUIRED
   AIRWAYBILL MARKED FREIGHT COLLECT

→ 바이어가 요구하는 서류(DOCUMENTS REQUIRED)를 기재하는 곳입니다. 이 신용장은 AIRWAYBILL에 FREIGHT COLLECT 도장을 찍을 것(MARKED)을 요구하고 있습니다.

이 신용장을 수출자에게 인도하는 은행을 '통지은행'이라고 합니다. 수출자는 통지은행을 직접 방문하거나 우편으로 신용장을 수령할 수 있습니다.

신용장 검토

수출자는 신용장에서 요구하는 서류를 준비해 은행에 제출하는 것으로 수출대금을 회수할 수 있습니다. 하지만 수출자가 신용장에서 요구하는 서류를 제대로 준비하지 못한 경우 은행은 네고 때 바로 돈을 주지 않고, 나중에 바이어가 결제하면 그 대금을 수출자에게 전해주는 추심으로 진행합니다.

이 경우 수출자는 조기에 대금을 회수할 수 없기 때문에 많은 어려움이 있습니다. 따라서 수출자는 조기에 수출대금을 회수하기 위해서라도 신용장을 꼼꼼히 읽고 서류를 준비해야 합니다. 또한 서류를 빠짐없이 준비하기 위해서는 서류도 중요하지만, 신용장에서 요구하는 것 중에 무리하거나 잘못된 것은 없는지 신용장을 인수했을 때 잘 확인하는 것도 중요합니다.

다음은 수출자가 신용장을 인수했을 때 기본적으로 확인해야 하는 내용 중 일부입니다.

- **개설신청인**(APPLICANT): 신용장 개설을 신청한 사람인 바이어의 이름과 주소 등이 잘 기재되어 있는지 확인합니다.
- **수익자**(BENEFICIARY): 수출자를 말하는 것으로, 이름과 주소가 잘 기재되어 있는지 확인합니다.
- **최종선적일자**(LATEST DATE OF SHIPMENT): 수출자가 선적해야 할 최종일자로, 수출자는 반드시 이 기간 안에 제품을 선적해 수출해야 합니다. 선적일자가 너무 빡빡하지 않은지 확인해야 합니다.
- **유효기간**(EXPIRY DATE): 수출자가 은행에 서류를 제시(네고)해야 하는 최종일자입니다. 기간이 너무 촉박하지 않은지, 유효기간 내에 네고를 할 수 있는지 잘 확인합니다.

- 요구서류(DOCUMENT REQUIRED): 바이어가 요구하는 서류 목록이 기재된 곳으로, 요구하는 서류가 충분히 준비할 수 있는 서류인지 확인합니다.
- 신용장금액과 통화(AMOUNT AND CURRENCY): 여기에 적힌 금액을 수출자가 수출대금으로 받습니다. 금액이 잘못되지는 않았는지, 미국 달러(USD)로 받기로 했는데 신용장에는 다른 나라 화폐로 기재되어 있지는 않은지 확인합니다.

신용장의 어멘드

만약 신용장에서 요구하는 것이 수출자 입장에서 무리이거나 신용장 내용이 잘못되었다면 반드시 정정하도록 바이어에게 요구해야 합니다. 이와 같이 신용장 내용에 문제가 있어서 신용장을 수정하는 것을 어멘드(AMENDMENT)라고 합니다.

신용장 내용에 문제가 있어 어멘드를 요청한 경우, 바이어는 신용장 조건 변경신청서를 작성해 수수료와 함께 신용장을 발행한 은행에 제출합니다. 발행은행은 변경된 내용을 수출자의 거래은행으로 보내고, 거래은행은 수출자에게 변경된 내용이 있는 신용장을 전달합니다.

보통 어멘드를 할 때 수수료가 발생하기 때문에 웬만한 사항은 바이어가 잘 어멘드하지 않으려 하니 참고하기 바랍니다.

신용장에 쓰는 용어들

특정 분야에는 반드시 그 분야만의 특별한 용어가 있습니다. 이것을 전문용어라 하기도 하고 은어라 하기도 합니다. 전문용어는 업무를 단순화시킵니다. 예를 들어 신용장이라는 단어를 모르는 상태에서 신용장을 발행하려면 은행직원에게 한참 신용장이라는 것을 설명해야 할 겁니다. 따라서 이러한 전문용어는 그 분야에서 업무를 하거나 일을 하기 위해서는 잘 알고 있는 것이 좋습니다. 다음은 신용장에 쓰는 용어 몇 가지를 설명해놓은 것입니다.

- **개설은행**(ISSUINIG BANK): 바이어의 요청을 받고 신용장을 발행하는 신용장 거래은행을 말합니다. 보통 개설은행 혹은 발행은행 (OPENING BANK)이라고 합니다.
- **통지은행**(ADVISING BANK): 개설은행에서 개설한 신용장은 은행 간 전산망을 통해 수출자가 있는 나라의 은행으로 보냅니다. 전산으로 신용장을 받은 수출자 쪽 은행은 수출자에게 신용장이 왔으니 찾아가라고 통지(ADVISING)합니다. 이와 같이 수출자에게 신용장을 통지해 인도하는 은행을 통지은행이라 합니다.

  일반적으로 통지은행은 수출자의 거래은행일 경우가 많습니다. 이 것은 수출자가 바이어에게 신용장을 자신의 거래은행 앞으로 보내달라고 요청하거나 바이어가 수출자의 거래은행 주소를 알 때 가능합니다. 하지만 수출자의 거래은행이 아닌 외국계 은행의 한국지점이나 수출자와 거래가 없는 은행이 통지은행이 될 수도 있습니다. 외국계 은행은 여러 나라에 자사의 지점을 두는데, 해외에서 발행된 신용장이 통지되는 곳에 자신의 지사가 있는 경우 지사로 신용장을 보내서 수출자에게 신용장을 통지하기도 합니다.
- **네고은행**(NEGOTIATING BANK): 신용장상에서 수출대금을 회수하기위해 수출자는 신용장에서 요구하는 서류를 은행에 제출합니다.

이를 네고라 하며, 네고를 하는 은행을 네고은행(NEGOTIATING BANK)이라고 합니다. 참고로 수출자가 신용장에서 요구하는 서류대로 잘 은행에 제출했을 때 네고은행은 수출자에게 수출대금을 지급합니다.

- 하자(DISCREPANCY): 수출자가 신용장에서 요구한 대로 네고서류를 준비하지 못한 경우 이것을 하자라고 합니다. 하자 1개당 벌칙 성격의 하자수수료(DISCREPANCHY FEE)가 발생하거나 언페이드의 빌미가 될 수 있습니다.

- 언페이드(UNPAID): 바이어가 결제를 거부하는 것을 말하며, 바이어는 서류의 하자를 이유로 언페이드하기도 합니다.

- 소구(RECOURSE): 만약 서류의 하자로 인해 바이어가 언페이드를 할 경우에 어떻게 될까요? 추심일 경우에는 잘 협상해 바이어가 화물을 인수하도록 해야 합니다. 하지만 네고일 경우에는 네고은행은 이미 수출자에게 결제를 한 상태인데 바이어가 결제를 하지 않아 자칫 네고은행만 손해 보는 상황이 발생할 수도 있습니다. 이 때 네고은행은 수출자에게 이미 결제한 수출대금을 돌려달라고 하는데 이것을 소구라고 합니다.

네고는 쉽게 말해
어음할인이다

네고 때 은행은 수출자의 서류를 매입하고 환가료와 수수료를 뗀 나머지 금액을 수출대금으로 수출자의 통장으로 넣어줍니다. 공제된 수수료와 환가료 내역은 네고 때 은행에서 발급해주는 '외환/금 거래 계산서'로 확인해볼 수 있습니다. 일반적으로 네고를 했을 때 공제되는 수수료에는 취급수수료(은행수수료), 우편료(서류발송비), 그리고 환가료가 있습니다.

환가료 계산 공식

수출금액 × 은행매매 기준율 × 환가료율 × 일자/360

- 수출금액: 수출금액은 보통 신용장금액입니다. 하지만 나눠서 수출하고, 나눈 금액을 네고하는 경우에 네고금액은 신용장금액보다 줄어들 수 있습니다.
- 은행매매 기준율: 수출금액은 외화로 되어 있습니다. 이것을 원화로 환산하기 위한 기준이 은행매매 기준율입니다.
- 환가료율: 환가료 이자율을 말합니다.
- 일자: 네고를 통해 수출자에게 결제한 날부터 바이어가 결제해 그 자금이 네고은행으로 들어오기까지의 총날짜를 말합니다. 보통 이 일자는 8일 정도이며, 8일 이후에 바이어에게서 결제자금이 들어오는 경우 네고은행은 초과한 일수에 대한 이자를 수출자에게 추가로 청구합니다.

리스크

네고은행은 네고 때 수출자에게 미리 돈을 주고 나중에 바이어에게서 결제를 받습니다. 신용장은 바이어가 결제하지 못하면 발행은행이 결제해주기로 약속한 것이지만 100% 안전하지는 않습니다. 그렇기 때문에 은행은 자신이 잘 알거나 신용도가 높은 업체가 아니면 네

5장 무역실무의 완성은 결제다　　　　　　　　　　　215

고를 해주지 않으려 합니다. 그래서 수출기업은 보통 자기가 거래하는 은행을 통해서 네고를 합니다.

네고서류를 알아야
네고를 할 수 있다

신용장에는 DOCUMENTS REQUIRED라는 항목이 있는데, 이것은 바이어가 수출자에게 요구하는 서류의 목록입니다. 이는 대부분 바이어가 수입통관 때 필요한 서류들이며, 여기에는 인보이스, 패킹리스트, B/L(혹은 AIRWAYBILL)이 있고, 원산지증명서(C/O; Certificate of Origin)와 식물위생증명서(Phytosanitary Certificate) 등도 들어갑니다.

수출자는 DOCMENTS REQUIRED에서 요구하는 서류와 함께 환어음, 환어음매입(추심) 신청서와 수출신고필증 등을 은행에 제출해 네고합니다. 네고서류의 종류에는 다음과 같은 것들이 있습니다.

- 환어음: 네고할 때 은행에 제출하는 어음입니다. 어음 종류 중 하나인 약속어음은 어음을 발행한 사람이 곧 지급인입니다. 하지만 환어음의 경우 발행하는 사람과 결제하는 사람이 다릅니다. 보통 환어음은 신용장 거래일 때 발행되며, 환어음 발행인은 수출자이고, 수출자는 네고를 통해 어음할인을 해 수출대금을 회수하고, 어음에 대한 결제는 바이어가 합니다.
- 환어음매입(추심) 신청서: 네고 신청서이며, 은행 홈페이지에서 다운로드받을 수 있습니다.

- 인보이스: 수출자가 작성하는 것으로, 가격정보 등이 기재됩니다.
- 패킹리스트: 수출자가 작성하는 것으로, 제품내역 등이 기재됩니다.
- B/L(혹은 AIRWAYBILL): 운송회사에서 발행하는 것으로, 출항일이나 운송사 등이 기재되어 있습니다.
- 원산지증명서(C/O): 제품이 어느 나라에서 생산되었는지를 증명하는 서류로 상공회의소에서 온라인으로 발행할 수 있습니다.
- 식물위생증명서: 모든 목재류는 방역을 해야 해외로 나갈 수 있습니다. 해당되는 목재가 방역을 했음을 증명하는 증명서로 수출포장회사에서 발행을 대행합니다.

제대로 된 네고는
UCP에서 시작한다

신용장은 네고서류를 어떤 식으로 작성하라고 지시하고, 수출자는 그것에 따라 서류를 준비해 네고합니다. 신용장과 수출자가 제출한 네고서류를 검토하는 네고은행이 서류와 신용장이 요구하는 내용 간의 차이를 발견하기도 하는데 이 차이를 '하자'라 합니다.

하자는 네고은행이 서류를 매입하지 않고 추심으로 진행하는 요인이 되기도 하고, 신용장을 발행한 은행이 하자수수료라는 비용을 수출자에게 부과하기도 합니다. 네고은행이나 신용장 발행은행은 네고서류를 UCP에 따라 검토합니다.

제대로 된 네고를 하기 위해서는 기존에 무역실무를 하고 있는 고참이나 선배에게 하나하나 물어서 천천히 진행하거나 은행직원에게 잘 배우는 것도 좋은 방법입니다. 추가로 UCP나 ISBP 등을 한 번 읽어보는 것도 하자 없이 네고를 하는 데 도움이 됩니다.

UCP

UCP는 Uniform and Customs and Practice for Documentary Credits의 약자로, 일반적으로 신용장 통일 규칙이라 부르고 있습니다. UCP에는 네고서류를 어떻게 검토할 것인가에 대한 내용과 네고서류의 종류와 작성방법에 대해 나와 있습니다.
UCP 외에 신용장 검토에 대한 매뉴얼로는 ISBP라는 것도 있습니다. 두 매뉴얼은 상공회의소에서 판매하니 참고하기 바랍니다.

반드시 네고하기 위한
실무 노하우 6가지

하자 없이 클린네고를 하기 위해서는 신용장에서 요구하는 서류 등을 신용장에서 요구하는 대로 잘 작성해야 합니다. 하지만 사람이기에 아무리 꼼꼼하게 확인한다 하더라도 충분히 실수할 수 있습니다. 하지만 이러한 실수는 몇 가지 실무 노하우를 통해 줄일 수 있습니다. 필자가 실무에서 경험을 통해 얻은 소중한 노하우 몇 개를 말씀드리겠습니다.

1. 네고하기 전날 은행 네고 담당직원에게 팩스로 미리 서류를 보내서 서류에 문제가 없는지 확인을 요청합니다. 이렇게 하면 은행직원이 서류를

검토해 하자를 발견하더라도 그 내용을 수정할 수 있는 시간적인 여유가 생깁니다. 또 이미 서류 검토가 끝났으므로 네고 당일에는 원본 서류를 제출하면 바로 수출대금을 수령할 수 있습니다.

2. 네고 당일에는 되도록 오전에 은행에 서류를 제출하는 것이 좋으며, 혹시나 있을지 모르는 하자에 대비해 서류를 USB메모리에 저장해 가져가는 것이 좋습니다. 인보이스나 패킹리스트 등 수출자가 작성한 서류에 하자가 있다면 USB메모리에 저장해 간 서류를 수정해 출력하면 됩니다. B/L이나 AIRWAYBILL에 하자가 발생해 수정을 해야 할 경우, 운송회사는 B/L(또는 AIRWAYBILL) 원본을 받은 후에 수정된 B/L(또는 AIRWAYBILL)을 발행합니다. 오전에 네고를 하면 B/L 등에 하자가 생겨도 수정할 시간적인 여유가 있습니다.

수출자의 네고은행이 은행지점인 경우, 지점직원이 우선 서류를 검토한 다음에 스캔해 본점의 담당직원에게 보내서 검토하게 합니다. 이때 본점의 네고 담당직원이 지점직원이 찾지 못한 하자를 찾을 수도 있는데, 오전에 네고를 하면 서류를 수정할 수 있는 시간적 여유가 생깁니다.

3. 실제와 신용장의 내용에 차이가 있다면 신용장을 따르는 것이 좋습니다. 예를 들어 신용장에 있는 수출자 회사명이나 주소에 약간의 오타가 있는 경우 신용장에 적힌 대로 네고서류를 작성합니다. 은행이 서류를 검토하는 기준이 신용장이기 때문입니다. 물론 금액이 잘못 기재된 경우 같은 엄청난 문제는 반드시 어멘드하도록 합니다.

4. 네고서류에 찍는 각종 도장은 네고은행에 가져가도록 합니다. 네고서류에는 각종 도장을 찍기도 합니다. 이때 도장 하나 잘못 찍어서 서류를 다시 만드는 일이 없도록, 처음에는 은행 담당자가 도장을 찍게

하고 그것을 유심히 보며 익혀두도록 합니다.

5. 신용장에서 요구하는 것보다 한두 장 넉넉하게 서류를 준비해갑니다. 서류는 정확하게 매수를 맞춰서 가져가기보다는 조금 여유 있게 준비합니다.

6. 반드시 네고하기 위해 가장 좋은 방법은 뭐니뭐니 해도 신용장 내용을 잘 이해하고 신용장에서 잘못된 부분은 어멘드하는 것입니다. 신용장 자체에 문제가 있어 하자가 된다면 이를 고치기 위해서는 시간이 많이 걸리기 때문입니다.

무역회사의 필수 아이템, 네고물품

회사의 한글명판, 사용인감과 함께 무역회사라면 필수적으로 필요한 도장이 영문 회사도장과 영문 사인방, ORIGINAL 도장, COPY 도장, 그리고 코레스 도장입니다. 네고 때 필요한 액세서리로는 다음과 같은 것들이 있습니다.

- 회사 한글명판: 회사이름과 주소가 새겨진 도장으로 수출환어음매입(추심) 신청서 등에 찍습니다.
- 사용인감: 수출환어음매입(추심) 신청서에 찍는 도장으로, 회사 업무용에 많이 이용합니다.
- 영문 회사도장: 환어음이나 B/L에 배서할 때 찍는 도장으로, 회사의 영문이름으로 되어 있습니다.

- 영문 사인방: 환어음이나 B/L에 배서할 때 찍는 도장으로, 보통 대표이사의 사인을 도장으로 만든 것을 말합니다.
- ORIGINAL 도장: 신용장에서는 인보이스나 패킹리스트의 원본을 요구합니다. 이때 원본(ORIGINAL)임을 표시하기 위해 찍는 도장입니다. 도장에는 영문으로 'ORIGINAL'이 새겨져 있습니다.
- COPY 도장: COPY 도장도 사본(COPY)임을 표시하기 위해 필요합니다. 도장에는 영문으로 'COPY'가 새겨져 있습니다.
- 코레스(CORRECTION) 도장: 서류에 수정사항이 발생했을 때 찍는 도장입니다. 도장에는 영문으로 'CORRECTION'이 새겨져 있습니다.

하자가 발생해도
돌파구는 있다

오전에 네고를 하고 그 전날 미리 서류를 보내 검토하더라도 신용장 발행은행이나 리네고은행에서 하자를 잡을 수도 있습니다. 필자의 경우 외국계 은행을 네고은행으로 지정한 신용장을 받은 적이 있습니다. 이 외국계 은행을 통해 네고를 해야 하지만 이 은행은 일반기업과는 거래하지 않았습니다.

그래서 일단 필자가 거래하던 은행에서 네고를 하고 난 후 거래은행이 다시 이 외국계 은행에 네고, 즉 리네고를 했습니다. 문제는 네고은행에서는 하자로 잡지 않던 것을 리네고은행에서는 하자로 잡을 수 있다는 것입니다. 하자가 생기면 하자수수료라는 벌칙성 수수료가 발생하거나 하자를 문제 삼아 바이어가 결제를 거절하기도 합니다. 하자를 이유로 바이어가 결제를 하지 않으면 네고은행은 바이어에게서 돈을 받지 못했으므로 수출자에게 결제했던 대금을 돌려달라고 하는 극단적인 상황이 발생하기도 합니다.

따라서 될 수 있으면 하자로 잡히지 않거나 하자로 인한 추심이 되지 않도록 해야 합니다. 그래서 리네고은행의 직원이 이야기하는 하자사항과 대처를 그대로 받아서 서류를 작성하고 제출해 정상적인 네고가 되도록 해야 합니다. 네고는 되도록이면 클린이 되도록 하며, 하자가 발생하더라도 포기하지 말고 네고 담당직원에게 그 해법을 구하도록 합니다.

TIP

리네고

신용장 중에는 네고은행을 특정 은행으로 정해놓기도 합니다. 이 경우 네고는 반드시 신용장에서 정한 은행에서만 해야 합니다. 하지만 일반기업과는 거래를 하지 않는 외국계 은행인 경우 네고를 할 수가 없습니다. 이때는 거래은행을 통해 먼저 네고를 하고 다시 외국계 은행에 네고를 하는데, 이것을 리네고라 합니다.

하자를 악용하는 바이어를 주의하자

과거에는 하자를 꼬투리 삼아 제품가격을 후려치는 나쁜 바이어도 있었습니다. 수출자가 화물을 선적한 후 네고를 하면 서류는 신용장을 발행한 은행으로 보내집니다. 이때 바이어가 사소한 하자를 문제

삼아 결제를 하지 않으면 어떻게 될까요?

수출자는 이미 화물을 보낸 상태인데 바이어가 하자를 문제 삼아 결제하지 않고 화물을 인수하지 않는다면, 수출자는 수입지에 도착한 화물을 다시 자기 나라로 돌려보내거나 수입지에 있는 새로운 바이어를 물색해야 합니다. 화물을 돌려보내기 위해서는 반송통관을 해야 하고 선박도 구해야 합니다. 반송되어 오는 화물은 구매처가 없는 경우 고스란히 재고가 됩니다. 이런 점을 악용해 제품가격을 터무니없이 깎는 수입상도 있으니 각별히 주의해야 합니다.

B/L이 없어도 L/G가 있으면
수입화물을 인수할 수 있다

사본으로도 화물을 인수할 수 있는 B/L이 써렌더 B/L입니다. 써렌더 B/L은 화물이 B/L보다 먼저 수입지에 도착한 경우에 화물을 인수하기 위해 쓰입니다. 신용장 거래에서 바이어는 수출자가 네고한 서류를 인수해 네고서류에 있는 B/L을 제출하고 화물을 인수합니다. 하지만 항구에 이미 선박이 도착했는데 발행은행에 네고서류가 아직 도착하지 않았다면 바이어는 화물을 인수하기 위해 무엇을 해야 할까요? 정답은 '발행은행에서 L/G를 발급받으면 된다.'입니다.

L/G는 Letter of Guarantee의 약자로, 나중에 바이어가 네고서류를 인수하게 되면 B/L은 반드시 운송회사에 제출한다는 것을 은행이 보증하는 서류입니다. B/L 없이 화물을 먼저 인수해도 좋다는 것(화물선취)을 은행이 보증(보증서)하므로 L/G(Letter of Guarantee)를 우

| 일반적 화물인수 절차 |

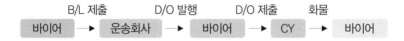

| L/G를 통한 화물인수 절차 |

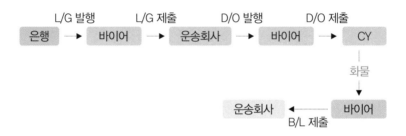

리말로는 화물선취보증서라고도 합니다. 즉 원래는 B/L을 운송회사에 제출하고 화물을 인수하지만, B/L이 없더라도 은행에서 발급받은 L/G를 운송회사에 제출하고 화물을 인수할 수 있습니다.

B/L을 ORDER B/L로
만들라는 문구들

TO ORDER 혹은 TO ORDER OF SHIPPER

신용장의 DOCUMENTS REQUIRED을 보면 'B/L MADE OUT TO ORDER AND BLANK ENDORSED'나 'TO ORDER OF SHIPPER

224

AND BLANK ENDORSED' 등의 문구를 볼 수 있습니다. 이것은 B/L을 ORDER B/L로 만들라는 것입니다(참고로 ORDER B/L에 대한 것은 2장에 있는 'TO ORDER와 TO ORDER OF SHIPPER, 그리고 ORDER B/L'을 참고하기 바랍니다).

B/L MADE OUT TO ORDER AND BLANK ENDORSED라는 것은 B/L의 CONSIGNEE란에는 TO ORDER를 기재하고 (양도하기 위해) 수출자의 이름과 사인, 즉 배서(BLANK ENDORSED)를 하라는 것입니다.

B/L MADE OUT TO ORDER OF SHIPPER AND BLANK ENDORSED의 경우, B/L의 CONSIGNEE에 TO ORDER OF 수출자(신용장에서 수출자로 기재된 사람)를 적고 수출자의 이름과 사인을 배서합니다. 네고서류에 찍는 도장은 직접 찍지 말고 네고은행에 가져가서 은행원이 어디어디에 찍는지 유심히 보도록 합니다.

TO ORDER OF SHIPPER AND ENDORSED TO ORDER OF

이와 유사한 것으로 'TO ORDER OF SHIPPER AND ENDORSED TO ORDER OF 특정인'이 있습니다. 이것은 B/L의 CONSIGNEE란에는 TO ORDER OF SHIPPER를 하고, SHIPPER가 배서를 하고, 배서를 한 곳에 'TO ORDER OF 특정인'을 기재하면 됩니다.

TO ORDER OF ISSUING BANK

B/L의 CONSIGNEE에는 'TO ORDER OF 개설은행 이름'이 들어가는 것을 말합니다. 이 경우 신용장은 수출자의 배서를 요구하지 않습니다.

AIRWAYBILL CONSIGNEE에
발행은행 이름을 넣는 이유

AIRWAYBILL은 기명식, 즉 CONSIGNEE란에 이름이 들어가야 하기 때문에 CONSIGNEE에 TO ORDER나 TO ORDER OF SHIPPER 등을 쓸 수 없습니다. 하지만 신용장상에서 AIRWAYBILL에 바이어의 이름이 기재되면, 바이어는 사본만 있으면 바로 통관해서 화물을 찾아갈 수 있으므로 대단히 위험합니다.

신용장은 일반적으로 DOCUMENTS REQUIRED에서 AIRWAYBILL CONSIGNEED TO ISSUING BANK 이름으로 해 AIRWAYBILL의 CONSIGNEE란에 발행은행의 이름이 들어가도록 하고 있습니다.

신용장 관련 서류는
은행 홈페이지에 모두 있다

지금의 우리 사회에서 인터넷은 생활이 아닌 습관이 되었습니다. 어마어마하게 많은 정보가 공유되고 새롭게 만들어지고 있습니다. 또한 생각지도 못한 것들을 인터넷으로 찾아볼 수 있습니다. 또 정부를 포함해 일반기업들도 이전에는 직접 방문해야 얻을 수 있었던 많은 서류 양식들을 자신들의 홈페이지에 올려서 얼마든지 다운받을 수 있도록 하고 있습니다.

이 책을 읽는 독자 중에 대다수가 무역실무를 아직 해보지 않은 학생이나 일반인일 겁니다. 하지만 꼭 무역실무를 해보지 않더라도 얼마든지 실무와 관련된 서류의 양식과 자료들을 인터넷에서 찾아볼 수 있습니다. 예를 들어 신용장을 개설하려고 할 때 필요한 신용장 개설신청서나 네고 때 필요한 환어음, L/G 발행에 필요한 L/G 발행 신청서 등이 이미 은행 홈페이지의 서식창고에 올려져 있습니다. 이러한 다양한 정보는 무작정 모아두는 것보다는 얼마만큼 효율적으로 활용하는지가 더 중요합니다.

수출신용장과 수입신용장은
어떤 차이가 있을까?

어떤 제품이 있을 때, 수출업체에게 이 제품은 수출품입니다. 하지만 바이어에게 이것은 수출품이 아니라 수입품입니다. 예를 들어 한국의 A전자가 미국에 스마트폰을 판매합니다. 이때 A전자에게 스마트폰은 수출제품이지만 미국의 바이어에게 스마트폰은 수입제품입니다.

이와 마찬가지로 수출신용장(EXPORT CREDIT)이나 수입신용장(IMPORT CREDIT)도 상대적인 개념입니다. 즉 발행된 신용장은 하나이지만 수출자 입장에서는 수출을 위해 발행했으므로 수출신용장이고, 바이어 입장에서는 수입을 위해 발행했으므로 수입신용장입니다. 참고로 신용장은 영문으로 Letter of Credit인데 줄여서 Credit이라고도 합니다.

신용장으로 대출도 한다,
화환신용장과 클린신용장

은행은 투자 외에 대출과 같이 일반인이나 기업에게 돈을 빌려주고 이자를 받는 금융기관입니다. 따라서 은행에게는 대출이 상품과 같은 것으로 은행은 다양한 대출상품을 개발해 판매하고 있습니다.

무역에서 대출과 같은 것이 신용장입니다. 은행은 신용장을 개설하고 다양한 이자와 수수료를 바이어에게 받습니다. 대출과 마찬가지로 신용장도 은행에게는 일종의 상품과 같습니다.

은행이 개발하는 다양한 신용장 상품에는 일반적으로 우리가 잘 알고 있는 제품구매 보증용으로 개설하는 신용장 외에 해외에서 대출 혹은 계약금 용도로 쓰이는 보증신용장(STANDBY CREDIT) 등의 클린신용장(CLEAN CREDIT)이 있습니다.

화환신용장(DOCUMENTARY CREDIT)

제품구매 보증신용장의 경우, 신용장의 DOCUMENTS REQUIRED에서 다양한 서류를 요구합니다. 수출자는 이러한 서류(네고서류)를 준비해 은행에 제출하고 수출대금을 회수합니다. 이와 같이 서류를 요구하는 신용장을 화환신용장이라 하고 영어로는 DOCUMENTARY CREDIT이라 합니다.

클린신용장(CLEAN CREDIT)

화환신용장과 달리 서류를 요구하지 않는 신용장이 있습니다. 서류를 요구하지 않는(CLEAN) 신용장(CREDIT)이라고 해 CLEAN CREDIT

이라고도 합니다. 보증신용장은 클린신용장의 하나입니다. 보증신용장의 예를 들어보겠습니다.

CASE 보증신용장

사우디에 있는 A사는 한국에 있는 B사의 사우디 지사입니다. 이번에 A사는 사우디에서 발주할 대형 공사에 입찰할 예정인데 입찰보증금이 없습니다. 그래서 본사에 요청했고, 본사에서는 은행을 통해 보증신용장을 발행했습니다. A사는 보증신용장을 제출해 입찰에 임했습니다.

은행은 여러 가지 상황에 맞는 다양한 신용장 상품을 제공하고 있습니다. 이를 이용하기 위해서는 은행에 문의하는 것이 가장 확실합니다. 간혹 지점에서 신용장이나 무역금융 상품을 잘 모를 경우 본점 외환계 등에 문의하면 자세한 답을 얻을 수 있습니다.

신용장을 담보로 다른 신용장을 발행하는
양도가능신용장

수출자는 신용장을 받아서 구매를 보증받을 수 있지만, 정작 수출 제품을 생산할 때 필요한 부품을 구매할 자금이 부족해 수출에 차질을 빚을 수 있습니다. 이때 신용장을 이용해 자금 문제를 해결하기도 하는데 바로 양도가능신용장입니다. 양도가능신용장은 신용장에 TRANSFERABLE이 기재된 것으로, 신용장금액의 전부나 일부를 담보로 다른 신용장을 발행하는 것을 허용하는 것입니다. 참고로 양도가능신용장은 신용장에 '40A FORM OF DOCUMENTARY CREDIT: TRANSFERABLE'라는 식으로 표시합니다.

양도가능신용장은 중계무역에서 많이 이용하며, 양도가능신용장을 담보로 제2의 신용장을 발행하기 위해서는 제2의 신용장을 발행할 은행에 발행할 수 있는지 먼저 확인해야 합니다.

CASE | TRANSFERABLE CREDIT

수출상 A는 미국의 바이어 B에게서 TRANSFERABLE가 기재된 10만 달러짜리 양도가능신용장을 받았습니다. 일부 부품을 중국에서 구매하는데, 양도가능신용장을 담보로 8만 달러짜리 신용장을 중국 생산자 앞으로 발행했습니다.

취소할 수 있는 신용장도 있다, 취소가능신용장

신용장은 바이어의 요청에 따라 거래은행(발행은행)을 통해 수출자 앞으로 발행됩니다. 즉 기본적으로 신용장은 수출자, 바이어, 신용장 발행은행이 관련됩니다. 수출자는 신용장을 믿고 제품을 생산하기 시작하며, 바이어는 신용장을 발행한 것으로 제품이 생산되거나 준비될 것이라고 생각합니다. 그런데 신용장과 관련된 세 당사자(수입자, 수출자, 개설은행) 중 하나가 여러 가지 이유로 갑작스럽게 신용장을 취소하면 어떻게 될까요?

예를 들어 바이어가 갑작스럽게 마음이 바뀌어 수입을 중단하고 신용장을 취소한다면, 신용장만 믿고 수출을 준비하던 수출자로서는 당연히 막막할 수밖에 없습니다. 또 생산한 제품을 다른 업체에 팔지 못하면 제품은 고스란히 수출자의 재고로 남게 됩니다.

신용장은 기본적으로 취소할 수 있는 신용장(REVOCABLE CREDIT)과 취소할 수 없는 신용장(IRREVOCABLE CREDIT)으로 나뉩니다. 내가 받은 신용장이 취소가능신용장인지 취소불능신용장인지는 신용장의 '40A FORM OF DOCUMENTARY CREDIT(화환신용장의 종류)'에서 확인할 수 있습니다. 즉 FORM OF DOCUMENTRARY CREDIT이 'REVOCABLE'이라고 되어 있으면 이는 취소가능신용장이고, 'IRREVOCABLE'이라고 되어 있으면 이는 취소불능신용장입니다.

참고로 FORM OF DOCUMENTARY CREDIT에 기재되는 것에는 REVOCABLE TRANSFERABLE(취소할 수 있는 양도가능신용장), IRREVOCABLE TRANSFERABLE(취소할 수 없는 양도가능신용장), REVOCABLE(취소가능신용장), IRREVOCABLE(취소불능신용장) 등이 있습니다.

아무 은행에서나
네고를 해주는 게 아니다

신용장에서 수출자가 수출대금을 회수하는 데는 네고와 추심을 하는 방법이 있습니다. 네고는 신용장에 따라 수출자의 거래은행 등 수출자가 원하는 은행에서 하거나 특정 은행에서만 할 수 있습니다. 이와 같이 수출자가 원하는 아무 은행에서 해도 되는, 즉 특정한 네고은행을 지명하지 않는 신용장을 OPEN CREDIT, 네고은행으로 특정한 은행을 정해놓은 신용장을 RESTRICTED CREDIT이라 합니다. 신용장이 OPEN CREDIT인지 RESTRICTED CREDIT인지 확인하려면 신용장의 '41D AVAILABLE WITH…BY' 부분을 보면 됩니다.

CASE | OPEN CREDIT과 RESREICTED CREDIT

1 | OPEN CREDIT

- 41D AVAILABLE WITH…BY: ANY BANK BY NEGOTIATION

2 | RESTRICTED CREDIT

- AVAILABLE WITH BY BIC: DREAKRSE DREAM BANK, SEOUL BRANCH SEOUL KR BY NEGOTIATION

BIC(스위프트코드)가 DREAKRSE인 드림은행(DREAM BANK) 서울 지점(SEOUL BRANCH)에서만 네고를 해야 합니다.

실무에서는 OPEN CREDIT이라 하더라도 아무 은행에서나 네고를 해주지는 않습니다. 네고라는 것은 미리 돈을 주는 것인데, 은행이 네고를 해주는 경우는 잘 아는 업체이거나 담보 등을 받아서 리스크를 최소화한 경우에 한해서라는 것을 알아야 합니다. 즉 거래은행에서나 네고가 가능합니다.

은행에서 돈을 요구할 수 있는
소구가능신용장

네고 때 네고은행이 수출자에게 수출대금을 지급했는데, 바이어가 결제를 하지 않아 네고은행이 돈을 받지 못한 경우 어떻게 될까요? 일반적인 네고라면 네고은행이 수출자에게 수출대금을 지급하고, 네고서류를 신용장을 발행한 은행에 보냅니다. 바이어는 결제를 하고 서류를 회수합니다. 결제된 자금은 발행은행을 거쳐서 네고은행으로 송금되는 것이 정상적인 절차입니다.

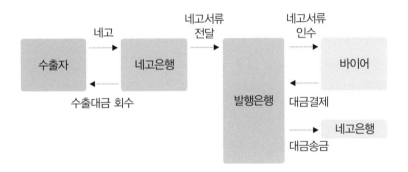

하지만 바이어가 서류의 하자 등을 이유로 결제를 하지 않거나, 신용장을 발행한 은행의 파산으로 결제가 되지 않는 비정상적인 경우에 네고은행은 극단적으로는 수출자에게 받았던 돈을 내놓으라고 합니다. 여기서 은행이 돈을 돌려달라고 하는 것을 소구라 하며, 소구가 가능한 신용장을 WITH RECOURSE CREDIT이라고 합니다. 이와 반대로 네고은행이 소구를 할 수 없도록 하는 것을 소구불능이라

고 하며, 그 신용장을 소구불능신용장(WITHOUT RECOURSE CREDIT)
이라 합니다.

해외의 경우에는 소구불능이 가능하다고 하지만, 우리나라는 소
구불능신용장이라도 소구하기도 합니다.

신용장으로 결제 미루기, 유산스신용장

여러분이 바이어라고 가정하겠습니다. 여러분은 해외에서 제품을
수입하기 위해 수출자 앞으로 신용장을 발행합니다. 일반적인 신용
장 거래라면 바이어는 먼저 결제를 하고 네고서류를 인수할 수 있습
니다. 그런데 여러분은 당장 돈이 없어 화물을 인수하고 30일 후쯤
에야 결제를 할 수 있습니다. 즉 결제는 나중에 하고 우선 물건을 찾
기 위해 서류부터 인수하고 싶습니다.

이런 경우에 일단 서류부터 인수하고 나중에 결제할 수 있는 신
용장이 있는데, 이것을 기한부신용장이라 하고 영어로는 USANCE
CREDIT이라고 합니다.

기한부신용장(USANCE CREDIT)

신용장이 기한부신용장인지는 신용장의 42번 항목 등에서 확인할
수 있습니다. (신용장마다 42번 항목이 있거나 없기도 합니다. 이 경우 은행
에 문의합니다.)

42C DRAFTS AT: AT 30DAYS AFTER DRAFT DATE

DRAFTS AT은 바이어가 언제 결제하는지를 표시해놓은 것으로 30DAYS AFTER DRAFT DATE의 경우 환어음 발행일자부터 30일째에 바이어가 결제하는 것을 말합니다.

(참고로 기간은 30일 단위로 30일, 60일, 90일, 120일, 150일, 180일, 이런 식으로 표시합니다.)

* 이외의 기한부신용장 표시로는 AT 30DAYS AFTER B/L DATE 등이 있습니다. 이것은 B/L 발행일부터 30일째에는 바이어가 결제를 해야 한다는 것을 뜻합니다.

일람출급신용장(SIGHT CREDIT)

일반적으로 바이어가 서류를 인수하기 위해서는 결제를 먼저 해야 하는데, 이러한 신용장을 SIGHT CREDIT이라고 하며 우리말로는 일람출급신용장이라 합니다.

CASE 42C DRAFTS AT: AT SIGHT

AT SIGHT를 그대로 한자로 옮긴 것이 일람(一覽)인데, 바이어가 서류를 인수하기 위해서는 결제를 먼저 해야 한다는 뜻에서 AT SIGHT를 일람출급이라 하며, 일람출급하도록 하는 신용장을 일람출급신용장이라 합니다.

BANKER'S USANCE와
SHIPPER'S USANCE의 차이를 알자

SIGHT CREDIT에서 네고은행은 약 8일 정도(나라별로 차이가 있습니다)의 환가료를 떼고 수출자에게 결제합니다. SIGHT CREDIT의 경우 약 8일이면 네고은행으로 돈이 들어오지만, USANCE CREDIT의 경우에는 결제가 30일 이상 연기됩니다. 결제가 연기되는 이 기간을 유산스라고 하며 이것을 이자로 계산한 것이 유산스이자입니다.

이 유산스이자를 누가 부담하느냐에 따라 USANCE CREDIT은 BANKER'S USANCE(바이어가 이자를 부담함)와 SHIPPER'S USANCE(수출자가 이자를 부담함)로 나뉩니다.

SHIPPER'S USANCE일 경우, 수출자가 유산스이자를 부담하기로 한 것이므로 네고 때 유산스이자를 제한 나머지 금액을 수출대금으로 받을 수 있습니다.

BANKER'S USANCE의 경우, 은행(BANKER)이 이자를 부담하는 것으로 해석되지만 실제로는 바이어가 이자를 부담한다는 의미입니다.

> **TIP**
>
> **DISCOUNT CHARGES**
>
> 일반적으로 신용장에서 DISCOUNT CHARGES ARE FOR BENEFICIARY 등의 문구가 있으면 SHIPPER'S USANCE를 뜻합니다. 여기서 DISCOUNT CHARGES는 유산스이자를 말하며 INTEREST CHARGES라고도 합니다.

신용장을 발행할 여력이 없다면
D/P와 D/A 활용하기

은행이 보증을 서거나 대출을 해준다는 것은 보증을 받는 사람 혹은 대출을 받는 사람이 다양한 수수료를 부담해 보증 혹은 대출을 받는다는 것을 말합니다. 신용장은 은행이 바이어의 구매를 보증한다는 것으로, 신용장을 발행하기 위해 바이어는 다양한 수수료와 이자를 부담해야 합니다.

또한 신용장은 아무에게나 발급해주지 않습니다. 은행에서는 신용장 발행을 원하는 업체의 신용, 재정, 혹은 담보상태 등을 체크합니다. 또 은행 나름의 기준에 따라 계산해 신용장을 발행할 수 있는 한도를 정하고, 바이어는 한도 내에서 신용장을 발행할 수 있습니다. 그렇다면 신용장 관련 수수료가 부담스럽거나 신용장을 발행할 여력이 없는 업체는 현금결제만 하거나 아예 수입을 포기할 수밖에 없을까요?

그렇지는 않습니다. 실무에서는 신용장 없이도 은행을 통해서 수출대금을 결제받기도 하는데 대표적으로 D/P와 D/A가 있습니다. D/P와 D/A도 네고나 추심을 통해서 수출대금을 회수할 수 있습니다.

은행 보증 없이 하는 D/P

국내거래에서 구매자금이 부족한 경우 언제까지 돈을 갚겠다는 증서인 어음과 같은 것을 발행하고 제품을 사기도 합니다. 돈을 갚겠다고 하고서는 '나몰라라' 하면 어음은 휴지조각과 다름없지만, '반드시 갚으리라' 하는 믿음을 주는 사람일 경우 어음 자체가 돈과 같은 역할을 합니다. 어음은 조금 나중에 받는다는 차이가 있을 뿐이지 어음만 있으면 돈을 받을 수 있습니다.

그런데 어음을 가지고 있는 사람이 갑자기 돈이 필요하면 은행을 통해서 어음을 할인받기도 합니다. 하지만 어음을 발행한 사람이 미덥지 못하거나 신용이 그리 좋지 않다면 은행에서는 할인해주지 않거나 은행이 만기에 돈을 받아주는 추심을 진행합니다.

은행은 무역에서도 어음할인과 비슷한 네고나 추심을 신용장 거래에서 합니다. 그리고 은행은 신용장 거래가 아니더라도 네고나 추심을 합니다.

수출자와 바이어가 매매계약을 하고 수출자는 계약서에 따라 제품을 생산합니다. 매매계약서에는 제품가격 외에 바이어가 통관 시 필요한 B/L을 포함한 서류목록도 있는데, 수출자는 이 서류를 준비해 은행에 제출(네고)합니다. 은행은 수출자와 바이어의 신용이 대단히 좋다면 바로 수출대금을 지급(매입)하지만, 잘 모르는 업체들인 경우 수출자에게 수출대금을 지급하지 않고 서류만 바이어의 거래은행으로 보냅니다(추심). 그리고 나서 바이어는 결제를 하고 서류를 받아서 통관 후 화물을 인수합니다. 이와 같이 신용장 거래가 아닌 일반 매매계약서하에서 결제를 먼저 하고(against Payment) 바이어가 서류(Document)를 인수하는 것을 D/P라 합니다.

참고로 수출자와 바이어가 합의해 작성하는 계약서에는 합의한 제품의 가격·가격조건 및 바이어가 통관에 필요한 각종 서류 등과 바이어 은행의 정보 등이 기재됩니다.

D/P는 바이어가 결제한 후 서류를 인수하는 것입니다. 그렇다면 무역실무에서 USANCE CREDIT처럼 신용장이 아닌 경우에도 바이어가 서류부터 인수하고 결제는 나중에 어느 일정한 날에 결제를 할 수도 있을까요? 정답은 'YES'입니다. 이것을 실무에서는 Document against Acceptance의 약자로 D/A라고 합니다. D/A는 USANCE CREDIT처럼 바이어가 서류를 먼저 인수하고 나중에 결제하겠다는 것을 말합니다.

　참고로 신용장은 은행이 대금의 지급을 보증하지만, D/P나 D/A는 바이어를 믿고 하는 것이기 때문에 신용장보다는 리스크가 큽니다. 그래서 D/P와 D/A를 네고하기 위해 은행은 보험에 가입할 것을 요구합니다.

커미션 처리,
어떻게 해야 할까?

커미션은 해외에서 자기 회사를 대신해 영업을 하고 거래를 성사시키는 에이전트에게 주는 일종의 수고비입니다. 은행을 통해 외화를 보낼 때는 왜 돈이 나가는지 그 이유를 설명하는 서류를 제출해야 하는데, 커미션을 송금하는 경우에는 에이전트와 계약한 계약서와 수출에 관련된 자료(수출신고필증 등)를 제출하면 됩니다. 누가 봐도 이 송금이 불법적이지 않다는 사실을 설명하는 서류면 되는 것이지요. 혹 잘 판단이 서지 않으면 은행이나 무역협회 등에 문의하면 됩니다.

우리가 일상생활에서 보험을 드는 가장 큰 이유는 미래에 일어날지도 모르는 사고에 대비하기 위해서입니다. 여기에는 건강보험, 연금보험 등 기타 여러 가지가 있습니다.

앞서 읽은 것처럼 수출입프로세스에서 운송 혹은 결제를 할 때 다양한 위험부담이 생깁니다. 예를 들어 선박이나 항공기로 화물을 수출할 때 갖가지 사고로 화물이 파손되거나 분실되기도 합니다. 바이어가 결제는 했는데 정작 물건을 받지 못하거나 하는 일도 생깁니다.

이렇게 수출입과정에서 생길 수 있는 다양한 위험에 대비하기 위한 것이 무역과 관련된 보험입니다. 여기에는 대표적으로 적하보험과 무역보험이 있습니다. 적하보험은 운송되는 화물에 대해 가입하는 보험이고, 무역보험은 결제와 관련된 보험입니다.

6장에서는 다양한 보험의 종류와 보험료를 계산하는 방법, 발급된 보험증서의 내용, 그리고 보험에 가입하는 방법에 대해서 알아보기로 합니다.

6장

보험을 통한
위험관리는 필수다

위험관리야말로
무역의 핵심이다

우리나라는 겨울이 있음에도 겨울 스포츠는 그리 활성화되지 못하고
또 스케이트 경우에 평생 한 번도 타보지 않은 사람도 많습니다. 이
와 달리 외국, 특히 캐나다 같은 곳에서는 겨울 스포츠를 다양하게
즐깁니다. 겨울 스포츠 중 스케이트는 캐나다 사람들이 좋아하는 운
동으로, 추운 날씨로 인해 꽁꽁 언 강들을 스케이트장으로 활용하기
도 합니다(캐나다 수도 오타와에는 배가 다니는 수로가 있는데, 겨울에는 이
곳이 천연스케이트장이 됩니다).

　보통 어릴 때부터 다양한 스포츠, 특히 겨울 스포츠 중 스케이트
를 많이 가르칩니다. 아이들에게 가장 먼저 가르치는 스케이트 기술
은 앞으로 가기나 뒤로 돌기가 아니라 다치지 않고 넘어지기입니다.

스케이트장을 가면 헬멧이며 장갑, 무릎 보호대를 착용한 채 신나게 몸을 날려 배로 스케이장 바닥을 쓸고 다니는 아이들을 볼 수 있습니다. 이는 얼음 바닥에 익숙해져 다치지 않고 안전하게 넘어지는 방법을 몸으로 익히기 위해서입니다.

실제 바닥에 얼음이 깔린 공간은 스케이트장이나 가야 올라갈 수 있을 정도로 드문데, 이렇게 서 있기도 힘든 미끄러운 공간에서 더 잘 미끄러지기 위해 신발 바닥에 쇠를 대기 때문에 넘어져서 다치지나 않을까 두렵기도 합니다. 보통 처음 스케이트화를 신고 얼음에 올라가면 미끄러지지 않으려 허우적거리기 십상입니다. 미끄러지지 않으려고 몸에 힘을 주고 버티다 보면 정작 미끄러질 때 크게 다치기도 합니다. 부상과 함께 생긴 아픔에 대한 기억은 '스케이트는 위험한 운동이고 해서는 안 되는 것'이라는 선입견을 갖게 만들어 스케이트장을 멀리하게 됩니다. 하지만 스케이트를 탈 때 앞으로 가는 것보다 다치지 않게 넘어지는 것을 먼저 익힌다면 넘어져도 별로 다치지 않기 때문에 오히려 새로운 것을 계속 연습해나갈 수 있는 의욕이 생기지 않을까 합니다.

무역도 마찬가지입니다. 무역을 통해 큰돈을 번 사람도 있고, 다양한 사업의 기회를 찾은 사람도 많습니다. 스케이트가 꽤 재미있는 운동이지만 넘어져서 다칠 수 있는 위험이 있는 것처럼, 무역도 국내에서 하는 일이나 사업보다는 큰 기회가 있지만 그만큼 위험부담이 크다는 것을 알아야 합니다. 우선 스케이트화만 신고 보자는 사람처럼 핑크빛 전망만 보고 무역에 뛰어든 사람 중에 큰 손해를 입은 사람을 실제로 여럿 보기도 했습니다. 물론 아프든 말든 스케이트를 끝까지 타서 결국에는 잘 타게 되었다는 사람이 있는 것과 마찬가지로 계속된 실패를 통해서 결국에는 성공했다는 사람도 있습니다. 하지만 미리부터 다치지 않는 법을 터득해서 재미있게 스케이트를 타는, 즉 리스크가 당연히 있지만 그것을 최소화하는 방법을 안다면 위기가 왔을 때 그것은 오히려 기회가 될 것입니다.

무역에서 수출이나 수입과 관련해 리스크라는 것은 수출입운송과 결제에 대한 것이 많습니다. 그 외에 세무나 통관과 관련한 것이 있고, 무역실무자 개인에게는 무역서류 작성의 리스크가 있습니다.

리스크를 관리하는
핵심 노하우

필자가 다년간의 경험을 통해 얻은 리스크 줄이는 노하우를 간단히 설명해보겠습니다.

- 적하보험과 수출보험: 운송과 결제에 대한 리스크는 보험에 가입하는 것으로 많이 줄일 수 있는데, 대표적으로 운송에 대한 적하보험과 결제에 대한 수출보험이 있습니다.
- 전문가에게 질의: 세무나 통관과 관련해서는 무역을 잘 모르기 때문에 실수하는 부분이 많습니다. 이런 것은 국세청이나 세무서 혹은 무역협회에서 세무를 담당하는 전문가에게 문의하면 해결방법을 들을 수 있습니다.
- 중요한 포인트 위주로 확인: 무역서류 작성과 관련해서 실무자는 서류를 작성하는 중에 크고 작은 실수를 많이 하는데, 여기에는 오

타, 금액 오기(잘못 기재하는 것) 등이 있습니다. 서류의 모든 내용을 다 중요하게 보고 글자 하나하나를 꼼꼼하게 확인해도 사람이기에 실수할 수 있습니다. 너무 자책하지 말고 처음에는 제품가격, 수량 등 중요한 포인트 위주로 서류를 체크하는 것이 좋습니다. 또한 서류를 작성할 때 필요 없이 너무 많은 내용을 작성하기도 하는데, 이것은 네고서류를 준비할 때도 그리 좋지 않습니다(서류작성 및 확인에 대한 자세한 사항은 7장에서 다시 이야기하도록 하겠습니다).

보험에 가입해야
D/P, D/A 네고가 가능하다

신용장은 은행이 바이어를 대신해 구매를 보증하는 것입니다. 하지만 D/P나 D/A의 경우, 제3의 보증인 없이 바이어의 신용만 믿고 생산하기 때문에 수출자에게는 신용장보다 위험부담이 큽니다. 이러한 위험부담은 네고은행에게도 마찬가지이므로 신용장과 달리 D/P나 D/A 때 네고은행은 보통 추심으로 진행합니다(이것을 '추심을 돌린다'고 합니다).

추심이 되면 수출자는 바이어가 결제할 때까지 기다려야 하고, 이 때문에 수출자의 자금이 잘 회전되지 않습니다. 수출자의 자금이 잘 회전되지 않는다는 것은 수출자가 제품을 생산하는 데 필요한 돈이 없다는 뜻입니다. 만약 제품을 생산하지 못하거나 늦게 하게 된다면 수출에 영향을 받습니다. 수출에 영향을 받는다면 수출이 성장의 기반인 우리나라에게는 큰 문제입니다. 그래서 정부는 수출업체가 수출대금을 회수할 때 그와 관련한 어려움을 줄여주고자 고민했고, 그렇게 해서 나온 것이 수출보험입니다.

수출을 하는 기업의 사정이 다양한 만큼 수출보험상품도 다양한데, 대표적인 것이 D/P와 D/A에 관련된 보험입니다. 즉 위험도가 높기 때문에 은행에서 네고를 꺼리는 D/P나 D/A와 같은 것을 수출보험으로 보장함으로써 수출기업은 네고를 통해서 수출대금을 회수할 수 있고, 은행은 네고서류를 매입한 후 결제가 되지 않는 것을 보험으로 보상받을 수 있습니다.

그래서 일반적으로 네고은행은 D/P나 D/A일 경우 수출자에게 수출보험에 가입하도록 요구합니다. 이러한 수출보험상품은 무역보험공사(구 수출보험공사)에서 판매하고 있습니다.

무역보험공사 상품,
자세히 살펴보기

무역보험공사는 수출과 관련된 다양한 상품을 개발해 수출업체를 지원하기 위해 노력하고 있습니다. 2010년에 수출보험공사에서 한국무역보험공사로 회사명이 변경되었으며, 수출뿐만 아니라 수입에 관련한 다양한 상품도 제공하고 있습니다.

수입보험은 수입과 관련한 결제에 대한 보험을 의미합니다. 예를 들어 수입회사가 해외의 제조업체에게 보증금 형식으로 일부 금액을 미리 지급했는데, 해외 제조업체가 부도가 나거나 혹은 기타 이유로 제품은 고사하고 보증금마저 돌려받지 못할 수도 있습니다. 이러한 경우를 대비할 수 있는 것이 수입보험입니다.

무역보험은 수출자 혹은 바이어가 처할 수 있는 다양한 위험을 대비하기 위한 것으로, 보험상품의 자세한 정보는 한국무역보험공사 홈페이지(www.ksure.or.kr)에서 알아볼 수 있고 상담전화(1588-3884)를 걸거나 직접 방문해 문의하는 것도 좋습니다.

무역보험상품의 종류

수출 관련한 무역보험상품에는 크게 단기성 보험과 신용보증이 있습니다.

- **단기성 보험**: 단기성 보험에는 단기수출보험(선적후), 단기수출보험 (포페이팅), 단기수출보험(수출채권유동화) 등 총 8개의 보험이 있습니다. 대표적으로 단기수출보험(선적후)의 경우 수출자가 네고 후 신용장 개설은행이 결제하지 않는 등의 경우를 대비하기 위한 보험입니다.
- **신용보증**: 신용보증상품으로는 수출신용보증(선적전), 수출신용보증 (선적후), 수출신용보증(NEGO) 등 총 4개의 보험이 있습니다.

신용조사

무역보험에 가입할 때 무역보험공사는 수출자와 바이어의 신용을 조사합니다. 신용에 문제가 있거나 경제적인 제재를 받고 있는 나라의 업체와 거래하는 경우 수출보험에 가입되지 않을 수 있으니 거래 전에 반드시 무역보험공사를 통해 보험에 가입할 수 있는지 확인하도록 합니다.

운송 불안을 해소해주는
적하보험

수출 혹은 수입은 화물을 다른 나라로 운송하는 것을 말합니다. 우리나라는 화물을 선박이나 항공기로 운송하는데, 운송 중에 다양한 사고로 화물이 손실될 수 있습니다. 이러한 운송 중에 화물이 손상될 수 있는 위험에 대비해 가입하는 보험을 적하보험이라고 합니다.

여기서 적하(積荷)라는 것은 '적재된 화물'을 뜻합니다. 즉 선박이나 항공기에 적재된 화물에 대한 보험이 적하보험입니다. 적하보험은 선박에 실린 화물에 대한 것이냐, 항공기에 적재된 화물에 대한 것이냐에 따라 선박적하보험과 항공적하보험으로 나뉩니다.

온라인으로 가입할 수 있는 적하보험

수출보험의 경우 위험이 크고 손해가 많이 날 수 있기 때문에 일반 보험회사에서는 취급하지 않습니다. 일반적으로 무역보험공사와 정부가 낸 돈으로 운영됩니다. 이와 달리 적하보험의 경우 일반 보험회사에서 취급하고 있으며, 주로 회사이름에 '손해보험'이 들어가는 손해보험사에서 취급합니다(손해보험사는 손해보험협회 홈페이지에서 확인할 수 있습니다). 우리나라에는 이미 많은 국내 손해보험사와 외국계 손해보험사가 있습니다. 손해보험사별로 다양한 상품과 함께 보험료도 천차만별입니다. 요즘에는 온라인으로도 적하보험에 가입할 수 있습니다. 즉 인보이스 등 가입서류를 이메일로 보험사에 보내면, 보험사는 거기에 맞게 보험증서(INSURANCE POLICY)를 작성해 가입자에게 이메일로 그 내용을 보냅니다.

적하보험료 계산방법과
보험증서의 내용 이해하기

적하보험에 가입하기 위해 내는 보험료를 적하보험료라고 합니다. 적하보험료를 계산하는 방법은 보험회사에서 보내주는 청구서 등을 보면 확인할 수 있습니다. 계산방법은 다음과 같습니다.

인보이스 금액×110%×보험료율×환율

보험증권 용어

모든 분야는 자기 분야에서 쓰는 특별한 용어가 있는데, 그 분야에서 일하기 위해서는 용어를 이해하고 있어야 합니다. 무역을 할 때도 용어를 이해하고 있어야 업무가 순조롭습니다.

다음은 적하보험에 나오는 용어이니 참고하기 바랍니다. 보험증서에 나오는 일반적인 내용으로 반드시 보험사를 통해 보험증권의 내용을 확인해야 합니다.

- MARINE CARGO INSURANCE POLICY: 해상적하보험권으로, 줄여서 MARINE INSURANCE POLICY라고도 합니다.
- AIR CARGO INSURANCE PLICY: 항공적하보험증권으로, 줄여서 AIR INSURANCE POLICY라고도 합니다.
- ASSURED: 보통은 수출자를 말합니다. 예) MIRAE CO. LTD.
- INSURER: 보험자로, 보통은 보험회사를 말합니다. 예) GOOD INSURANCE

- CLAIM, IF ANY, PAYABLE AT: 보험금을 지급하는 장소를 의미합니다. CLAIM은 보험금을 의미하며 CLAIM AMOUNT라고도 합니다. 예) ETD SURVEYS

- SURVEY SHOULD BE APPROVED BY: '사고조사보고서는 BY 이하가 승인한 것이어야 한다.'는 뜻입니다. 예를 들어 'SURVEY SHOULD BE APPROVED BY: ETD SURVEYS PVT. LTD'는 '사고조사 보고서는 ETD SURVEYS가 승인한 것이어야 한다.'는 의미입니다.

- SHIP OR VESSEL CALLED THE: 수출선박의 이름을 기재합니다. 예) MIRAE 700E. 수출선박이 아직 확정되지 않았으면 T.B.D.(To Be Determined, 결정될 예정)가 보험증권에 기재됩니다.

- SAILING ON OR ABOUT: 출항일자를 말합니다. 예) JUL. 17, 2020

- AT AND FROM: 수출선박이 출항하는 곳을 말합니다. 예) BUSAN PORT, KOREA

- ARRIVED AT: 도착항을 말합니다. 예) NARITA PORT, JAPAN

- REF. NO.: 보험증권과 관련한 참고 번호를 말합니다. 예) INVOICE NO.2020EA001: 인보이스(INVOICE) NO.2020EA001를 참고해 보험증권을 발행했다.

- AMOUNT INSURED HEREUNDER: 보험으로 보장되는 금액은 아래와 같다는 뜻입니다. 예) @1100.00 USD22,000.00(USD20,000.00×110%): @1100은 보험료 계산 시 적용되는 환율이고, USD22,000.00은 보험으로 보장되는 금액, 즉 USD20,000.00×110%를 말합니다. USD20,000.00은 인보이스에 적힌 수출제품 금액을 의미합니다.

- SUBJECT−MATTER INSURED: 보험에 가입하는 대상을 말합니

다. 이것을 보험증서에 기재하는 양식은 보험사마다 약간씩 차이가 있습니다. SUBJECT-MATTER INSURED 대신에 GOODS AND MERCHANDISES를 기재하기도 합니다. 예) PENCILE SHARPENERS 100PCS

- CONDITIONS: 보험조건을 말하며, 사고의 어디까지 보험에 들 것인지를 기재하는 곳입니다. 예) INSTITURE CARGO CLAUSE(ALL RISKS): 모든 위험(ALL RISKS)에 대해 보험에 가입하는 것을 의미합니다. 여기서 INSTITUTE CARGO CLAUSE는 보험협회에서 제정한 적하(선적화물)에 대한 약관을 말합니다.

- PLACE AND DATE SIGNED IN: 보험증권을 발행한 장소와 날짜를 의미합니다. 예) SEOUL KOREA/JUL. 15, 2020

- NO. OF POLICIES ISSUED: 보험증권상단에 ORIGINAL(원본 1), DUPLICATE(원본 2)가 표시되며 원본 페이지 수는 하단에 있는 NO. OF POLICIES ISSUED에 TWO 혹은 DUPLICATE 등으로 기재됩니다. 보험사마다 보험증권의 원본 수량을 표기하는 방법이 다르니 보험사에 확인해야 합니다.

무역실무를 하다 보면 의외로 많이 하는 일이 각종 서류를 작성하고 준비하는 것입니다. 제품이 수출되어서 수입되기까지 운송, 통관, 선적 등의 다양한 과정을 거치는데 과정마다 실무자는 필요한 서류를 준비해 제출해야 합니다. 예를 들어 관세사를 통해 수출신고를 한다 하더라도 실제로 수출신고에 필요한 서류는 수출자가 준비해야 합니다. 물론 관세사 쪽에서 필요한 서류와 작성방법을 알려주기도 하지만 결국에는 담당자가 모두 준비해야 합니다.

대부분의 서류는 수출이나 수입통관 시 세관에 제출하기 위해 필요한 서류인데 여기에는 인보이스, 패킹리스트, B/L(혹은 AIRWAYBILL) 등이 있고 특별히 원산지증명서나 사유서 등이 필요합니다. 이외에 CREDIT NOTE나 DEBIT NOTE와 같은 서류도 있는데, 이것은 바이어가 수출자에게 혹은 수출자가 바이어에게 보내는 서류입니다. B/L이나 원산지증명서는 운송회사나 상공회의소 등에서 발급받고 나머지 인보이스, 패킹리스트, 사유서 등은 수출자 혹은 바이어가 작성합니다. 수출자나 바이어가 작성하는 서류는 정해진 양식이 없고 필요한 내용만 기재하면 됩니다.

7장에서 실무에서 쓰는 각종 서류의 종류와 작성방법을 통해 실무에 한층 가까워질 수 있을 것입니다.

7장

무역은 서류로
시작해서 서류로 끝난다

무역서류를 쉽게 작성하려면
용도를 명확히 하자

무역을 하다 보면 서류를 작성할 일이 많습니다. 그래서 보통 무역은 서류로 시작해서 서류로 끝난다고도 하고, 말이 아닌 문서로 이야기 한다고도 합니다.

실제로 업무를 해보면 서류를 달라는 곳도 많고, 내가 필요해서 전화로 요청할 때도 많습니다. 예를 들어 포워더는 B/L을 발행하기 위해 패킹리스트를 이메일로 보내달라 하고, 은행은 해외에서 송금된 금액에 대해 증빙서류를 요구합니다. 통관을 위해서 관세사는 인보이스, 패킹리스트 등을 요구하고, 바이어는 원산지증명서를 우편으로 보내달라고 합니다. 또한 사내 회계팀에서는 세무서에 낼 자료로 수출신고필증이나 수입신고필증을 요청합니다.

세무서와 무역서류

세무서에 낼 자료는 잊지 말고 경리직원에게 넘겨서 수출이나 수입 관련한 신고를 하도록 해야 합니다. 일반적으로 무역회사라도 무역을 아는 사람은 무역실무자밖에 없습니다. 즉 무역회사 경리직원이 수출을 위한 운송료, 통관수수료를 송금하고 수출대금이 입금된 것을 통장으로 확인해도 이것이 무엇에 대한 것인지는 잘 알지 못하는 경우가 많습니다. 즉 무역실무자가 무역서류를 누락하면 챙겨줄 사람이 없다는 뜻입니다. 이 경우 당장은 문제가 없습니다. 하지만 국세청은 수출신고필증을 정기적으로 검사하는데, 이때 수출신고가 되어 있지 않다는 것을 확인하면 세무서에서는 왜 수출신고를 빠뜨렸는지 그 이유에 대한 사유서를 회사에 요구합니다. 경우에 따라서는 벌칙성 세금인 가산세를 부과하기도 하니 주의하도록 합니다.

서류관리

서류를 잘 주고받는 것만큼 중요한 것이 서류를 잘 작성하는 것입니다. 예를 들어 바이어에게 견적서를 보내는데 가격을 USD10,000.00로 기재해야 하는데 USD1,000.00로 기재한 경우 나중에 수정하면 되지만, 바이어에게는 '가격도 제대로 견적하지 못하는 업체'라는 좋지 못한 인상을 줄 수 있습니다.

서류는 잘 작성해야 하고, 또 필요한 곳에 제대로 보내야 하며, 관련 서류는 언제나 꺼내 볼 수 있게 잘 보관해야 합니다. 무역업무가 익숙하지 않을 때는 잘 쓰고 잘 주고 잘 관리하는 것이 서툽니다. 한 가지 팁을 드리면 수출이나 수입과정을 플로우차트로 만들고, 그 과정마다 누구에게 어떤 서류를 넘길지 표시해두면 좋습니다.

| 항공으로 수출하는 경우 |

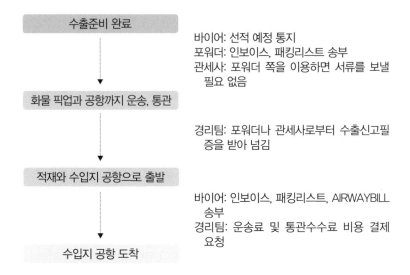

서류 분실에 대비해 모든 무역서류는 사본을 한 부씩 보관하도록 합니다. 즉 수출의 경우 견적서, 발주서(혹은 주문서나 계약서), L/C(신용장 거래인 경우), 인보이스, 패킹리스트, 수출신고필증, AIRWAYBILL(혹은 B/L)을 한 세트로 보관해둡니다. 마찬가지로 수입의 경우에도 견적서부터 수입신고필증까지 서류를 한 세트로 보관해둡니다.

수출입신고의 기본인
인보이스와 패킹리스트

무역을 하면서 가장 많이 작성하는 서류를 꼽으라면 아마도 인보이스와 패킹리스트일 겁니다. 그렇다면 인보이스와 패킹리스트는 어디에 필요하기에 그렇게 많이 쓰이는 걸까요? 무역서류의 대부분은 통관 때 세관에서 요구하는 서류이며, 인보이스와 패킹리스트도 통관 때 제출하는 기본 서류 중 하나입니다.

인보이스와 패킹리스트

기본적으로 세관은 수출입하는 제품이 무엇이고 가격이 얼마인지를 확인합니다. 그래서 수출입을 하는 회사는 가격과 제품에 대한 내용을 서류로 작성하는데 그 서류가 인보이스와 패킹리스트입니다. 즉 세관은 가격과 제품에 대한 정보만 요구하는 것이지 '인보이스와 패킹리스트 구성과 서류 폼은 이래야 한다.' 하고 강제하지는 않습니다. 즉 필요한 내용만 기재하면 어떤 형식으로든 세관신고서류를 만들어도 문제가 없습니다. 물론 제목에는 COMMERCIAL INVOICE 와 PACKING LIST가 들어가야 합니다. 왜냐하면 세관에서 기본적으로 요구하는 통관서류가 COMMERICIAL INVOICE와 PACKING LIST이기 때문입니다.

　인보이스와 패킹리스트는 필요한 내용만 각자의 창의성을 발휘해 누구나 보기 쉽고 간단하게 작성하면 됩니다.

TIP

인보이스와 패킹리스트 형식의 다양성

필자는 일본과 중국 및 기타 여러 나라와 수출입업무를 해왔습니다. 필자와 거래했던 일본의 한 수출상은 인보이스와 패킹리스트를

'COMMERCIAL INVOICE AND PACKING LIST'라는 제목으로 한 장으로 만들어 통관용으로 필자에게 보내왔습니다(인보이스와 패킹리스트의 기재 내용은 거의 동일하기 때문에 네고의 경우 등이 아니라면 한 장으로 하는 것도 좋겠지요). 우리는 보통 인보이스와 패킹리스트가 세로지만 중국의 수출상은 가로 방향의 인보이스서류를 통관서류로 보내왔습니다. 물론 필자가 간단하게 만든 인보이스와 패킹리스트도 네고서류로 작성되었고, 바이어가 통관할 때 아무 문제없이 서류를 인수했습니다.

무역서류, 필요한 내용이 무엇인지 알고 쓰는 것이 좋다

인터넷으로 '인보이스·패킹리스트 양식'을 검색하면 가장 많이 소개되는 서류양식이 있습니다. 그 양식은 필자도 과거에 썼던 것으로 표로 깔끔하게 구성되어 있습니다. 하지만 이러한 '남의 서류양식'은 나의 상황과 정확하게 맞지는 않습니다.

예를 들어 네고은행이나 발행은행은 신용장과 비교해 네고서류에 약간의 차이라도 있으면 바로 하자로 꼬투리를 잡고 하자수수료를 부과하거나 추심으로 돌립니다. 즉 하자가 걸리지 않게 최대한 간단하게 작성하는 것이 좋습니다. 하지만 기존에 많이 쓰는 서류양식에는 기재할 내용이 너무 많습니다.

은행의 네고담당자에게 "네고 시 하자가 걸리지 않게 하려면 어떻게 합니까?" 하고 물으면 돌아오는 대답이 "신용장에서 요구하는 대로만 쓰세요."입니다. 기존의 서류양식을 내 신용장에 맞게 고쳐서 쓸 것인가, 아니면 세관에서 요구하고 신용장에서 요구하는 내용만 간단하게 쓸 것인가는 직접 서류를 작성하는 사람의 몫입니다.

실무에서 손쉽게
인보이스 작성하기

인보이스는 영어로 COMMERCIAL INVOICE라 하며 줄여서 C/I라고도 합니다. 인보이스는 기본적으로 수출입통관 시 제출하는 서류로, 네고를 할 때도 필요한 중요한 서류 중 하나입니다.

인보이스에서 가장 중요한 내용은 HS CODE, 가격조건(인코텀즈), 그리고 제품가격입니다. 예를 들어 통관 시 세관은 HS CODE를 보고 수출입요건과 관세율을 확인해 제품가격에 따라 관세를 부과합니다. 우리나라의 경우는 수출신고가격의 기준은 FOB이고, 수입신고가격의 기준은 CIF이므로 인보이스에 가격조건을 적는 것도 필수입니다.

다음은 인보이스를 작성할 때 주로 기재하는 내용입니다.

- 제목: COMMERCIAL INVOICE 제목이야말로 그 서류가 무엇인지를 밝히는 대표적인 표시방법입니다.
- 인보이스 번호: NO. 혹은 COMMERCIAL INVOICE NO. 인보이스 번호는 실무자가 관리하기 쉬운 것으로 해서 만들면 됩니다.
- 작성일자: DATE OF ISSUE
- 수출자의 이름과 연락처: FROM 혹은 SHIPPER. 반드시 이렇게 무역 서류를 써야 한다는 방식은 없습니다.
- 바이어의 이름과 연락처: TO 혹은 CONSIGNEE
- 세번: HS CODE
- 수출제품 내역: DESCRIPTION OF GOODS

- 단가: UNIT PRICE

- 총금액: AMOUNT

- 가격조건: PRICE TERMS

- 바이어 요청사항: REMARKS(없으면 적지 않아도 됩니다.)

- 대표이사 서명: 참고로 대표이사의 서명은 스캔하거나 도장을 만들어서 무역서류마다 찍으면 됩니다.

인보이스의 CONSIGNEE와 B/L(혹은 AIRWAYBILL)의 CONSIGNEE

보통 신용장 거래일 때 B/L이나 AIRWAYBILL의 CONSIGNEE는 TO ORDER이거나 발행한 은행의 이름이 들어가도록 해야 합니다. 기존에 인보이스나 패킹리스트에 CONSIGNEE를 바이어로 써오던 실무자들은 고민합니다. 'CONSIGNEE는 어떡하지?' 그때는 인보이스나 패킹리스트에 바이어를 CONSIGNEE로 표시하지 말고 'TO 바이어' 혹은 'TO APPLICANT' 등으로 해 CONSIGNEE 자체를 쓰지 않으면 됩니다. 그럼 수출자는 'FROM 수출자' 혹은 'FROM BENEFICIARY' 등으로 네고서류는 신용장에서 요구하는 대로만 작성하면 됩니다.

다음의 양식은 필자의 경험과 우리은행에서 발간된 'L/C 서류작성 및 대응방법'을 참고로 해 만든 샘플 양식입니다. 이 양식은 필자가 편해서 이용하는 양식으로, 나에게 필요한 내용으로 된 나만의 인보이스 양식을 한번 만들어보는 것도 좋습니다. 그럼 앞서 말한 내용을 바탕으로 다음의 예제로 인보이스를 작성해 보도록 하겠습니다.

- 수출자: 한국의 WOORIM INDUSTRIES

- 바이어: 인도의 MELON사

- 제품: 연필깎이(PENCIL SHARPENER)

- 수량: 1,000개

- 단가: 15달러

- 총금액: 15,000달러

- 가격조건: FCA INCHON AIRPORT

- HS CODE: 8214101000

- 바이어 요청사항: 인보이스에 MELON사의 주문서번호 기재(참고로 MELON사의 주문서번호는 PURCHASE ORDER NO. ABCDEF0001 DATED ON JAN. 11, 2020입니다).

COMMERCIAL INVOICE 제목

NO.2020CD0011 인보이스번호
DATE OF ISSUE: MARCH 3, 2020 작성일자

FROM: WOORIM INDUSTRIES
      GOORO TOOL INDUSTRY YEODO—DONG,YEONGDEUNGPO—GU,
        SEOUL KOREA
      PHONE: 82 22003000
      FAX: 82 22003001
      수출자 이름과 연락처

TO: MELON INDUSTRIES LLC
    NEW DELHI INDIA
    PHONE: 91 981234567

FAX: 91 981234568
바이어 이름과 연락처

DESCRIPTION OF GOODS AND/OR SERVICES:
PENCIL SHARPENER
수출제품 내역

QUANTITY: 1,000 SETS 제품수량
UNIT PRICE: USD15.00 단가
AMOUNT: USD15,000.00 총금액

HS CODE: 8214.10-1000 세번
FCA INCHEON AIRPORT 가격조건

REMARK: PURCHASE ORDER NO.ABCDEF0001 DATED ON JAN. 11, 2020
바이어 요청사항을 REMARK에 기재

Kuyongsik

WOORIM INDUSTRIES
회사이름과 대표이사 사인

바이어의 서류상 가격할인 요구,
언더밸류

세관이 제품을 검사하고 관세를 부과하기 위해 기본적으로 확인하는 서류가 인보이스입니다. 인보이스에 적힌 금액(INVOICE VALUE)을 기준으로 세관에서 관세를 부과합니다. 이런 이유로 바이어는 관세를 낮추기 위해 제품가격을 조정해서 신고하려는 유혹에 빠지기 십상입니다. 즉 바이어 중 일부는 수출자에게 가격을 실제보다 낮춰서 인보이스서류를 보내달라고 하는데, 이것을 언더밸류라 합니다. 인보이스 원본을 보내주면 자신들이 알아서 기재를 하겠다고도 합니다.

이런 경우 수출하는 사람 쪽에서는 정상적인 가격으로 신고하면 그만입니다. 하지만 언더밸류는 불법이므로 적발될 경우 바이어 자신에게 문제가 되며, 송금할 때도 문제가 될 수 있습니다. 즉 수입한 제품금액은 100인데, 송금액이 200이라면 왜 그렇게 되는지 관련 정부기관에서 소명을 요구할 수도 있기 때문입니다. 그렇기 때문에 언더밸류는 하지 않도록 합니다.

패킹리스트는
어떻게 작성할까?

인보이스가 제품가격을 위한 서류라면 패킹이라 줄여서 부르는 패킹리스트는 제품의 크기와 무게를 표시하는 서류입니다. 참고로 제품은 한 대이지만 구성품이 여럿이고 이러한 구성내역에 대한 설명이 필요하다면, PACKING DETAILS라는 제목의 서류에 그 제품의 세부내역을 기재하면 됩니다.

패킹리스트 작성

인보이스에는 가격정보가, 패킹리스트에는 무게와 크기 등이 들어간다는 것 외에는 기본적으로 인보이스와 동일하게 작성하면 됩니다. 다음은 패킹리스트 작성 시 주로 기재하는 내용입니다.

- 제목: PACKING LIST

- 패킹번호: NO.

- 작성일자: DATE OF ISSUE

- 수출자의 이름과 연락처: FROM 혹은 SHIPPER

- 바이어의 이름과 연락처: TO 혹은 CONSIGNEE

- 세번: HS CODE

- 수출제품 내역: DESCRIPTION OF GOODS

- 제품수량: QUANTITY

- 순중량(제품무게): NET WEIGHT

- 총중량(제품무게+포장무게): GROSS WEIGHT

- 가격조건: PRICE TERMS

- 쉬핑마크: SHIPPING MARK

- 회사이름과 대표이사 서명

다음의 항목으로 패킹리스트를 작성해봅시다.

- 수출자: 한국의 WOORIM INDUSTRIES

- 수입자: 인도의 MELON사

- 제품: 연필깎이(PENCIL SHARPENER)

- 수량: 1,000개

- 총박스 수량: 10BOX

- 순중량: 80KG

- 총중량: 90KG

- 가격조건: FCA INCHON AIRPORT

- **HS CODE**: 8214101000

- **바이어 요청사항**: 인보이스에 MELON사의 주문서번호를 기재합니다. 참고로 인도 MELON사의 주문서번호는 PURCHASE ORDER NO. ABCDEF0001 DATED ON JAN. 11, 2020입니다.

PACKING LIST 제목

NO.2020CD0011 인보이스번호
DATE OF ISSUE: MARCH 3, 2020 작성일자

FROM: WOORIM INDUSTRIES
      GOORO TOOL INDUSTRY YEODO–DONG, YEONGDEUNGPO–GU,
      SEOUL KOREA
      PHONE: 82 22003000
      FAX: 82 22003001
      수출자 이름과 연락처

TO: MELON INDUSTRIES LLC
    NEW DELHI INDIA
    PHONE: 91 981234567
    FAX: 91 981234568
    바이어 이름과 연락처

DESCRIPTION OF GOODS AND/OR SERVICES:
    PENCIL SHARPENER
    제품 내역

QUANTITY: 1,000 PIECES(10BOX) 제품수량
    NET WEIGHT: 80KG 순중량
    TOTAL WEIGHT: 90KG 총중량

HS CODE: 8214.10–1000 세번
    FCA INCHON AIRPORT 가격조건
    SHIPPINGMARK:

REMARK: PURCHASE ORDER NO.ABCDEF0001 DATED ON JAN. 11, 2020
바이어 요청사항을 REMARK에 기재

WOORIM INDUSTRIES
회사이름과 대표이사 사인

인보이스와 패킹리스트를 작성할 때 반드시 이렇게 작성해야 한다는 양식은 없습니다. 복잡한 남의 양식보다는 나만의 패킹리스트 양식을 만드는 것도 해볼 만하며, 신용장 거래인 경우에도 인보이스와 패킹리스트는 최대한 간단하게 만드는 것이 좋습니다.

신용장처럼 굳이 인보이스, 패킹리스트, 이렇게 두 장을 요구하지 않는다면 'COMMERCIAL INVOICE AND PACKING LIST'로 해서 한 장으로 만들어도 괜찮습니다.

LCL에서는
쉬핑마크가 필요하다

LCL은 다른 회사의 화물과 함께 하나의 컨테이너에 섞여서(혼재) 선적되어 수입지로 운송됩니다. 수입지에 도착한 컨테이너는 CY에 적재되었다가 CFS로 이동합니다. 그런 다음 LCL은 CFS에서 회사별로 분류됩니다. 이때 제품박스 표면에 알아볼 수 있는 특별한 표식을 해놓으면 분류하는 쪽에서도 여러 회사의 화물을 분류하기가 쉬울 겁니다. 이와 같이 화물을 쉽게 분류하기 위한 표식을 쉬핑마크(SHIPPING MARK)라고 합니다. 쉬핑마크는 주로 패킹리스트와 박스 표면 등에 기재되는데, 분류하는 쪽에서도 패킹리스트에 있는 쉬핑마크로 박스와 수량을 확인하면 되므로 훨씬 분류하기가 쉽습니다.

쉬핑마크 이외에 박스 표면에 'FRAGILE'나 'DANGER' 등의 문구도 추가해 취급에 주의를 요청하기도 합니다.

AIRWAYBILL이나 B/L은
패킹리스트를 근거로 발행한다

운송회사가 운송장인 AIRWAYBILL이나 B/L을 발행하기 위해서는 수출자가 작성한 패킹리스트가 있어야 합니다. 왜냐하면 운송회사는 수출화물의 이름과 수량을 AIRWAYBILL에 기재해야 하는데 패킹리스트에 그 내용이 있기 때문입니다.

　AIRWAYBILL이나 B/L에는 택배의 송장처럼 기본적으로 보내는 사람(SHIPPER)과 받는 사람(CONSIGNEE)이 들어갑니다. 또 패킹리스트에 있는 가격조건(인코텀즈)을 보고, 운송료를 누가 내는지를 AIRWAYBILL(혹은 B/L)에 표시합니다. 즉 가격조건이 FOB BUSAN이면 바이어가 운송료를 내는 것이므로 'FREIGHT COLLECT(운송료는 도착지에서 바이어가 부담함)'로 AIRWAYBILL 등에 표시됩니다. 가격조건이 CIF NAGOYA이면 수출자가 운송료를 내는 것이므로 'FREIGHT PREPAID(운송료는 수출지에서 이미 지급함)'가 AIRWAYBILL 등에 기재됩니다.

AIRWAYBILL이나 B/L은
수입신고 시 반드시 제출해야 한다

수입통관을 할 때 기본적으로 인보이스, 패킹리스트와 AIRWAYBILL(혹은 B/L)이 있어야 합니다. 이 중에서 바이어에게 가장 중요한 서류가 AIRWAYBILL(혹은 B/L)입니다. 다만 실무에서 인보이스와 패킹리스트를 수출자가 보내는 걸 깜빡 잊은 경우 바이어가 만들면 됩니다. 하지만 B/L이나 AIRWAYBILL 등은 운송회사에서 발행하기 때문에 바이어나 수출자가 임의로 만들 수 없는 서류입니다. 통관할 때 세관에서 B/L이나 AIRWAYBILL을 제출하도록 요구하지 않는다면, 제품이 어디에서 오는지 얼마든지 감출 수 있을 겁니다.

세관은 제품이 어디에서 들어오는지에 따라 관세가 달라지기 때문에 꼭 확인해야 하고, 또 적대국가에서 들어오는 화물에 대해서 반드시 검사를 해야 합니다. 이를 위해서는 기본적으로 제품이 어디에서 들어오는지에 대한 공식적인 자료가 필요한데 이것이 AIRWAYBILL(혹은 B/L)입니다.

운송회사는 항공기나 선박에 화물을 적재하기 전에 화물의 무게를 측정하고, 측정한 내용을 AIRWAYBIL(혹은 B/L) 등에 기재합니다. 세관은 B/L상의 제품의 수량과 무게를 판단해 컨테이너 등에 적재된 화물이 신고서류에 적힌 화물이 맞는지 가늠하기도 합니다.

인터넷으로
원산지증명서 발급받기

이제는 익숙해진 풍경 중 하나가 식당 메뉴판에 적힌 원산지 표시입니다. 원산지 표시라는 것은 음식재료가 어느 나라에서 수입된 것인지 표시하는 것을 말합니다.

식당에서 메뉴판에 원산지를 표시하는 것과 마찬가지로 무역에서도 원산지가 어디인지 밝혀야 하는데, 이때 원산지를 증명하기 위해 사용하는 서류가 원산지증명서입니다. 영어로는 Certificate of Origin이고 줄여서 C/O라고도 하며 통관서류로 이용합니다. 나라마다 무역 관련 협정을 맺고 협정을 맺은 나라끼리는 특정한 제품을 수입할 때 관세를 낮춰주기도 하는데, 수입한 제품이 협정을 맺은 나라의 것인지 원산지증명서를 보면 확인할 수 있습니다.

| 대한상공회의소 무역인증서비스센터 |

원산지증명서

대한상공회의소의 원산지증명센터(cert.korcham.net)에서 온라인으로 원산지증명서를 발급받을 수 있습니다. 과거에는 상공회의소에서 원산지증명서 전용용지를 구매해 그 전용용지에 출력한 것만을 원본으로 인정받았습니다. 하지만 지금은 일반 A4용지에 컬러로 출력한 것만을 원본으로 인정합니다.

원산지증명서를 발급받기 위해서는 수출신고필증이 있어야 합니다. 왜냐하면 온라인상에 있는 원산지증명서 양식에 수출신고필증 번호를 기재하는 곳이 있는데, 수출신고필증 번호를 기재하지 않으면 원산지증명서 작성이 완료되지 않습니다.

상공회의소 홈페이지에서 원산지증명서를 출력하려면 온라인으로 회사 대표이사의 서명(사인)을 등록해야 하는데, 공인인증서가 있으면 가능합니다.

| 원산지증명서 온라인 발급 절차 |

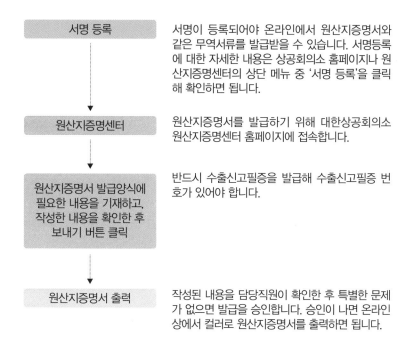

| 서명 등록 | 서명이 등록되어야 온라인에서 원산지증명서와 같은 무역서류를 발급받을 수 있습니다. 서명등록에 대한 자세한 내용은 상공회의소 홈페이지나 원산지증명센터의 상단 메뉴 중 '서명 등록'을 클릭해 확인하면 됩니다. |

원산지증명센터 — 원산지증명서를 발급하기 위해 대한상공회의소 원산지증명센터 홈페이지에 접속합니다.

원산지증명서 발급양식에 필요한 내용을 기재하고, 작성한 내용을 확인한 후 보내기 버튼 클릭 — 반드시 수출신고필증을 발급해 수출신고필증 번호가 있어야 합니다.

원산지증명서 출력 — 작성된 내용을 담당직원이 확인한 후 특별한 문제가 없으면 발급을 승인합니다. 승인이 나면 온라인상에서 컬러로 원산지증명서를 출력하면 됩니다.

나라별로 상공회의소의
인보이스 인증을 요구하기도 한다

나라별로 제품에 따라 통관 시 다양한 서류를 요구하는데, 이러한 서류 중 하나가 인증된 인보이스이며 우리나라는 인보이스 인증을 상공회의소에서 합니다. 인보이스 인증은 온라인과 오프라인에서 가능한데, 온라인에서는 상공회의소에서 만든 양식으로 인보이스가 출력됩니다.

수출자가 자신이 만든 인보이스 양식으로 인증받기를 원할 경우,

상공회의소 홈페이지에 있는 증명발급신청서를 작성해 인증받을 인보이스를 가지고 상공회의소를 방문해 인증을 받으면 됩니다(참고로 인보이스는 상공회의소에서 한 부를 보관용으로 요청하므로 두 부를 준비하는 것이 좋습니다).

환어음 없이 네고할 수 없다,
환어음 작성

환어음은 네고를 위해 작성해 은행에 제출하는 서류로 원본 2개(ORIGINAL과 DUPLICATE)로 구성되며, 2개의 환어음에는 똑같은 내용을 기재합니다. 분실이나 기타의 이유로 환어음을 2개 발행하지만, 환어음 1개로 이미 대금을 수령하면 나머지 1개는 효력을 상실합니다.

다음은 환어음을 작성하는 방법이니 참고하기 바랍니다.

① 환어음 발행일자를 기재합니다. 예) AUGUST 16, 2020
② 네고금액을 통화단위와 함께 숫자로 기재합니다. 예) USD9,300.00
③ 바이어의 결제일을 기재합니다. 예) SIGHT CREDIT인 경우 ×××로 표시합니다. 또 USANCE CREDIT인 경우에는 30DAYS AFTER SIGHT 등으로 기재합니다.
④ 네고금액을 영문으로 기재합니다. 예) SAY USDOLLARS NINE THOUSAND THREE HUNDRED ONLY

```
NO. _____ BILL OF EXCHANGE _____①_____ KOREA
FOR _____②_____
AT_____③_____ SIGHT OF THIS ORIGINAL BILL OF EXCHANGE
(SECOND OF THE SAME TENOR AND DATE BEING UNPAID) PAY TO WOORI
BANK OR ORDER THE SUM OF_____④_____
_____
VALUE RECEIVED AND CHARGE THE SAME TO ACCOUNT OF ___⑤___
DRAWN UNDER_____⑥_____
L/C NO. _____⑦_____ DATED _____⑧_____
TO. _____⑨_____
       _____
       _____
```

⑤ 신용장 개설의뢰인(APPLICANT)을 신용장에 나와 있는 대로 기재
   합니다. 예) RADIANT INDUSTRIES PVT., LTD. INDIA

⑥ 환어음 지급인을 기재하는 곳으로 보통 신용장 발행은행의 이름
   을 기재합니다. 예) RAJAN BANK, INDIA

⑦ 신용장 번호를 기재합니다. 예) 123456AB2

⑧ 신용장 발행일자를 기재합니다. 예) 200701

⑨ 환어음이 누구 앞으로 발행되는지를 기재하는 곳으로, 보통 지급
   인인 발행은행이 들어갑니다. 예) RAJAN BANK, INDIA

수출의 전후사정을
설명하는 사유서

해외로 나가거나 들어오는 모든 제품은 세관에 신고를 합니다. 신고를 할 때는 관련 서류를 제출해야 하는데, 판매가 목적인 제품의 수출과 수입신고서류에는 인보이스와 패킹리스트 등이 있습니다.

판매되었다가 수리하기 위해 국내로 들어왔다가 해외로 나가거나 (수리 후 재수출이라고 합니다), 수입한 제품을 수리하기 위해 해외로 보냈다가 다시 들여오는 경우(수리 후 재수입이라고 합니다), 세관에 이 사실을 제대로 통지하지 못하면 수출실적으로 올라가거나 관세를 물 수가 있습니다. 이때 전후사정을 설명하기 위해 세관에 제출하는 서류로 사유서가 있습니다.

사유서의 사전적인 의미는 "일의 까닭을 적은 서류"입니다. 즉 무슨 일이 생겼을 때 이러이러해서 그런 일이 생겼다고 일의 까닭을 기재하고, 그에 따라 선처나 협조를 해달라는 말을 덧붙여서 사유서를 작성하면 됩니다. 다음의 사유서 샘플을 참조하시기 바랍니다. 사유서는 공적인 서류이므로 회사의 명판과 도장을 찍는 것이 좋습니다.

CASE 사유서 작성

한국의 ㈜미래라는 업체가 말레이시아에 있는 B라는 업체에게 용접기를 수출했습니다. 수출된 용접기 중 일부가 고장이 났습니다. 말레이시아의 B업체 자체적으로 용접기를 수리할 수 없어 수출자인 ㈜미래에게 수리를 요청했고, 용접기는 쿠리어를 통해 한국의 보세구역에 도착했습니다. 쿠리어 소속의 관세사는 수리 후 재수출로 해 수입관세를 물지 않으려면 사유서와 담보금 등이 필요하다고 합니다. 관세사는 사유서의 내용으로 왜 수입되었는지 대략적으로 적으라고 합니다. 그래서 ㈜미래는 다음과 같이 사유서를 작성합니다.

사 유 서

2019년 8월 31일

수신: 세관 담당부서
발신: ㈜미래(031-123-1234)
담당: 무역부 엄철수(010-1234-5678)

이번에 들어온 용접기는 폐사가 말레이시아의 B라는 업체에게 판매했던 용접기로 사용 중 고장이 났습니다. 말레이시아 현지에서는 수리가 곤란해 폐사가 수리를 진행하기로 했습니다. 그러한 이유로 이번에 수입되었으며, 수리 후 재수출될 예정이니 업무에 참조 부탁드립니다.

CREDIT NOTE나 DEBIT NOTE는
이럴 때 보낸다

실제로 무역을 하다 보면 수출입대금을 잘못 지불(많이 지불하거나 적게 지불한 경우)하거나 기타 수리비를 청구하는 일 등을 하기도 합니다. 즉 외화를 송금하거나 입금할 일이 생기는데, 이때 증빙으로 쓰는 서류에는 DEBIT NOTE와 CREDIT NOTE라는 것이 있습니다.

여기서 CREDIT NOTE는 내가 갚을 것이 있다(CREDIT)는 것을 통지(NOTE)하기 위한 서류입니다. 예를 들어 바이어가 송금을 적게 했다든지 수출자가 제품수량을 적게 보내거나 불량품을 보냈을 경우, 상대방에게 CREDIT NOTE를 발행해 이 사실을 알립니다. 나중에 부족분 등에 대해 상대방에게 송금 시, 은행에 CREDIT NOTE를 증빙으로 제출하면 됩니다.

수출자가 수출제품을 적게 보내거나 바이어가 수입대금을 적게 보냈을 때, 즉 상대방에게 부족액이나 부족분이 발생했음을 통지할 때 CREDIT NOTE를 발행합니다. 이와 반대로 바이어가 제품을 적게 받거나 수출자가 제품대금을 적게 받았을 때, 상대방에게 이 사실을 알리려고 작성하는 것이 DEBIT NOTE입니다. 보통 내가 줄 것(CREDIT)이 발생해 상대에게 그 사실을 통지할 때 보내는 것이 CREDIT NOTE이고 내가 받을 것(DEBIT)이 있을 때 상대에게 보내는 것이 DEBIT NOTE입니다. 상대가 보낸 서류 제목만으로 내가 줄 것이 생겼는지 받을 것이 생겼는지 알 수 있겠지요.

CREDIT NOTE
발행하기

대부분의 무역서류는 의무적으로 사용해야 하는 서류양식이 따로 없습니다. 즉 기본적으로 필요한 내용만 작성하면 됩니다.

다음은 CREDIT NOTE의 기재사항입니다.

- 제목: CREDIT NOTE

- 크레딧노트 일련번호: NO.

- 발행일자: DATE OF ISSUE

- 보내는 사람의 이름과 연락처: FROM

- 받는 사람의 이름과 연락처: TO

- 참고사항: REF. 주문서(PO; Purchase Order) 번호와 같이 CREDIT NOTE와 관련된 내용을 기재하면 됩니다.

- CREDIT NOTE 작성 이유: DESCRIPTION, CREDIT NOTE를 작성하는 이유와 상대방과 합의한 내용을 같이 적어줘도 됩니다. 예를 들어 부족분이 발생했다는 이유와 함께 부족분에 대해서는 환불하기로 했다는 합의 내용 등을 쓰면 됩니다.

- 회사이름과 대표이사 사인

그렇다면 다음 내용을 가지고 CREDIT NOTE를 작성해봅시다.

CREDIT NOTE 제목

NO.1103CN01 인보이스번호
DATE OF ISSUE: MAR. 10, 2020 작성일자

FROM: WOORIM INDUSTRIES
      GOORO TOOL INDUSTRY YEODO-DONG, YEONGDEUNGPO-GU,
        SEOUL KOREA
      PHONE: 82 22003000
      FAX: 82 22003001
      보내는 사람

TO: MELON INDUSTRIES LLC
   NEW DELHI INDIA
   PHONE: 91 981234567
   FAX: 91 981234568
   받는 사람

DESCRIPTION OF GOODS AND/OR SERVICES:
   PENCIL SHARPENER
   제품 내역

REF: PO NO.ABCDEF0001 DATED ON JAN. 11, 2020
   AND PACKING LIST NO.2019CD0011 DATED ON MARCH 3, 2020
   관련 참고 자료. 여기에는 주문서번호(PO NO.)와 패킹번호를 기재합니다.

DESCRIPTION: 20SETS OF RADIO SHORT SHIPPED ON MARCH 3, 2020.
   ON YOUR REQUEST, WE WILL REMIT THE AMOUNT,
   USD300.00, FOR 20 SETS OF RADIO SHORT SHIPPED
   INTO YOUR ACCOUNT.
   작성 이유

Kuyongsik

WOORIM INDUSTRIES
회사이름과 대표이사 사인

한국의 라디오 생산업체인 우림사(WOORIM INDUSTRIES)는 라디오 1천 대분에 대한 금액을 송금받았지만, 실수로 980대만 수출했습니다. 이에 바이어인 인도의 MELON사는 20대(300달러)에 대해서는 자기네 계좌로 환불 및 CREDIT NOTE를 요구했습니다.

나무로 수출포장을 할 경우
식물위생증명서가 필요하다

수출제품을 포장할 때 목재로 한다면, 반드시 소독을 해야 합니다. 보통은 소독을 한 후 관련 도장을 목재포장 표면에 찍어서 소독되었음을 증명합니다. 하지만 나라에 따라서는 증명서류를 요구하기도 하는데, 이 서류를 식물위생증명서(PHYTOSANTARY CERTIFICATE)라고 합니다(실무에서는 방역증명서라 부르고 있습니다). 수출용 제품을 목재로 포장하는 일은 수출포장업체에서 하는데, 식물위생증명서의 발행도 대행하고 있습니다.

참고로 목재로 수출포장을 하고 소독도 하며 식물위생증명서의 발행도 대행하는 업체는 '농림축산검역본부 홈페이지(www.qia.go.kr) → 식물검역 → 목재포장재 검역정보 → (하단 왼쪽에 있는 메뉴 중) 목재포장재 열처리업체 현황'에서 확인할 수 있습니다.

수입소싱은 보통 외국의 괜찮은 제품을 골라서 수입하는 것을 말합니다. 과거에는 좋은 제품을 수입하는 것을 수입소싱이라고 했지만, 요즘에는 내가 원하는 제품을 만들 수 있는 해외의 기술력 있는 공장을 찾는 것도 소싱의 범주에 두고 있습니다. 이는 해외의 여러 나라에 있는 많은 공장들의 기술이 상향평준화되었기 때문입니다.

8장에서는 소싱을 하기 위해 제품의 발굴에서 수입까지 과정과 함께, 세부적으로는 어떻게 하면 좋은 제품을 찾을 수 있는가 하는 실무적인 내용도 담았습니다. 제품을 검색하는 방법에는 해외 전시회, B2B 사이트 검색, 해외 에이전트 등이 있습니다. 또한 해외 전시회를 검색하는 방법, B2B 사이트의 정의와 종류 등에 대한 세부적인 내용도 담았습니다. 마지막으로 해외공장을 생산기지로 이용하기 위한 대략적인 내용도 실었으니 참고하기 바랍니다.

수입소싱을 위한 다양한 방법과 내용도 제품을 보는 안목과 경험을 통해서 빛납니다. 이러한 안목과 경험은 끊임없는 관심을 통해서 발휘될 수 있습니다.

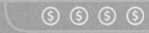

8장

수입소싱을 통해
세계의 공장을 활용하라

수입소싱이란
도대체 무엇인가?

세계는 넓고 우리가 생각하지 못한 많은 제품들은 지금도 개발되고 있습니다. 필자도 해외의 트렌드를 파악하고 좋은 제품을 찾기 위해 해외 전시회를 방문하기도 합니다.

과거 필자가 갔던 해외 전시회에서 만난 사람 중에 한두 분은 사람도 들어갈 수 있을 정도의 큰 여행가방을 가지고 다녔습니다. 알고 봤더니 이분들은 전시회의 모든 부스를 방문해 샘플이며 카탈로그를 모두 수집했는데, 그 양이 그 큰 가방 하나를 채울 정도였습니다. 이분들은 이렇게 모은 카탈로그와 샘플을 분석해 괜찮은 제품을 생산하는 업체의 한국 내 대리점권을 따내서 큰 수익을 올리기도 했습니다.

이와 같이 해외에는 찾아보면 얼마든지 괜찮은 제품을 만드는 업체들도 많고, 또한 좋은 기술과 설비를 가지고 있는 업체들도 많습니다. 전 세계의 제품과 그 개발 능력은 점점 상향평준화되고 있고, 능력 있는 회사를 제품 생산이나 개발 파트너로 두면 적은 비용으로 큰 효과를 거둘 수 있습니다.

그런 점에서 과거에는 제품에 국한해 좋은 제품을 수입하는 것만을 수입소싱이라 했다면, 이제는 그것뿐만 아니라 좋은 제품을 생산할 수 있는 설비를 가진 업체를 찾는 것 또한 수입소싱하는 사람에게 중요한 업무가 되었습니다.

제품 발굴에서
수입까지의 프로세스

좋은 제품을 수입해서 국내에 공급하기 위해서는 제일 먼저 어디에 어떤 좋은 제품이 있는지 찾아야 합니다. 이것을 제품 발굴이라고 합니다. 다양한 방법으로 제품을 발굴하면, 그 제품을 생산하는 업체와 여러 가지를 협의하고 협상합니다.

가격, 가격조건, 납기, 운송방법 등의 업무를 해보면 우리가 그동안 공부해온 내용들이 다 필요하다는 것을 알 수 있습니다. 즉 운송방법을 모르고, 통관에는 무지하며, 리스크를 회피하는 보험 같은 방법을 등한시하고, 인코텀즈까지 모른 채 일을 하면, 심한 경우 앞으로 남고 뒤로 빠질 수도 있습니다.

네고나 T/T와 같은 결제방법 등을 포함한 협상이 완료되면, 제품을 생산하거나 공급을 통해 바이어는 제품을 받아 자기 나라에서 판매합니다.

　다음은 제품 발굴에서 수입까지 진행되는 프로세스입니다. 중요한 것은 아니므로 편하게 읽고 넘어갑니다.

| 제품 발굴에서 수입까지의 프로세스 |

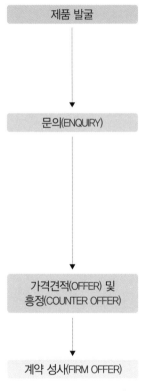

제품 발굴
① 좋은 제품, 생산지 혹은 개발처를 발굴합니다.
② HS CODE와 시장가격을 파악합니다. HS CODE에는 관세, 수입요건 및 기타 수입과 관련한 다양한 정보가 있으므로 반드시 확인해 노력한 시간이 헛되지 않도록 합니다.

문의(ENQUIRY)
① 해당 업체의 홈페이지나 업체를 방문하거나 혹은 이메일 등으로 한국에 에이전트가 있는지 확인합니다.
② 견적서(QUOTATION)를 요청해 가격, 납기, 운송 방법 및 가격조건(인코텀즈)을 확인합니다.
③ 필요하다면 샘플도 요청합니다. 과거에는 요청만 하면 무조건 공짜로 샘플을 보내주기도 했지만, 샘플을 요청하는 업체가 워낙 많은 데다가 샘플을 준다고 모두 바이어가 되는 건 아니라서 샘플을 판매하기도 합니다.

가격견적(OFFER) 및 흥정(COUNTER OFFER)
① 바이어의 제품 문의에 대해 수출상은 가격견적을 제시(OFFER)합니다.
② 가격 및 여러 가지 조건에 대해 수출상과 바이어가 흥정(COUNTER OFFER)을 합니다.

계약 성사(FIRM OFFER)
① 흥정이 오고가다가 마침내 계약이 성사됩니다.
② D/A나 D/P의 경우, 이 단계에서 합의된 계약서에 따라 네고서류가 준비됩니다.

제품 발굴,
어떻게 해야 할까?

수입소싱의 가장 기본은 무엇일까요? 필자가 생각하기로는 바로 관심입니다. 사람들은 보통 눈에 잘 띄고 익숙한 제품에 국한해 그중에서 돈이 될 만한 것을 찾기 위해 눈에 불을 켭니다. 하지만 그런 쪽은 이미 다른 사람이 선점했고, 경쟁도 너무 심합니다. 또한 그런 제품을 만드는 많은 해외업체들이 이미 우리나라에 진출해 있기 때문에 기회도 별로 없습니다.

오히려 오랫동안 해외업체와 거래를 하며 꾸준한 수익을 올리는 것은 완제품이나 대중적인 제품이 아닌 부품이나 잡자재와 같은 제품들입니다. 예를 들어 특수한 분야의 온도조절기, 볼트, 너트 등이 있습니다. 작기도 하고 익숙하지 않은 분야로 생소한 제품들이지만 산업 전 분야에서 대단히 중요하고 필요한 부품과 자재들입니다.

이러한 제품은 다양한 분야에 대한 관심이 없으면 생각하기 어려운 아이템입니다. 지금이라도 수입소싱에 생각이 있다면 산업 전반에 대해 관심을 가지고 특정 분야에 대한 깊은 지식을 쌓는 노력을 하도록 합니다.

관심이 많다면 이제 필요한 것은 '관심 있는 그것을 어떻게 찾느냐'입니다. 해외 전시회 참관, B2B 사이트 검색, 일반 검색, 에이전트 활용하기 등이 가장 일반적이고 기본적인 방법입니다.

해외 전시회 참관으로
제품 발굴하기

인터넷이 발달하기 전에는 해외의 정보나 제품에 대한 소스를 얻기가 그리 쉽지 않았습니다. 부지런한 사람들은 우리나라에 있는 외국 상무관이나 대사관을 찾아가서 정보를 얻기도 했지만 해외 전시회만큼 다양하고 폭넓은 정보를 얻지는 못했습니다. 해외 전시회는 여러 제품을 한꺼번에 한 장소에서 볼 수 있고, 제품 트렌드도 파악하기 쉽다는 장점이 있습니다. 하지만 많은 업체가 참가하기 때문에 꼼꼼하게 볼 수 없다는 한계도 있습니다.

지금도 다양한 전시회가 전 세계 여러 곳에서 열리고 있는데, 전시회의 정보는 기본적으로 글로벌전시포털 홈페이지(www.gep.or.kr)에서 검색할 수 있습니다.

B2B 사이트와
검색도구 활용하기

옛날에는 그 나라를 가거나 외국의 판매상들이 우리나라를 방문했을 때나 얻을 수 있었던 정보들을 이제는 책상 앞이나 침대에 누워서 클릭만으로도 얻을 수 있습니다. 이제 인터넷을 어떻게 세밀하게 잘 활용하느냐가 소싱의 질을 결정하기도 합니다. 인터넷으로 제품을 검색하는 데는 B2B 사이트와 구글과 같은 검색도구로 해당 제품을 검색하는 방법이 있습니다. B2B는 Business To Business의 약자입니다. B2B 사이트는 도매상이나 기업과 같이 대량으로 구매하는 업체를 대상으로 하고, 다양한 회사의 카탈로그를 볼 수 있습니다. B2B 사이트의 가장 큰 장점은 해외 전시회처럼 그 나라를 가야만 얻을 수 있는 제품에 대한 정보를 온라인으로 확인할 수 있다는 것입니다.

TIP

대표적인 B2B 사이트

- 글로벌소시스(www.globalsources.com): B2B와 해외 전시회를 함께 운영합니다.
- 알리바바닷컴(www.alibaba.com): 세계 B2B 업계에서 1, 2위를 다투는 업체로, 과거에는 중국 제품 일색이었지만 그 영향력이 점차 커져 우리나라를 포함한 다양한 아시아권 제품도 찾아볼 수 있습니다.
- 인디아마트(www.indiamart.com): 국가별로 자기 나라의 제품을 홍보하기 위한 사이트가 많은데, 그중 하나가 인디아마트입니다. 이 사이트를 통해 우리나라에서는 단가가 맞지 않아서 생산할 수 없는 다양한 제품들을 확인할 수 있습니다.
- 콤파스(www.kompass.com): 유럽에 있는 기업들이 많이 이용하는 사이트입니다.
- EC21(www.ec21.com): 원래는 한국무역협회에 소속되었다가 분사한 국내 사이트입니다.

에이전트를 통해
유망 제품 수입하기

에이전트는 현지에서 판매 혹은 영업을 하는 대리점을 말합니다. 중소기업과 같이 자본이나 마케팅이 약한 경우 현지에 섣불리 지사를 두기가 힘듭니다. 그래서 보통은 현지에 있는 업체에게 마케팅과 영업을 맡겨서 제품이 시장에 안정적으로 정착할 때까지 이들 업체를 통해서 제품을 판매하는데, 이들을 에이전트라고 합니다.

에이전트는 현지에서 마케팅 활동을 하면서 다양한 정보를 수집합니다. 이러한 정보 중에는 현지의 값싸고 좋은 제품에 관한 것이나 건실한 생산공장에 대한 것도 있습니다. 이것을 잘 활용하면 기대 이상으로 많은 것을 얻을 수 있습니다.

세계에 있는 각종 공장을
내 것처럼 활용하기

도매상이든 소매상이든 기업이든 그들의 관심은 큰 이익을 얻는 것이고, 큰 이익을 얻기 위해 관심을 쏟는 것이 바로 원가절감입니다. 원가절감과 함께 제품을 여러 곳에서 받는 것도 중요한 과제 중 하나입니다. 제품을 한 업체에서만 받다가 그 업체의 갑작스러운 문제로 제대로 공급해주지 못한다면, 회사 자체에 많은 손실을 끼칠 수도 있기 때문입니다.

세계적인 기업들은 일찍부터 생산기지를 해외로 옮겼고, 그 덕에 많은 선진기술들이 여러 나라로 전파되었습니다. 이는 싼값에 좋은 제품을 생산하는 기업이 탄생하는 계기가 되었습니다. 관건은 어느 나라에 기술력이 있는 업체가 많고, 어느 기업이 내가 원하는 품질의 제품을 원하는 기간에 원하는 단가로 만들 수 있느냐입니다. 나라별로 경쟁력 있는 제품을 생산하는 분야가 있는데, 기본적인 정보는 코트라 홈페이지(www.kotra.or.kr)에 있는 패밀리사이트 중 하나인 KOTRA해외시장뉴스의 국가정보에서 확인할 수 있습니다.

샘플 생산에서
제품 양산까지의 절차

능력 있는 업체를 찾으면 제일 먼저 해야 하는 일이 샘플 생산입니다. 즉 원하는 제품을 생산할 수 있는지를 판단하기 위해서는 그 업체가 생산한 제품을 봐야 합니다. 샘플 생산에는 금형비, 자재비 등 기타 여러 비용이 발생합니다. 이것을 잘 협상해야 하는데, 금형 등은 일종의 투자 개념으로 서로가 윈윈(win-win) 한다는 차원에서 양사가 분담할 수도 있습니다.

샘플이나 초기 제품을 생산할 때 반드시 현장을 방문해 설비나 작업환경을 미리 보는 것도 중요합니다. 제품을 양산하기로 결정하면 타사에는 제품을 공급하지 않고, 만약 공급한다면 반드시 협의하도록 계약서에 명시해야 합니다.

마케팅이라는 것은 시장화, 즉 제품을 시장에서 팔기 위해 하는 무언가를 말합니다. 수출마케팅 역시도 제품을 수출시장에서 팔기 위해 하는 여러 가지 행위들을 말합니다. 여기에는 해외 전시회 출품, 인터넷 홍보, 시장개척단 참가, B2B 사이트 가입 등이 있습니다.

9장에서는 수출마케팅의 다양한 방법을 소개하고, 그 진행방법 등에 대해서 알아보기로 합니다. 한편 수출마케팅을 하기 전에 해야 할 일도 많은데, 그중에서 수출이 가능한 품목인지 알아보는 통관정보 확인, 특허출원 등이 있습니다. 특허의 중요성은 대형 스마트폰 단말기 회사끼리의 특허분쟁을 꼭 거론하지 않더라도 누구나 공감하고 있습니다. 9장에서는 특허와 관련된 용어들과 특허출원에 대한 다양한 설명도 담고 있습니다.

마지막으로 정부의 수출지원 방법에는 무엇이 있고, 수출지원을 받기 위한 요건이 무엇인지도 알아보기로 합니다.

9장

바이어의 시선을 사로잡는
수출마케팅

수출마케팅,
노출이 관건이다

수출마케팅이라는 것은 제품을 팔기 위해 영업을 한다는 말과 같습
니다. 즉 내 제품을 제대로 알려서 좋은 가격에 판매하는 것을 말합
니다. 여기에는 기본적으로 무역실무 지식이 있어야 하고, 외국어도
할 수 있어야 합니다. 하지만 무엇보다 중요한 것은 그 분야에 대한
지식입니다. 즉 우리는 우리말로 된 것인데도 전문분야에 따라 그 분
야에서 쓰는 용어를 무슨 말인지 알지 못하는 때가 많습니다. 예를
들어 무역을 모르는 사람에게 간이정액환급을 이야기한다면, 이게
우리나라 말이긴 한데 무슨 말일까 고민할 겁니다.

　해외에 수출마케팅을 하는 자리에 가보면 보통 바이어 한 명과 통
역 한 명, 그리고 우리나라 업체 담당자 한 명이 수출 상담을 하는 경

우가 많습니다. 통역은 처음에 나누는 인사말까지는 원활하게 전달하지만, 그 이후에는 전문용어 때문에 대화가 산으로 가기도 합니다. 오히려 기술진끼리는 유창한 외국어가 아닌 그림과 약간의 전문용어로 서로 더 잘 통하는 경우가 많습니다. 따라서 만약 해외영업에 뜻을 두고 있다면 외국어와 함께 그 분야의 전문용어를 익히는 것도 중요합니다.

이렇게 수출마케팅에서 외국어, 무역실무, 그리고 전문용어 등을 아는 것 외에 중요한 것은 수출마케팅 방법을 아는 것입니다. 이것은 제품을 바이어에게 얼마나 잘 노출할지에 대한 것으로, 별처럼 많은 셀러(판매자) 중에서 나만의 노하우로 바이어에게 내 제품을 알리는 것입니다.

수출마케팅의
기본 방법을 알아보자

수출마케팅 방법에는 기본적으로 해외 전시회 출품, 시장개척단(혹은 무역사절단) 참가, B2B 사이트에 제품 등재, 이메일 홍보와 기타 조달시장 참가 등이 있습니다.

해외 전시회에 출품하기

전시회는 특정한 장소에 많은 업체들이 모여 자신들이 선별한 최고의 제품을 홍보하는 자리입니다. 해외 전시회의 경우는 전 세계의 유사한 업종의 업체들이 자신들이 생산하는 제품을 알리는 자리로, 전시회를 통해 제품에 대한 트렌드를 알 수 있기도 합니다. 또한 대부분의 사람들은 제품에 관심이 있어서 오기 때문에 내방객의 집중도가 높아 홍보효과가 좋습니다.

이렇게 호응도가 높은 해외 전시회에 출품하기 위해서는 우선 무슨 전시회가 어느 나라에서 열리는지 알아야 합니다. 즉 전시회 정보가 있어야 하는데, 이것은 글로벌전시포털(www.gep.or.kr)에서 확인할 수 있습니다.

| 글로벌전시포털 |

개별참가

보통 해외 전시회는 업체 개별 혹은 단체로 참가합니다. 개별인 경우는 업체가 직접 전시회를 검색해 해외의 주최 측에게 전시회 출품료를 내고 참가하는 것을 말합니다. 개별로 참가하는 경우 단체로 출품하는 전시회보다는 실무자가 챙겨야 할 것이 많습니다. 먼저 전시회를 검색하고 전시회 출품일정과 부스당 출품료, 출품에 따른 주의사항과 기타 옵션 등을 확인해야 합니다. 또 전시물을 보낼 때 현지에서 전시물을 받을 사람이 없어서 전시물을 직접 가지고 가기도 하는데, 이 경우 전시물의 수량이 상대적으로 줄어들 수도 있습니다. 또한 부스 설치와 관련해 전시회 주최 측과 직접 상담하고 해결해야 합니다. 또한 통역과 전시회 기간 동안에 묵을 호텔이 필요하면 직접 알아보고 예약해야 합니다.

이런 골치 아파 보이는 여러 가지 사항은 코트라와 같은 수출지원기관을 적절히 활용하면 쉽게 해결할 수 있으니 그리 걱정할 필요는 없습니다. 오히려 이런 일을 직접 해낸다면 스스로를 더욱 성장시키는 계기가 될 수도 있을 것입니다.

TIP

코트라의 해외현지무역관 홈페이지에서 얻을 수 있는 정보

- 전시회 관련 정보: 현지의 다양한 전시회 정보를 얻을 수 있습니다.
- 통역 및 호텔 예약: 호텔 할인 예약 및 통역원 정보를 확인할 수 있습니다.

  * 참고로 코트라 해외무역관 홈페이지는 '코트라 홈페이지(www.kotra.or.kr) → (상단 메뉴 중) 공사안내 → (왼쪽 중앙 메뉴 중) 해외무역관'이며 여기서 위에서 말한 정보 외에 다양한 정보를 확인할 수 있습니다.

단체참가

해외 전시회에 단체로 참가하는 방법도 있습니다. 전국의 많은 지방자치단체는 수출기업의 해외마케팅을 지원하기 위해 해외 전시회에 종합관을 운영하기도 합니다. 지자체 안에 있는 여러 업체를 모아 해외 전시회에 참여시키고 있습니다.

해외 전시회에
출품하기 위한 준비

해외 전시회에 출품했다고 바이어들이 자사 제품의 훌륭함을 알고 일부러 전시회에 찾아올 거란 생각은 하지 말아야 합니다. 즉 전시회 일정 동안 마케팅으로 큰 효과를 보겠다는 생각은 금물입니다.

최대의 효과를 보려면 전시회 전에 이미 다 준비되어 있어야 합니다. 전시회 전 현지의 유망 바이어 리스트를 파악하고, 그 업체들과 미리 연락을 해두어야 합니다. 정작 전시회에서는 실제 제품을 보여주고 수출계약서에 도장만 찍고 온다는 생각으로 전시회에 임해야 소기의 성과를 이룰 수 있습니다.

전시회 출품과 관련한 준비사항은 다음과 같습니다.

① 수출지원사업 검색: 해외 전시회 출품 지원사업 및 기타 사업이 있는지 확인합니다.
② 산업경제자료 수집: 해당 국가의 산업 및 경제 등의 자료를 수집합니다. 코트라 홈페이지(www.kotra.or.kr) → (오른쪽 하단에 있는 아이콘 중) 해외시장뉴스 → 상단 메뉴에서 필요한 정보를 취합합니다.

③ **전시회 실적**: 출품하려는 전시회의 전년도 방문객과 전시회 출품업체의 개수 등 전시회 실적을 확인합니다.

④ **유망 바이어 조사**: 시장조사를 통해 장래 나의 바이어가 될 만한 업체를 조사해 유망 바이어 리스트를 작성합니다. 유망 바이어 조사는 코트라에서도 대행합니다. 코트라 홈페이지에서 해외시장조사 메뉴로 들어가 관련 사업을 신청합니다.

⑤ **자료 준비**: 전시회에 출품할 홍보용 카탈로그와 프레젠테이션 자료를 PDF 파일로 만들어둡니다.

⑥ **유망 바이어에게 이메일로 홍보**: 유망 바이어에게 카탈로그와 같은 홍보물을 이메일로 발송합니다. 가능하면 바이어와 직접 통화하고, 출품부스와 일정을 통지해 전시회장에 오도록 유도합니다.

⑦ **현지 사정**: 현지에 주재하고 있는 코트라에 문의해 기상상태, 치안상태, 기타 준비할 것은 없는지 등을 확인합니다.

⑧ **현지 통역**: 통역이 필요한 경우, 코트라 홈페이지에서 통역원 정보를 확인할 수 있습니다. 통역원 정보는 코트라의 각 해외무역관

홈페이지에서 검색할 수 있습니다.

⑨ 전시물 외 준비물: 전시회 동안 신을 구두 타입의 편한 신발과 테이프도 잊지 말고 챙깁니다. 테이프는 사소한 것 같지만 전시회가 끝나고 전시물을 포장하거나 전시회 폐장 시 외부인의 출입을 못하게 할 때 없으면 아쉬운 품목 중 하나입니다.

⑩ 기타: 간단한 상비약(감기약·지사제·소화제 등)을 준비해갑니다. 기본적으로 현지어 몇 마디 정도는 외워가는 것이 좋습니다.

내 손안의 거대한 시장,
인터넷 홍보

약간 과장을 한다면 과거에 무역은 팩스만 있으면 할 수 있었습니다. 하지만 지금은 인터넷이 되는 곳 어디에서나 바이어나 셀러와 소통할 수 있습니다. 전 세계의 수출 혹은 수입 무역상들이 무역을 위해 이용하는 것이 인터넷이고, 이미 어마어마하게 많은 업체들이 인터넷을 활용해 판촉활동을 하고 있습니다. 인터넷으로 할 수 있는 수출마케팅 중 가장 보편적인 것이 B2B 사이트와 이메일을 활용합니다. 요즘은 소셜미디어도 활발하게 이용하고 있습니다.

B2B 사이트 홍보

B2B(Business To Business) 사이트는 한꺼번에 많은 물량을 판매하기 위한 사이트입니다. 보통 대량으로 구매하는 곳은 도매상과 기업들이 있습니다. B2B 사이트는 기업들이 주로 이용하기 때문에 각종 부

품이나 산업용품 등도 많이 찾아볼 수 있습니다.

B2B 사이트와 비슷한 것으로 B2C가 있는데 이것은 Business To Customer의 약자로 적은 물량을 구매하는 일반 소비자(Customer)에게 제품을 홍보하고 판매하는 쇼핑몰을 말합니다. 흔히들 많이 이용하는 지마켓, 옥션, 11번가 등이 B2C 사이트입니다. B2C 사이트는 제품을 소량으로 판매하기 때문에 일종의 소매상이라 보면 됩니다.

참고로 B2B 사이트는 경쟁이 치열한 만큼 수출과 관련해서 다양한 서비스를 개발해 도움을 주고 있으니 이러한 것을 잘 파악해 업무에 참고하는 것이 좋습니다. B2B 사이트에 대한 내용은 287페이지 'TIP 대표적인 B2B 사이트'를 참조하기 바랍니다.

이메일 홍보

B2B 외에 이메일을 통해 제품을 홍보할 수 있습니다. 카탈로그나 회사소개서 등을 PDF나 용량이 작은 동영상으로 만들어 잠재 바이어에게 이메일로 보내 제품을 홍보합니다. 이메일은 적은 비용으로 많은 잠재 바이어에게 홍보할 수 있다는 이점이 있습니다. 하지만 보낸 메일이 필터링(메일을 프로그램 등으로 걸러내는 것)되어 삭제될 수 있다는 단점도 있습니다. 따라서 가능하다면 담당자와 통화한 후 이메일을 보내는 것이 좋습니다.

소셜미디어를 통한 홍보

다양한 소셜미디어를 통해 제품을 홍보할 수 있습니다. 소셜미디어의 가장 큰 장점 중 하나는 양방향성으로 고객으로 하여금 제품에 대한 친밀도를 높일 수 있다는 것입니다.

수출 가능한 품목인지
통관정보 미리 확인하기

무역에서 가장 기본은 수출 혹은 수입이 가능한 제품인지를 확인하는 것입니다. 또한 수출이나 수입통관을 위한 요건에는 무엇이 있는지도 반드시 파악해야 합니다. 이러한 것은 기본적으로 HS CODE를 통해서 확인할 수 있습니다.

HS CODE는 제품 분류에 따라 다양하므로 자신이 수출하는 제품의 정확한 HS CODE를 경험 많은 관세사나 세관을 통해 확인하도록 합니다.

시장분위기를 점검하는
시장개척단

우리나라에서 생산하는 제품 중에는 세계적으로도 인정받는 것이 많습니다. 그래서 해외에는 우리나라 제품에 관심을 갖는 업체들도 많고, 단체로 우리나라를 방문해 제품의 정보를 얻거나 상담을 받기도 합니다.

이와 반대로 우리나라 각 지방단체나 협회 등에서는 우수한 제품을 생산하는 업체를 단체로 해외에 파견해 현지의 유망 바이어에게 제품 설명회를 열기도 합니다. 이와 같이 수출을 위해 파견되는 단체를 시장개척단이라 하며 보통 정부 등의 수출지원사업으로 진행됩니다. 코트라가 시장조사 및 현지 유망 바이어와의 상담을 주선하면,

국내 지방자치단체나 협회가 뽑은 중소기업을 현지로 파견해 수출상담을 하도록 하는 것이 시장개척단입니다. 관련 사업은 각 지방자치단체 홈페이지에서 확인할 수 있습니다.

수출마케팅 사후관리를
놓치지 말자

해외 전시회 혹은 시장개척단에 참가했다고 해서 누구나 대박을 치거나 꾸준히 거래를 하는 것은 아닙니다. 보통 바이어들은 이미 거래하고 있는 업체가 있으므로 당장 거래선을 바꾸거나 하지 않습니다. 하지만 기업은 기존 공급업체에서 제품을 공급하는 데 문제가 생길수 있다는 것을 염두에 두고 여러 업체들을 예비 공급업체로 목록을 만들어둡니다. 따라서 처음부터 실적이 늘지 않는다고 실망하지 말고 만났던 바이어들을 리스트로 잘 정리해서 꾸준히 연락해 상호 신뢰를 구축하도록 합시다.

또 다른 마켓인 해외 조달시장에
관심을 갖자

기업에서 필요한 자재나 비품들은 보통 자재부나 구매부에서 구매하고 관리합니다. 대기업은 필요한 자재나 비품의 종류와 수량이 일반 중소기업보다 훨씬 많기 때문에 구매부서에서 모든 것을 감당할 수 없습니다. 그래서 보통 외부에 있는 업체들이 대기업 등에서 필요한 물품들을 구매해 공급합니다.

국가는 대기업보다 훨씬 많은 비품과 각종 물품들이 필요합니다. 이러한 것을 일선 공무원들이 모두 사서 공급하기에는 현실적으로 무리가 있으므로 대기업처럼 외부에서 공급을 받습니다. 이때 공정성 등의 이유에서 일반적으로 입찰을 통해서 제품이나 비품을 공급받습니다. 국제기구인 UN은 다양한 구호활동을 포함해 여러 가지 활동을 지원하기 때문에 엄청나게 많은 비품이나 물품들이 필요합니다. UN도 국가의 경우와 마찬가지로 자체적으로 구매를 하기에는 한계가 있으므로 보통 외부에 있는 수많은 업체를 통해 물건을 공급받습니다.

국가 혹은 UN과 같은 국제기구에서 구매하는 물품의 수량·종류·구매금액은 대단히 많고, 물품을 공급하는 기업의 수도 엄청나기 때문에 하나의 시장처럼 형성되어 있습니다. 이것을 보통 조달시장이라고 합니다. 해마다 조달시장의 규모는 점점 늘어나고 있고 해외업체에게 제품을 구매하는 국가의 수도 점점 증가하고 있습니다. UN과 같은 국제기구는 필요한 물품을 거의 대부분 외부에서 공급받고 있는데, 표면적으로 모든 기업에게 조달의 기회가 열려 있습니다.

조달시장은 초기에 진입하기는 어렵지만, 한 번 공급업체로 선정되면 웬만한 일이 아니고서는 공급선을 변경하지 않으며 그 공급금액도 엄청나게 큽니다. 우리나라도 이러한 조달시장의 중요성을 파악해 다양한 지원사업을 하고 있습니다. 조달시장에 대한 다양한 정보는 국제 조달 시장정보(www.b2g.go.kr)등을 참조하도록 합니다.

해외 조달시장에 도전한다

우리 정부기관이 외부에서 제품을 공급받는 방법에는 입찰과 수의
계약이 있습니다. 일반적으로 여러 업체에서 가격제안을 받아 그중
1개 업체를 선정하는 입찰을 통해 제품을 공급받지만, 특별한 경우
에 한해 입찰 없이 공급업체를 선정하는 수의계약을 하기도 합니다.
입찰이나 수의계약을 하기 위해서는 조달청의 나라장터(www.g2b.
go.kr)라는 사이트에 업체 등록이 되어 있어야 합니다.

　한편 조달청은 나라장터 종합쇼핑몰(shopping.g2b.go.kr)이라고 해
서 일반 쇼핑몰과 유사한 형태의 구매 사이트를 운영 중입니다. 보통
은 입찰을 통해 가격이나 여러 가지 조건을 경쟁시키지만, 종합쇼핑
몰에 제품이 등재되면 일정한 금액에 한해 공무원들이 임의로 구매
할 수 있습니다(참고로 종합쇼핑몰에 제품을 등재하려면 조달청과 다수공급
자 계약을 체결해야 합니다).

　기본적으로 해외 조달시장은 입찰과 수의계약 등으로 진행되므로
미리 국내 조달시장을 통해 제품을 공급하는 것도 해외 조달시장에
진출하기 위한 좋은 경험이 됩니다.

제대로 알고 임하자

스마트폰시장의 경쟁이 날로 심해지고 있습니다. 경쟁이 심해지고

있는 만큼 상대 업체를 이기기 위해 여러 가지 방법을 동원하고 있는데, 그중 대표적인 것이 특허권입니다. 즉 상대 기업이 자신의 특허권을 침해했다고 법원에 제소해 상대 기업을 힘들게 하는 것입니다. 그래서 많은 대기업들이 이러한 특허와 관련해서 어려움을 겪지 않기 위해 특허를 사거나 개발기술에 대한 특허권을 얻으려고 합니다.

이렇듯 특허권으로 기업이 계속 성장할 수 있느냐 어려움을 겪느냐 하는 문제도 발생합니다. 하지만 현실에서는 많은 기업들이 특허에 대해 잘 몰라서, 기업의 성장이나 방어에 큰 힘이 되는 특허권을 놓치기도 합니다. 지금과 같이 인터넷이 발달하고 시장이 글로벌화된 경우에는 더욱 복사·복제의 가능성이 높습니다. 이때 특허가 있으면 자신의 재산권을 지킬 수 있기 때문에 특허가 무엇인지 잘 이해하는 것이 중요합니다. 또한 특허 전문가인 변리사에게 모든 것을 맡기기보다는 제품을 출시하기 전부터 기업도 스스로 특허에 대해 이해하고 있어 특허와 관련된 사항을 주도적으로 진행하도록 합니다.

TIP

특허출원과 특허등록

- 특허출원: 특허출원은 내가 발명하거나 혹은 개발한 제품 등을 독점적으로 사용하기 위한 권리인 특허권을 특허심사 및 등록을 담당하는 특허청에 신청하는 것을 말합니다. 즉 특허출원은 특허권을 신청하는 것만을 의미합니다.
- 특허등록: 특허등록은 특허출원 후 특허청의 심사를 받아 특허가 등록되는 것을 말합니다. 특허가 등록되면서 특허에 대한 권리를 가지며, 특허기간은 특허출원일부터 20년입니다.

제품이 새롭고 앞서야 특허를 받을 수 있다

허가나 권리를 받기 위해서는 거기에 맞는 요건이 필요합니다. 예를 들어 운전면허증의 경우 필기와 실기시험에 합격해야 운전면허증을 받을 수 있고, 운전면허증을 받은 날부터 운전을 해도 됩니다. 마찬가지로 특허도 특허청이 요구하는 요건에 맞아야 특허등록이 되고 특허권이 생깁니다.

특허를 받기 위해 특허청에서 요구하는 것에는 신규성과 진보성이라는 2가지 요건이 있습니다. 신규성이라는 것은 새로운 것을 말하며, 이것을 충족하기 위해서는 특허출원 전에 공개되어서는 안 됩니다. 즉 신규성을 유지하려면 출원되기 전에 전시회나 카탈로그에 등재하거나 판매 등으로 공개되어서는 안 된다는 뜻입니다. 진보성은 기존의 것에 비해 발전된 것을 말합니다.

신기술이나 제품을 개발한 업체 중에는 이러한 특허등록의 요건을 모르고 수출마케팅을 진행했다가 나중에 특허등록을 받지 못하는 경우가 많습니다. 특허와 관련된 사항은 꼼꼼히 챙겨야 합니다.

특허출원의 시작은 선행기술조사다

특허출원 전에 변리사들이 가장 먼저 하는 것이 유사한 기술이나 제품이 있는지를 확인하는 특허검색인데, 이것을 선행기술조사라 합니다. 일반적으로 업체가 선행기술조사를 하는 방법에는 인터넷으로 직접 검색하거나 전문 검색회사에 의뢰하기도 합니다.

특허의 선행기술조사 방법

- 인터넷 검색: 키프리스(www.kipris.or.kr)나 윕스(search.wips.co.kr) 등을 이용합니다. 참고로 키프리스는 특허청 산하의 검색사이트로 무료입니다.
- 특허검색 전문회사: 한국특허정보원(www.kipi.or.kr)이나 윕스 (search.wips.co.kr) 등이 있습니다.

해외 특허출원과 PCT

특허권은 특허가 등록된 그 나라에 한정됩니다. 즉 우리나라에만 특허가 등록되었다면 우리나라에서만 특허권이 인정됩니다. 다른 나라에서 특허를 인정받으려면 그 나라에 특허를 출원해서 특허가 등록되어야 합니다.

특허등록을 위해 해당하는 나라에 출원하는 것을 해외 특허출원이라고 합니다. 해외 특허출원을 하기 위해서는 원하는 나라에 바로 출원하거나, 일단 PCT 국제출원을 했다가 나중에 그 나라에 출원하는 방법이 있습니다.

PCT는 Patent Cooperation Treaty(특허협력조약)의 약자로 현재 약 152개국이 가입되어 있는 특허 관련 국제조약입니다. PCT에 가입되어 있는 국가에 국제출원하는 것이 PCT 국제출원입니다. PCT 국제출원의 장점은 PCT 출원일자가 곧 PCT에 가입한 여러 나라의 특허출원일자가 된다는 것입니다. 또한 해당 국가에 출원하기 전에 PCT를 출원하면 등록이 가능한지 아닌지에 대한 대략적인 조사보고

서가 나오기 때문에 해당 국가에 대한 특허 관련 참고자료를 얻을 수 있습니다.

해외 에이전트를
제대로 활용하라

포워더는 함께 일하는 파트너가 여러 나라에 있습니다. 포워더는 해외의 파트너를 통해 수출국에 있는 제품을 픽업해 운송하기도 합니다. 또한 파트너를 통해 현지의 시장정보나 통관정보를 빨리 얻을 수도 있습니다.

기업에도 포워더의 파트너와 비슷한 도움을 주는 것으로 현지 에이전트가 있습니다. 에이전트는 수출기업을 대신해 현지에서 마케팅 및 제품 판매를 합니다. 필요하다면 시장정보도 수출기업에게 제공합니다. 그래서 보통 외국기업은 무턱대고 처음부터 해외에 진출하기보다는 현지 기업을 대리점으로 지정해 대신 영업을 하게 합니다. 그 후 어느 정도 시장에 대한 정보와 판매가 익숙해졌을 때 지사를 현지에 설립해 직접 현지시장에 진출합니다.

에이전트는 수출기업을 위한 마케팅뿐만 아니라 현지의 다양한 제품에 대해 잘 알기 때문에 에이전트를 통해서 현지 제품의 정보를 얻기도 하며, 그중 일부 제품을 에이전트를 통해서 수입하기도 합니다. 혹은 저렴한 비용으로 제품을 생산할 생산기지를 원할 경우에는 에이전트를 통해서 제품을 생산할 수 있는 공장을 소개받기도 합니다. 에이전트는 이러한 다양한 역할을 하므로 선정할 때 신중해야 하며, 처음부터 독점 대리점권을 주거나 하나의 업체만을 선정하지 않도록 합니다. 즉 처음에는 지역별로 나눠서 영업권을 주는 등 여러 업체와 거래해 옥석을 가리는 것이 좋습니다.

공짜로 하는 수출마케팅,
수출지원사업

우리나라는 수출로 먹고사는 나라입니다. 따라서 안정적인 '벌이'를 위해 수출기업에 대한 다양한 지원책이 개발되고 있습니다. 그렇기 때문에 수출기업은 큰돈 들이지 않고도 수출마케팅을 할 수 있습니다. 그러한 수출 지원책은 중소기업청, 각 지방단체, 이노비즈협회, 벤처협회, 무역협회, 코트라, 특허청 등 다양한 기관에서 추진 중이며, 이러한 수출지원사업의 내용은 수출기업 및 시장조사를 통해 확정합니다.

대표적인 수출지원사업으로는 영문 홈페이지 개설 지원사업, 해외 전시회 지원사업, 시장개척단, B2B 사이트 홍보 지원사업, PCT 해외출원 지원사업, 해외 바이어 초청 수출 상담회, 무료 이메일과 웹하드 지원 등이 있습니다.

수출지원을 위해 배정되는 예산은 주로 상반기에 집중되므로 상반기에 다양한 수출지원사업이 진행됩니다. 필요한 수출지원사업은 수출지원기관에 계속 요청하도록 하고, 평소에 목록화해 지원사업의 일정을 넘겨서 신청을 못 하는 일이 없도록 합니다.

정부에서 하는 수출지원도
자격이 있어야 받는다

정부의 수출지원 예산은 한정적입니다. 이에 반해 수출지원이 절실한 기업은 상당히 많습니다. 여건상 모든 기업에게 지원을 할 수 없기 때문에 자격요건을 점수화해 일정 점수가 되는 기업에 한해서 혜택을 주고 있습니다.

수출지원사업 혜택을 받기 위한 요건은 다양한데, 대부분의 수출지원사업은 주로 중소기업을 대상으로 합니다. 대기업의 경우 이미 해외에 많은 네트워크가 형성되어 있고, 자체적으로 마케팅이 충분히 가능하기 때문입니다.

또한 상황에 따라 한 번도 지원을 받지 않은 기업이거나 전년도에 수출지원을 받은 업체가 선정되기도 합니다. 한 번도 지원받지 않은 기업의 경우에는 여러 기업에게 골고루 지원을 하기 위한 취지이고, 전년도에 수출지원을 받은 기업의 경우에는 수출지원이라는 것이 한두 번 한다고 효과가 바로 나는 것이 아니기 때문입니다. 또한 관내에 있는 기업이거나 협회에 소속된 기업 혹은 각종 인증이 있는지가 수출지원을 하는 잣대가 되기도 합니다.

수출지원을 받기 위해 필요한 대표적인 인증은 이노비즈, 벤처, 우수중소기업, 공장등록증, 연구전담부서, 연구소, 프론티어기업 등 다양합니다.

수출기업의 후원자,
코트라를 활용하자

수출을 위해서는 현지에 에이전트나 지사가 있는 편이 마케팅을 하거나 시장정보를 얻을 때 수월합니다. 즉 아무리 인터넷이 발달했다고는 하지만, 그래도 아직까지 필요한 정보는 현지에 가야 알 수 있는 것이 많고 현지에 있어야 지속적으로 새로운 정보를 얻을 수 있습니다. 기업뿐만 아니라 정부도 시장정보 수집 등 여러 가지 이유로 코트라와 같은 단체를 통해 현지에 사람을 파견합니다.

코트라(KOTRA)는 Korea Trade investment promotion Agency의 약자로 무역하는 사람이면 누구나 인정하는 수출기업의 든든한 후원자입니다. 보통 정부가 나서서 다른 나라의 공사를 수주하거나 제품을 판매하는 경우 대부분이 현지에 익숙한 코트라의 도움이 있었기 때문에 가능했습니다.

현지 정보 제공

코트라는 현지에서 모은 최신 정보를 홈페이지(www.kotra.or.kr)에 올려서 누구나 열람할 수 있게 하고 있습니다. 코트라에서 수행하는 다양한 수출 관련 사업 덕에 현지에 가지 않고서도 자료 수집과 분석이 가능합니다. 코트라에서 지원하는 대표적인 수출지원사업으로는 수출초보기업 지원, 해외파트너 발굴, 해외파트너 상담 등이 있습니다. 필자도 코트라의 여러 가지 사업을 신청했는데, 특히 해외시장조사를 통해서 현지의 유망한 바이어를 만나기도 했습니다.

나라별 정보제공

코트라에서 하고 있는 수출지원사업 외에 국가별 비즈니스 정보도 홈페이지를 통해 얻을 수 있습니다. 관련 정보는 코트라 홈페이지 오른쪽 하단에 아이콘으로 되어 있는 '해외시장뉴스'에서 확인할 수 있습니다.

코트라 해외무역관

코트라는 지사 형식으로 현지에 사무실을 개설해서 정보 수집 및 현지 상황을 파악하는데 이것을 해외무역관이라 합니다. 나라별 해외무역관은 코트라 홈페이지의 'KOTRA소개 → 공사안내 → 조직안내 → 해외무역관'에서 확인할 수 있습니다. 해외무역관은 각각의 홈페이지를 가지고 있는데, 홈페이지에는 현지 통역원과 호텔에 대한 정보가 있고 최신의 현지 정보가 업데이트됩니다.

통역원 정보

현지에 살고 있는 통역원은 현지 사정에 밝아서 많은 도움을 받을 수 있습니다. 코트라 해외무역관은 자체적으로 정리한 통역원 연락처를 홈페이지에서 게시해 통역이 필요한 업체에게 도움을 주고 있습니다.

필자는 과거 멕시코에서 열리는 전시회에 제품을 출품할 예정이었는데, 스페인어 현지 통역원을 코트라 해외무역관 홈페이지를 통해서 소개받았습니다. 당시 전시회에 출품하기 위해 산업용 가스가 필요했는데, 현지에 있는 통역원을 통해 무사히 구하기도 했습니다.

회원이라면 서비스가
훨씬 커지는 무역협회

무역회사를 차리기 위해 보통 사업자등록증과 함께 무역협회에서 무역업고유번호를 받습니다. 무역협회(www.kita.net)는 수출이나 수입을 하는 무역회사 단체로, 이 단체를 통해 수출입실적증명서를 발급받을 수 있고 각종 무역통계, 무역정보, 무역상담 등을 제공받을 수 있습니다. 무역협회의 회원사가 되는 것은 의무사항은 아니지만, 회비를 내고 회원사가 되면 무역과 관련된 다양한 서비스를 받을 수 있습니다.

- 통번역 서비스: 무역협회에서 정한 지원대상업체에 한해 최대 100만 원 한도 내에서 무역서신, 수출계약서, 카탈로그, 회사소개서 등의 번역과 통역 서비스를 받을 수 있습니다.
- 무역실무상담: 무역 관련 실무나 세무 등에 대해 문의할 수 있는 전화(1566-5114)가 개설되어 있습니다. 온라인을 통해서도 무역상담을 받을 수 있습니다.

알아두면 유용한
각종 수출지원기관

이 밖에도 수출을 지원하는 기관에는 지방자치단체, 무역보험공사, 고비즈코리아, 특허청, 국세청 등이 있습니다.

- **지방자치단체**: 각 지방자치단체는 기업의 수출지원을 위해 정부에서 예산을 받거나 자체 예산을 배정하기도 합니다. 관내에 있는 업체에 한해 지원하기 때문에 다른 지원사업에 비해 경쟁이 덜합니다. 그래서 지원받을 가능성이 높습니다. 관련 지원사업은 각 지방자치단체 수출지원과나 기업지원과 등에 문의하거나 홈페이지를 참고합니다.

- **한국무역보험공사**(www.ksure.or.kr): 무역에는 다양한 위험부담이 있습니다. 그중에서도 결제와 관련한 위험이 대표적입니다. 수출이나 수입업체들이 결제와 관련된 문제 때문에 업무가 제대로 안 된다면 국가적으로도 손해가 큽니다. 이러한 수출입기업의 결제와 관련된 애로사항을 해결하기 위해 나온 기관이 한국무역보험공사입니다. 한국무역보험공사에서 운영하는 무역지원사업에는 해외채권추심(받지 못한 수출대금 등을 대신 받아주는 것), 해외 기업신용조사, 무역 관련한 각종 보험상품 등이 있습니다. 자세한 사항은 한국무역보험공사 홈페이지를 참조하기 바랍니다.

- **고비즈코리아**(kr.gobizkorea.com): 정부부처에서 운영하는 사이트로 각종 지원사업을 가장 쉽게 확인할 수 있는 사이트입니다. 지원사업의 종류도 다양한데 대표적인 것으로 온라인 수출 패키지 지원, 해외 바이어 거래 알선지원 등이 있습니다. 자세한 것은 고비즈코리아 홈페이지에서 확인하도록 합니다.

- **특허청**(www.kipo.go.kr): 다른 지원기관과 달리 특허청은 자체적으로 조성된 기금으로 수출지원사업을 운영하고 있습니다. 특허청에서 펼치는 다양한 지원사업에는 키프리스(www.kipris.or.kr)와 같은 무료특허검색서비스 운영, 지식재산권창출 지원, 지식재산권행사

지원, 지식재산권기타 지원 등이 있습니다. 이러한 다양한 지원사업은 특허청 홈페이지의 상단 메뉴 중 '정책/업무 → 지원시책'에서 확인할 수 있습니다.

- **국세청**(www.nts.go.kr): 무역실무자나 해외영업하는 사람에게 중요한 것은 효율적으로 해외마케팅을 해서 제대로 수출과 수입을 하는 것입니다. 하지만 가끔은 무역세무를 확인해서 회계파트에 알려주는 것도 해야 합니다. 무역회사라 하더라도 회계나 경리 쪽 사람은 무역에 대해 잘 모르는 경우가 많습니다. 즉 무역을 모르기 때문에 무역과 관련해서 세무적으로 어떻게 처리를 해야 하는지 헷갈려합니다. 이때 무역실무자는 회계파트에게 무역을 이해시키거나 직접 세무 당국에 문의하기도 합니다. 세무와 관련해서 가장 정확한 답을 얻으려면 세무를 담당하는 국세청이나 세무서에 정확하게 물어서 답변을 얻도록 합니다.

실무에 꼭 필요한 최소한의 무역지식

초판 1쇄 발행 2020년 4월 1일
초판 4쇄 발행 2024년 5월 6일

지은이 김용수
펴낸곳 원앤원북스
펴낸이 오운영
경영총괄 박종명
편집 최윤정 · 김형욱 · 이광민 · 김슬기
디자인 윤지예 · 이영재
마케팅 문준영 · 이지은 · 박미애
디지털콘텐츠 안태정
등록번호 제2018-000146호(2018년 1월 23일)
주소 04091 서울시 마포구 토정로 222 한국출판콘텐츠센터 319호 (신수동)
전화 (02)719-7735 | **팩스** (02)719-7736
이메일 onobooks2018@naver.com | **블로그** blog.naver.com/onobooks2018
값 17,000원
ISBN 979-11-7043-071-1 03320

이 도서의 국립중앙도서관 출판예정도서목록(CIP)은 서지정보유통지원시스템 홈페이지(http://seoji.nl.go.kr)와 국가자료종합목록 구축시스템(http://kolis-net.nl.go.kr)에서 이용하실 수 있습니다.(CIP제어번호 : CIP2020011081)

※ 원앤원북스는 독자 여러분의 소중한 아이디어와 원고 투고를 기다리고 있습니다.
　원고가 있으신 분은 onobooks2018@naver.com으로 간단한 기획의도와 개요, 연락처를 보내주세요.